U0107290

como uma rainha louca,
um príncipe medroso
e uma corte corrupta enganaram Napoleão
e mudaram a história

de **PORTUGAL** e do **BRASIL**

1808

航向巴西

[巴西] 劳伦蒂诺·戈麦斯　著

李武陶文　译

樊星　校

上海人民出版社

堂·若昂六世

堂娜·玛丽亚一世

1808 年 5 月 3 日夜枪杀起义者

J. B. Debret del.

CÉRÉMONIE DE SACRE DE D. PEDRO 1.ᵉʳ

à Rio de Janeiro, le 1.ᵉʳ Decembre 1822.

Lith de Thierry frères.

R. DU BRÉSIL,

L'EXÉCUTION DE LA PUNITION DU FOUET.

J.B.Debret del.

Lith. de Thierry Frères Succ.ʳˢ de Engelmann & C.ⁱᵉ

NÈGRES AO TRONCO

COURT DAY AT RIO.

堂·若昂六世与卡洛塔·若阿基娜

目　录

中文版序言

　　巴西与中国有着深厚悠久的历史联系。开辟印度航路之后，葡萄牙人继续探索他们称为"远东"的地区。1513 年，若热·阿尔瓦雷斯（Jorge Álvares）抵达伶仃岛（也叫内伶仃岛），并在此竖立了一块小石碑，上面刻有葡萄牙国王的纹章；1521 年，他被安葬在这里。两年后的 1515 年，拉斐尔·佩雷斯特雷洛（Rafael Perestrelo）探索了珠江。这是葡萄牙人与中国最早的接触，此时距航海家佩德罗·阿尔瓦雷斯·卡布拉尔（Pedro Álvares Cabral）抵达巴伊亚 [1]（1500 年 4 月 22 日）还不到 20 年。从那以后，双方的接触开始频繁起来。16 世纪末，在驶向中国港口的漫长航程中，里约热内卢已成

---

[1]　即"发现"巴西。卡布拉尔靠岸的地点在巴西东北部的巴伊亚。——译者注。（所有脚注均为译者注，原注见尾注部分。）

为一处重要的停靠站。

瓜纳巴拉湾 [1] 的海面在群山庇护下风平浪静，是船只理想的避风港。在帆船航行的年代，从里斯本到里约要花 55—80 天。从里约到澳门或者上海，再花 120—180 天。在单调而危险的旅程中，于里约靠岸总能令乘客与船员惊喜交加。他们在叙述中无不提及大自然的壮丽、群山的巍峨和随处可见的草木美景。

葡萄牙人在里约停靠以修理商船和快帆船，补充腌肉干、糖、甘蔗酒、烟草和木柴，然后去往印度和中国。他们是为了找寻茶叶和名贵的香料——胡椒、肉豆蔻、桂皮、丁香、生姜、藏红花等。这些商品在欧洲价值连城：1499 年瓦斯科·达伽马开拓亚洲航线后返回里斯本，船上运载的货物足以担负 60 次远航的开支。在 1577—1580 年著名的环球航行中，英国海盗弗朗西斯·德雷克（Francis Drake）在香料群岛停靠并洗劫了仓库，由此为投资商带来了 4700% 的利润。1603 年，英国人在班达群岛（属于摩鹿加群岛）中最小的岛屿——伦岛上建立了第一片殖民地。在那里，用 0.005 英镑就能找当地人买到 4.5 公斤肉豆蔻，而在欧洲转手的利润高达 32000%，令人难以置信。

中国农民参与了巴西最初的外国 [2] 移民实验。1810 年，人们从中国引入了第一批茶树（*Camellia sinensis*）树苗，著名的茶叶便是由此植株而来。这些树苗最终种在了摄政王堂·若昂（即未来的国王堂·若昂六世）新建的里约植物园中。由于法国皇帝拿破仑·波拿巴的军队入侵葡萄牙，此时堂·若昂与王室还在巴西流亡。经植物学家莱安德罗·多萨克拉门托（Leandro do Sacramento）修士所

---

[1] 瓜纳巴拉海湾（Baía de Guanabara）是巴西第二大海湾，里约热内卢位于海湾西侧。

[2] 这里指除葡萄牙人以外的外国人。读者随后将会看到，巴西作为葡萄牙王国最大的海外殖民地，直到 1808 年王室流亡至此后，才向外国人和别国船只开放。

做的适应性研究，树苗被移栽至里约郊外的圣克鲁斯皇家庄园，并由中国移民耕作培育。1822 年巴西独立时，国内已有 6000 株茶树，每年收成 3 次。1825 年，若泽·阿罗谢·德托莱多·伦东（José Arouche de Toledo Rendon）中校开始在圣保罗培育植株，他农田中的茶树最后多达 44000 棵。圣保罗市中心的"茶桥"之所以得此名号，正是为了纪念那里曾有的一大片茶园。然而，这项实验却短命而终。相比中国茶叶，巴西出产的茶价格更贵却品质欠佳，茶园因此衰落，第一批中国移民也散居各地，其后代中的许多人如今还在巴西生活。19 世纪末，又有了引入中国移民以替代奴隶劳动力（1888 年奴隶制被废除）的新方案，但也未获成功。

　　值此 21 世纪初叶，巴西和中国人民之间的联系愈发紧密。自 2009 年起，中国已成为巴西最大的贸易伙伴。巴中双边贸易囊括成千上万种产品，其中原材料和工业制成品占突出地位。双方对彼此历史、艺术和文化的兴趣日益高涨。因此，见到中文版《1808：航向巴西》呈现在中国读者面前，我欣喜满怀。对巴西和中国人来说，了解历史是此刻的关键任务。只有懂得历史，我们才能理解当下，进而明悉未来的挑战。我希望本书能让两国悠久的联系更加紧密，让人民彼此亲近——在这个以排斥异己、修筑墙垒阻碍国际谅解为烙印的时代尤其如此。

　　　　　　　　　　　　　　　　　　　　　劳伦蒂诺·戈麦斯

　　　　　　　　　　　　　　　　　2022 年 3 月于葡萄牙维亚纳堡

"人们创造了历史，但很少有人清楚自己在做什么。"

——克里斯托弗·李（Christopher Lee）
《权杖之岛：帝国》

时间线

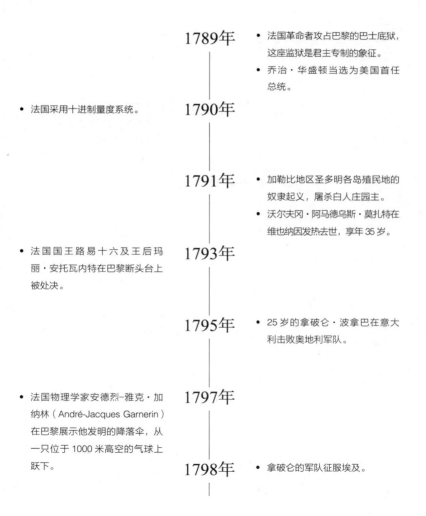

**从法国大革命
到巴西独立**

1789年
- 法国革命者攻占巴黎的巴士底狱，这座监狱是君主专制的象征。
- 乔治·华盛顿当选为美国首任总统。

- 法国采用十进制量度系统。 **1790年**

1791年
- 加勒比地区圣多明各岛殖民地的奴隶起义，屠杀白人庄园主。
- 沃尔夫冈·阿马德乌斯·莫扎特在维也纳因发热去世，享年35岁。

- 法国国王路易十六及王后玛丽·安托瓦内特在巴黎断头台上被处决。 **1793年**

1795年
- 25岁的拿破仑·波拿巴在意大利击败奥地利军队。

- 法国物理学家安德烈-雅克·加纳林（André-Jacques Garnerin）在巴黎展示他发明的降落伞，从一只位于1000米高空的气球上跃下。 **1797年**

1798年
- 拿破仑的军队征服埃及。

- 葡萄牙医生开始在里斯本注射天花疫苗，疫苗由英国医生爱德华·詹纳（Edward Jenner）发明。

1799年

1800年

- 美国政府迁往新都华盛顿。

- 拿破仑当选法兰西第一执政。法国的盟友西班牙在"拉兰加之战"中击败葡萄牙。

1801年

1802年

- 美国总统托马斯·杰斐逊从法国手中购买路易斯安那，将美国领土扩大了一倍。

- 拿破仑在巴黎圣母院自行加冕为法兰西皇帝。
- 日本医生华冈青洲首次使用麻醉剂，为妻子进行乳腺肿瘤的切除手术。

1804年

1805年

- 纳尔逊勋爵（Lord Nelson）指挥的英国海军在特拉法加海战中击败法西联合舰队，掌握了海洋的绝对控制权。

- 英国在其所有领地禁止奴隶贸易。

1806年

- 拿破仑在奥斯特里茨血洗俄奥联军。

1807年

- 拿破仑在欧洲宣布大陆封锁令以对抗英国，并入侵葡萄牙。葡萄牙王室出逃巴西。
- 蒸汽机车发明者理查·特里维西克（Richard Trevithick）在伦敦展示他的机器。

葡萄牙王室逃亡巴西期间的
重大事件

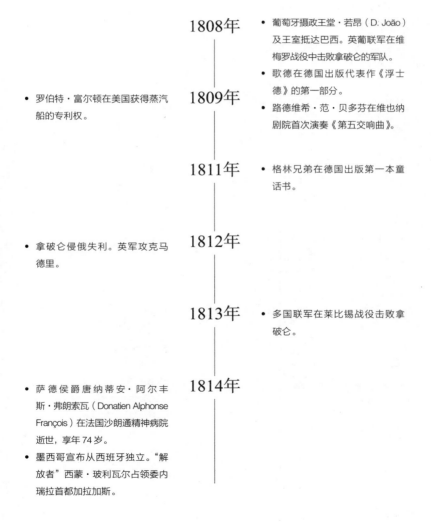

1808年
- 葡萄牙摄政王堂·若昂（D. João）及王室抵达巴西。英葡联军在维梅罗战役中击败拿破仑的军队。

- 罗伯特·富尔顿在美国获得蒸汽船的专利权。

1809年
- 歌德在德国出版代表作《浮士德》的第一部分。
- 路德维希·范·贝多芬在维也纳剧院首次演奏《第五交响曲》。

1811年
- 格林兄弟在德国出版第一本童话书。

- 拿破仑侵俄失利。英军攻克马德里。

1812年

1813年
- 多国联军在莱比锡战役击败拿破仑。

- 萨德侯爵唐纳蒂安·阿尔丰斯·弗朗索瓦（Donatien Alphonse François）在法国沙朗通精神病院逝世，享年74岁。
- 墨西哥宣布从西班牙独立。"解放者"西蒙·玻利瓦尔占领委内瑞拉首都加拉加斯。

1814年

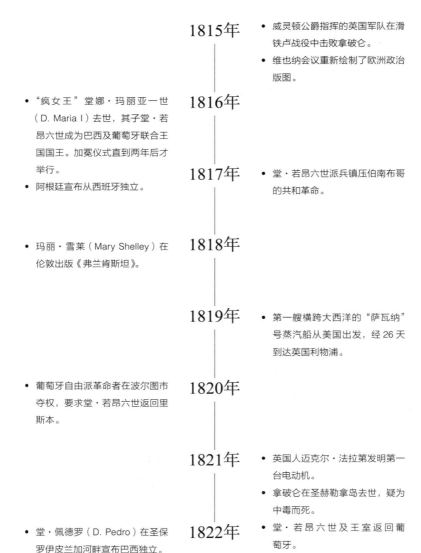

1815年
- 威灵顿公爵指挥的英国军队在滑铁卢战役中击败拿破仑。
- 维也纳会议重新绘制了欧洲政治版图。

1816年
- "疯女王"堂娜·玛丽亚一世（D. Maria I）去世，其子堂·若昂六世成为巴西及葡萄牙联合王国国王。加冕仪式直到两年后才举行。
- 阿根廷宣布从西班牙独立。

1817年
- 堂·若昂六世派兵镇压伯南布哥的共和革命。

1818年
- 玛丽·雪莱（Mary Shelley）在伦敦出版《弗兰肯斯坦》。

1819年
- 第一艘横跨大西洋的"萨瓦纳"号蒸汽船从美国出发，经26天到达英国利物浦。

1820年
- 葡萄牙自由派革命者在波尔图市夺权，要求堂·若昂六世返回里斯本。

1821年
- 英国人迈克尔·法拉第发明第一台电动机。
- 拿破仑在圣赫勒拿岛去世，疑为中毒而死。

1822年
- 堂·佩德罗（D. Pedro）在圣保罗伊皮兰加河畔宣布巴西独立。
- 堂·若昂六世及王室返回葡萄牙。

主编、教授和藏书家

　　这本书是一名新闻工作者 10 年研究的成果，也是献给 3 个人的纪念。在写作过程中，他们给我的支持、鼓励和引导不可或缺。第一位是塔莱斯·阿尔瓦伦加（Tales Alvarenga），我的好友兼编辑同事，于 2006 年不幸早逝。第二位是历史学家玛丽亚·奥迪拉·莱特·达席尔瓦·迪亚斯（Maria Odila Leite da Silva Dias）教授。第三位是巴西文学院院士、藏书家若泽·明德林（José Mindlin）。

　　1997 年，塔莱斯·阿尔瓦伦加担任《请看》[1] 杂志编辑部主管，我是他的执行编辑。受共和国成立 100 周年 [2] 纪念活动中一次成功试验的启发，塔莱斯让我策划几期历史系列特刊，随《请看》常规

---

[1]　《请看》（*Veja*）是巴西著名新闻杂志，创刊于 1968 年。
[2]　巴西于 1889 年推翻帝制，建立共和国。

期刊附赠给订阅者和报刊亭的买家。特刊原本计划出 3 期，分别以"发现"巴西 [1]、葡萄牙王室逃亡巴西 [2] 和巴西独立 [3] 为主题，但最后只在 2000 年出版了第 1 期，题目为《"发现"巴西的冒险》，在巴西和葡萄牙随《请看》及《视野》[4] 杂志附赠。

16

　　而关于堂·若昂六世的特刊，塔莱斯觉得没有"路子"，所以决定取消——在编辑部的字典里，这个词指的是出版一篇报道所需的缘由或者契机。计划变了，但我仍继续推进，因为这个主题和相关人物深深吸引了我。在这 10 年间，我查阅了 150 多部有关书籍和纸质、电子文献，跑遍各种地方，包括若泽·明德林院士位于圣保罗的图书馆、里约热内卢国家图书馆、里斯本阿茹达国家图书馆和华盛顿的美国国会图书馆。

　　在这项研究工作初期，我得到了玛丽亚·奥迪拉·莱特·达席尔瓦·迪亚斯教授的指导。她是我在圣保罗伊吉埃诺波利斯区的邻居，向我推荐了伯南布哥 [5] 外交官、历史学家曼努埃尔·德奥利维拉·利马（Manuel de Oliveira Lima）撰写的经典作品《堂·若昂六世在巴西》。我于 1997 年拜读此书，在 150 多部参考文献里，这是我读的第一本。玛丽亚·奥迪拉于圣保罗大学获博士学位，在圣保罗天主教大学担任研究生院教授。她撰写了许多有关巴西历史的

---

[1]　1500 年，葡萄牙航海家卡布拉尔抵达巴西，史称"发现巴西"（Descobrimento）。但由于印第安原住民早已在此定居，为了避免争议，给发现一词添加了引号。

[2]　这里有必要先为本书的内容做一个铺垫。1806 年，称霸欧陆的拿破仑宣布大陆封锁令，禁止一切英国商品流入欧洲大陆。但作为英国的传统盟友，葡萄牙拒绝执行封锁，于是法军在 1807 年入侵葡萄牙，半岛战争爆发。当时的葡萄牙摄政王堂·若昂自知无力抵抗，遂于 1807 年末在英国海军的护送下，携王室贵族逃往南美洲殖民地——巴西。1818 年，他在巴西正式加冕为堂·若昂六世（D. João VI）。

[3]　巴西于 1822 年 9 月 7 日宣布独立，这一天是巴西的国庆日。

[4]　《视野》（Visão）是葡萄牙新闻杂志，创刊于 1993 年。

[5]　伯南布哥（Pernambuco）是位于巴西东北部的一个州，首府累西腓（Recife）。

书籍和文章，最近的一本是 2005 年出版的《宗主国的内陆化》（*A interiorização da metrópole*），该书已成为研究巴西独立起因的重要参考书。玛丽亚·奥迪拉还被认为是研读历史学家塞尔吉奥·布阿尔克·德奥兰达（Sérgio Buarque de Holanda）作品最权威的专家。2007 年年中，巴西国家科学技术发展委员会（CNPq）网站上的学者履历显示，她已完成和正在指导的硕博论文共计 81 篇。

　　我还要感谢 2006 年当选巴西文学院院士的藏书家若泽·明德林，他将自己无与伦比的图书馆向我开放。他的图书馆位于圣保罗布鲁克林区，拥有巴西最大的私人馆藏，其中有 38000 余部珍稀古籍，包括卡蒙斯的 1572 年版《卢济塔尼亚人之歌》[1]。负责照管图书、为明德林安排日程的 3 位图书管理员克里斯蒂娜·安图内斯、埃莉萨·纳扎里安和罗萨娜·贡萨尔维斯对我关怀备至，我在那里度过了无数难忘的研读清晨，并有机会查阅众多珍稀文献，包括曼努埃尔·维埃拉·达席尔瓦（Manuel Vieira da Silva）于 1808 年出版的巴西第一部医学专著，以及英国海军中尉托马斯·奥尼尔（Thomas O'Neill）1810 年在伦敦出版的《关于海军舰队行动简洁精确的叙述……》[2] 的原始版本。这两本书都包含在书末的参考文献中。

17—18

---

[1]　《卢济塔尼亚人之歌》（*Os Lusíadas*）是葡萄牙最伟大的史诗，由葡萄牙诗人卡蒙斯创作，首次出版于 1572 年。

[2]　由于原书名过长，作者在这里用了省略号。

前　言

　　1784 年，法国大革命爆发 5 年前，一位名叫贝尔纳迪诺·达莫塔·博特略的小男孩在蒙特桑托放牧，这里是巴伊亚[1] 腹地最干旱的区域之一。牧场上，一块表面光滑、与众不同的暗色石头吸引了他的注意。后来，这项发现轰动一时。1810 年，来自伦敦皇家学会的一批科学家证实，这块石头是来自太空的陨石，在漆黑的宇宙中穿行了亿万公里，最后撞击到地球表面。它名叫本德戈陨石，直径 2 米、重达 5 吨，是在南美洲发现的最大陨石，如今置于里约热内卢国家博物馆的前厅展出。[2]

---

[1]　巴伊亚省（现为巴伊亚州）是巴西东北部最大的省份，首府萨尔瓦多。

[2]　2018 年 9 月 2 日晚，巴西国家博物馆发生火灾，90% 以上的藏品遭焚毁，造成的损失无法估量。本德戈陨石是少数幸免于难的馆藏。博物馆至今尚未重新开馆。

位于美景花园 [1] 的里约热内卢国家博物馆是巴西最古怪的博物馆之一，这里距马拉卡纳体育场 [2] 仅数百米之遥，可将曼盖拉贫民窟尽收眼底。除了那块陨石，博物馆馆藏还包括稻草填充的鸟兽标本和装在玻璃柜里的印第安服饰，这些玻璃柜让人联想到内地城市商店里的橱窗。藏品都是随意布置，没有摆放标准，也没有物品标识。然而，相比展露的内容，这座博物馆掩藏起来的故事让它更为奇怪。博物馆所在的建筑名叫圣克里斯托旺宫——它见证了巴西历史上最非比寻常的事件之一。

400 多年中，唯一一位踏足美洲的欧洲君主曾在这座宫殿生活和统治。在这里，葡萄牙和巴西的国王——堂·若昂六世曾接见子民、大臣、外交官和外国游客长达十余年。在这里，巴西从殖民地变成了独立国家。[3] 尽管圣克里斯托旺宫有着重大的历史意义，但其中却几乎没有什么能让人回想起里约的葡萄牙宫廷。1808 年，堂·若昂来到巴西时，一位大贩奴商将这座矩形构造的三层宫殿献给他作为礼物。如今，这是一幢疏于照管、了无回忆的建筑，没有一块标牌指明王室睡过的卧室、用过的厨房、马厩和其他房间分别在哪，仿佛这里的历史被刻意抹去了一样。

位于里约市中心的另一栋建筑同样遭到忽视，堂·若昂留居时期的许多重要回忆本该留存于此。这便是从前的皇宫，一座兴建于17 世纪的双层宅邸，它位于十一月十五日广场，在朝尼泰罗伊 [4] 方

---

[1]　美景花园（Quinta da Boa Vista）现为里约市北部的一座公园，曾经是王室花园，下文提到的圣克里斯托旺宫即位于这座花园中央。

[2]　马拉卡纳体育场（Estádio do Maracanã）是位于里约的一座著名体育场，可容纳超过 20 万名观众，是历史上第二座两度举办世界杯决赛的球场。

[3]　堂·若昂于 1808 年 1 月抵达巴西，一直留居到 1821 年才返回葡萄牙。国王的到来给落后封闭的殖民地带来了翻天覆地的变化，因此巴西在国王离开后的第二年（1822 年）便宣布独立。这就是本书讲述的主要内容。

[4]　尼泰罗伊（Niterói）是位于里约热内卢州的一座城市，与里约市仅相隔一片瓜纳巴拉海湾。

向的瓜纳巴拉海湾轮渡站前方。1808—1821 年间，这里曾是堂·若昂政府在巴西的正式驻地，但如今一位粗心的游客从那里经过，可能完全不会注意到这一点。除了一辆没有标识的木质旧马车摆在正门右侧的窗户边，再没有任何事物能表明那里的历史。马车旁边的墙上，一张高浮雕图展现了如今里约热内卢市中心的建筑和摩天大楼——这很有趣，但却与周遭的环境完全不符。这里既然是宫殿，更合理的做法是用浮雕图还原葡萄牙王室抵达巴西时这座殖民城市的景象。

21

　　宫里的空房间偶尔会用来举办活动，但大多与那里的环境格格不入。2005 年 11 月初，二层的王座室（这是堂·若昂六世与大臣会谈的房间）举办了一场造型艺术展，艺术家用天主教念珠在地上摆出男性生殖器的形状。尽管艺术的天性是挑战常识、制造惊愕，但在欧洲最虔诚的王室之一居住多年的宫殿举办这种展览，无异于一种低俗的挑衅。

　　在巴西，对于保护历史建筑的轻视态度从来都不是什么新鲜事。而且，另一因素加剧了人们对堂·若昂六世刻意的遗忘：书籍、电影、戏剧和电视剧习惯性地将这位国王和王室描绘得滑稽可笑，导演兼演员卡拉·卡穆拉蒂（Carla Camurati）执导的电影《巴西王妃——卡洛塔·若阿基娜》就是典型的例子。片名中这位王后[1] 被刻画成歇斯底里、背信弃义的色情狂女子，堂·若昂则是愚蠢、贪吃、拿不定任何主意的国王。写作本书期间，我有一次和卡穆拉蒂在圣保罗共进午餐，我询问她为什么把人物拍成这样。"因为我别无选择"，她回答说，"我开始查资料的时候，发现这些人物一个比一

---

[1]　卡洛塔·若阿基娜（Carlota Joaquina）是堂·若昂的妻子，堂·若昂正式加冕后，她由王妃变成王后。

个荒唐可笑，所以只能把他们刻画成这样，我左右不了"。

　　本书的写作目的，是要将葡萄牙王室在巴西的历史从相对遗忘的囚牢中解放出来，并尽可能准确地还原200年前的历史主角所扮演的角色。读者在后续章节中将会看到，那些人物确实可能滑稽得难以置信（不过，这种评价也适用于他们之后的任何统治者，包括一些年代很近的），但显然，堂·若昂六世时代的巴西绝不只是一段淫秽的笑谈。王室逃往里约热内卢时，正值葡萄牙和巴西历史上最激动人心的一段变革年代，利益迥然不同的团体——保王党、共和派、联邦党、分离主义者、废奴主义者、奴隶贩子和奴隶主彼此对立、争权夺势，而这番斗争将彻底改写两国的历史。由此，堂·若昂六世、卡洛塔·若阿基娜和王室的形象至今仍因卷入的政治斗争而遭到污名，这是自然而然的事情。这样，无论是王室故居透露出的遗弃感，还是相关作品中依然伴生的各种偏见，就都解释得通了。

　　除此之外，本书还有第二个同样重要的写作目的。目前，所有讲述1808年及其后续发展的图书都以贯穿始终的学术语言写就，而许多对历史感兴趣的读者并不习惯，也不愿意钻研这种精雕细琢的语言。本书的目的，就是让他们能更容易地了解这段巴西历史。关于这一时期最重要的作品是外交官、历史学家曼努埃尔·德奥利维拉·利马撰写的《堂·若昂六世在巴西》。这本书出版于1908年，后来两度再版，内容深刻程度远超其他作品，对所有研究者而言都是一部精辟的奠基性文献。然而，面对其枯燥的文风，即便那些熟稔硕士论文式独特语言的读者也会感到倦怠。有趣的一点是，最近两部可读性不错的相关作品最初都是以英文出版：一本是澳大利亚记者帕特里克·威尔肯（Patrick Wilcken）的《漂流帝国》，另一本是美国历史学家克尔斯滕·舒尔茨（Kirsten Schultz）的《热带凡

尔赛》。¹

除了运用过度学术化的语言之外，有关这段时期的史书还提出了一个耐人寻味的语义学问题。葡萄牙王室是"迁往"还是"逃往" 23 巴西？用什么词来定义 1807 年 11 月至 1821 年 7 月，也即堂·若昂六世离开和返回葡萄牙之间这段时期发生的事件，历史学家从未达成一致。奥利维拉·利马用了"王室迁移"这个词，路易斯·诺尔顿（Luiz Norton）称为"自愿转移"或"葡萄牙总部的易位"；安热洛·佩雷拉（Ângelo Pereira）说的是"王室撤往巴西"，托比亚斯·蒙泰罗（Tobias Monteiro）则称为"移居"。还有一些学者用了"迁徙"或"迁居"这样的词。本书称这一事件为"逃亡"——佩雷拉·达席尔瓦（Pereira da Silva）、朱兰迪·马勒巴（Jurandir Malerba）和莉利亚·莫里茨·施瓦茨（Lilia Moritz Schwarcz）等历史学家也都采用了相同的词汇。

在葡萄牙，将王室迁往巴西其实是一项历史悠久的计划；但1807 年，摄政王别无选择：他要么逃亡，要么很可能被拿破仑·波拿巴俘虏并且废黜，就像数月之后西班牙王国的遭遇一样。[1] 既然他别无选择，那么用语义游戏来弱化或掩饰事实便也毫无道理。事实就是：一场简单纯粹、匆忙慌乱的逃亡，不但准备不周，而且还出了许多岔子。由于太过匆忙，在启程的混乱中，数百箱教堂银器、数千册皇家图书馆珍贵馆藏等物遗落在里斯本的贝伦码头上。法国侵略军将银器熔解，几个月后被英军缴回，而书籍直到 1811 年才运往巴西。

---

[1] 在半岛战争中，拿破仑用"假道伐虢"之计背叛了盟友西班牙。1807 年，他先与西班牙签订《枫丹白露条约》瓜分葡萄牙，同时向西班牙借道发动侵略。然而，1808 年初，拿破仑又派另一支军队侵略西班牙，他们打着"支援西班牙"的旗号抢占堡垒，于 3 月占据首都马德里。后知后觉的西班牙王室出逃未遂，最后被迫将王位让给拿破仑的兄长约瑟夫·波拿巴。

　　过去的事情不会改变，但如何阐释它们，既取决于研究者不懈的调查钻研，也取决于史书读者自身的判断。1864 年，佩雷拉·达席尔瓦在给他的 7 卷本巨著《巴西帝国建立史》撰写序言时，就历史真相的短暂性作出如下评论：

24　　　　　　我调查、研究、思考，我对比书籍和手稿、口头传统与政府文件。我努力厘清真相，去掉任何可能掩盖它的东西。随着时间推移和新材料的发现，历史肯定仍需修改和完善；但目前，借助能够搜集到的全部信息，我认为应该按照自己的感受、理解和想象来书写历史。[2]

　　近一个半世纪以后，佩雷拉·达席尔瓦的这番话依旧中肯，毫不过时。尽管堂·若昂六世和王室的逃亡已经过去 200 年，新发现的事实仍然大大改变了人们此前对这段历史的看法和解释。1995 年，历史学家肯尼思·莱特（Kenneth H. Light）将护送王室前往巴西的英国舰队航海日志全稿转录了出来，这项工作有助于解开跨大西洋航行中存在的一些谜团，是近年的突出贡献之一。另外，著有《流放宫廷》一书的巴拉那州 [1] 教授、历史学家朱兰迪·马勒巴所作的贡献也很重要，他阐述了葡萄牙王室在里约热内卢举办的铺张庆典如何为其在热带地区的权力提供了合法性。

　　还需特别指出的是，玛丽·卡拉施（Mary Karasch）、莱拉·梅赞·阿尔格兰蒂（Leila Mezan Algranti）、马诺罗·加尔西亚·弗洛伦蒂诺（Manolo Garcia Florentino）和若昂·路易斯·里贝罗·弗拉戈索（João Luís Ribeiro Fragoso）等历史学家在更加具体的问题上（例

---

[1]　巴拉那（Panará）是位于巴西南部的一个州，首府库里奇巴。

如奴隶贸易、堂·若昂六世时期巴西的财富积累等）作出了决定性
的贡献。同样，建筑师尼雷·卡瓦尔坎蒂（Nireu Cavalcanti）和历史
学家让·马塞尔·卡瓦略·弗兰萨（Jean Marcel Carvalho França）对
殖民时期里约热内卢的研究也很重要。上述学者都致力于困难且需
要耐心的一手资料研究，这些资料藏于里约国家档案馆、里斯本国
家档案馆等机构，包括政府文件、个人信件与日记、外交信函和遗　25
物清单等。在完善史实理解、纠正先前的错误解读方面，这种历史
淘金的工作发挥了决定性作用。

　　除上述学者之外，这本报道式图书还借鉴了无数其他研究者的
工作，以叙述 200 年前在巴西发生的事件。本书虽无意跻身学术作
品之列，但书中所有信息都有前人叙述和历史档案作为依据，且经
过了详尽的考证核查。尽管如此，书中仍不免存在事实性和解读性
错误，需在未来加以修正。为方便阅读和理解，本书按照葡萄牙语
的现行规则，对当时的信件、文档和个人记述进行了文本编辑和
调整。

　　有关这一主题，除现存的珍贵文献之外，我还参考了一些非常
规的研究资料。这些资料尚未得到正统历史编纂学的承认，但事实
证明非常有用，因为易于获取，而且信息量庞大。它们都是数字资
料，可在全球计算机网络——因特网中找到。其中之一便是维基百
科——由世界各地互联网用户共同制作的在线百科全书。与书籍和
传统的印制资料不同，这些资料必须谨慎查阅，它们能给研究工作
提供线索，但并不总是准确无误。尽管如此，只要借助权威资料进
行了该有的考证，其中的信息就不该遭到轻视。维基百科的条目几
乎囊括了本书叙述的所有人物和事件，但可能会弄错一些基本信息，
例如葡萄牙王室从里斯本启程前往巴西的日期。我在 2006 年年中
查询时，维基百科记录的日期是 1807 年 11 月 7 日，而正确日期应

为 1807 年 11 月 29 日。经过负责信息编辑和更新的网络用户修改，
26   2007 年初，该日期已经得到更正。

在诸多非常规资源中，我还使用了一个出色的英语有声读物网
站 www.audible.com，上面有 30000 多本图书的音频资源。它比维基
百科可靠得多，因为这些图书均由英美知名出版商出版，而网站只
是提供纸质书的音频版本。我将有声书也纳入参考文献中，与本书
参阅的纸质书相并列。最后，我还收听了苹果公司 iTunes 网站上的
一些播客，自 2006 年起，其中收录了加州大学伯克利分校所有本科
生课程，包括从文艺复兴到当代的全课时《欧洲文明史》，由教授托
马斯·拉克（Thomas Laqueur）讲授，共计 26 节，每节平均 1 小时
20 分钟。

关于拿破仑·波拿巴的一些重要信息（均在文献中经过严谨考
证）来自 iTunes 上的"播客网"（The Podcast Network）。一支专家组
在上面制作了一期完整节目《拿破仑 101》，里面有 10 多个小时的
录音和采访，都与这位法国皇帝的经历相关，包括他每一场经典战
役的详细描述。1908 年，曼努埃尔·德奥利维拉·利马在撰写杰作
《堂·若昂六世在巴西》时，显然还没有网络这种工具；但对于 100
年后的史学家而言，懂得以智慧和判断力使用网络或许是必不可少
的技能之一。正是借助网络，我才找到了书中有关人物惊人的新信
息，比如 1814 年 6 月 15 日在里约出生的婴孩若阿基娜·多斯桑托
斯·马罗科斯（Joaquinna dos Santos Marrocos）。她的父亲——皇家
27—28   档案管理员路易斯·若阿金·多斯桑托斯·马罗科斯（Luiz Joaquim
dos Santos Marrocos）是葡萄牙王室留居巴西这段历史中的核心人物
之一。若阿基娜是路易斯·若阿金·多斯桑托斯·马罗科斯与未婚
妻婚前所生的孩子，而历史学家至今仍不知晓她的存在。

最后值得一提的是，我在本书中几次冒险，将 200 年前的物价

和金额换算成如今的货币单位。任何严谨的研究者都知道，货币换算向来是一项危险的尝试。在如此长的时间跨度下，又是在巴西这样货币极不稳定的国家，进行金额换算无疑存在产生偏差的风险。不过我这样做，只是为了让读者对当时的物价和金额有所概念（尽管只是大致上的），比如说在1807年的里约，买一名奴隶或者一间房子要花多少钱。对于有这方面好奇心的读者来说，英国国会以及迈阿密大学、伊利诺伊大学都在网络上提供了比较精确的货币换算服务，详见书末参考文献的电子资料部分。[3]

劳伦蒂诺·戈麦斯

2007年7月于圣保罗

"他是唯一一个骗了我的人。"

——在去世前不久写下的回忆录中，
流放至圣赫勒拿岛的拿破仑·波拿巴这样评价
葡萄牙和巴西的国王堂·若昂六世

第一章

逃亡

想象一下，某天巴西人一觉醒来，就听说总统已由美国空军护送逃往澳大利亚，与他一同不辞而别的，还有所有部长、高等法院成员、众议员、参议员与几名最重要的商业领袖。更可怕的是：阿根廷军队此时正向米纳斯三角区 [1] 的乌贝兰迪亚市发起冲击，即将逼近巴西利亚 [2]。巴西遭到政府与全体领导者抛弃，任凭侵略者摆布，而后者已准备好将沿途所见洗劫一空，并无限期地掌管这一国家。

听到如此猝不及防的消息，巴西人很可能首先感到无助与背叛，随后则是恐惧与愤懑。

---

[1] 米纳斯三角区位于米纳斯吉拉斯州，是该州一片比较富裕的区域。米纳斯吉拉斯州在巴西东南部，首府为贝洛奥里藏特。乌贝兰迪亚是米纳斯三角区的重要城市之一。

[2] 巴西利亚于 1960 年落成，此后取代了里约热内卢，成为巴西的新首都。

1807 年 11 月 29 日早晨，葡萄牙人正是这种反应。当时传出消

32　息，女王、摄政王和整个王室正在英国海军的保护下逃往巴西。在其他任何欧洲国家的历史上，都从未上演过类似桥段。战争期间，国王或曾失去王位，避难异国，但没有人曾走到这一步，以至远渡重洋，在世界另一端定居称王。虽然欧洲人在各洲拥有广袤的殖民地，但在此之前，没有任何国王踏足自己的海外领土，连短暂的巡游都不曾有过，更别提在那里生活统治了。因此，无论对于一夜之间成为王国弃儿的葡萄牙人，还是已习惯于葡萄牙长久剥削的殖民地巴西人来说，这都是史无前例的事件。

　　在葡萄牙人这边，除消息带来的震惊之外，另一因素也加剧了这种被抛弃感。200 年前，人们对国家、政府及民族身份的认识与今天相去甚远。一切权力源于人民，并以人民的名义行使，这一民主的基本原则并不见于当时的葡萄牙。倘若今天巴西出现意外，所有政府官员都逃往境外，人民依然有权聚集起来，选出新的总统、参议员和众议员，立即重建国家政府。至于众多企业，虽会因领导或所有者缺席而经历一段动荡，但之后可以改组重建、继续运转。1807年的葡萄牙却并非如此。没有君主，国家便陷入困境、无所适从。一切经济活动、民众生死、政府、民族独立性以及葡萄牙作为国家存在的意义，都系于君主一人身上。

　　更麻烦的是，就政治理念与革新而言，葡萄牙是欧洲彼时最滞后的国家之一。与王权日渐让位于议会代表的英、荷相反，葡萄牙

33　依然实行君主专制。也就是说，君主拥有至高无上的权力。[1] 不但能够制定法律，还负责执行，并能按照自己认为最合适的方式去阐释法令。法官与市政厅仅是协助君主的臂膀，而后者可以随时否决他们的意见与决定。

　　这有助于解释，在那个秋末的寒冷早晨，在里斯本街头，葡萄

牙人所感受到的无助与难以弥补的失落。一国之君逃走了，葡萄牙便不再是葡萄牙，不再是一个拥有自身政府的独立国家。它变成了一片无名无姓的荒地。它的子民被交付给任何能够攻城略地、登基称王的亡命之徒，任凭他们的私欲与贪婪摆布。

一国之君为何要逃？

在解释逃亡之前，有必要阐明一件事：那时葡萄牙的王权并不在女王手中，而是由摄政王堂·若昂掌管。他的母亲玛丽亚一世女王据称精神失常、无力统治，幽居于距里斯本约 10 公里的克鲁什宫。堂·若昂是疯女王的次子，因而并未学习治国之术；他的长兄、王储堂·若泽（D. José）1788 年死于天花，年仅 27 岁。[2] 除了缺乏治国的准备，孤独的堂·若昂还面临严重的夫妻问题。1807 年，他与妻子卡洛塔·若阿基娜已分居 3 年，并同这位喜怒无常、飞扬跋扈的西班牙女人育有九子，其中一子未满周岁[1] 便告夭折。这对彼此恨之入骨的夫妇，不仅分睡两床，还住在相距遥远的两座宫殿。卡洛塔和疯女王一同住在克鲁什宫，堂·若昂则住在马夫拉宫，由数百位靠国家养活的修士僧侣陪伴。

马夫拉宫距里斯本约 30 公里，是葡萄牙殖民帝国辉煌时代的标志。它融宫殿、教堂、修道院于一体，正面长 264 米，拥有 5200 扇门窗及 114 口钟，饭厅长达 100 米，由 45000 名工匠耗时 34 年完成。大理石来自意大利，木材则取自巴西。宫殿落成于 1750 年，适逢米纳斯吉拉斯黄金钻石产量的巅峰。[3] 除王室及其仆从的居室外，还有 300 个小间供数百位修士居住。正是在这座宏伟而幽暗的宫殿中，堂·若昂远离家室，在大臣会议、弥撒、祈祷文与圣歌之间度日。

34

---

[1]　两人所生的第一个儿子弗朗西斯科·安东尼奥于 6 岁时夭折，此处应为笔误。

摄政王怯懦、迷信且丑陋，而在工作中，他的性格主要表现为优柔寡断。他在意见相左的团体之间进退两难，时常抗拒到最后一刻才肯作出决断。政府必需的各项安排令他愁肠百结、不胜其烦，因此他习惯于将一切事务托付给身边的大臣。而在 1807 年 11 月，堂·若昂被逼到墙根，不得不作出一生中最重要的抉择。在无可抵御的压力之下，他决定逃亡巴西；而向他施压的正是举世公认的军事天才——拿破仑·波拿巴，自罗马帝国的恺撒时代以来，无人能出其右。

1807 年，这位法国皇帝是欧洲绝对的霸主。在一连串惊人而又出彩的胜利之后，法军已让大陆上所有国王俯首称臣，唯有英国尚未屈服。在英吉利海峡的阻隔下，英国人得以避免同法军在陆上交锋；而在 1805 年的特拉法加海战中，纳尔逊勋爵统率海军，于地中海入口处击溃法西联合舰队，由此巩固了英国的海上霸主地位。[4]拿破仑则以大陆封锁令回击，严禁在欧洲港口交易英国商品。此令一出，各国立即遵守，唯有防守薄弱的弹丸小国葡萄牙例外。迫于传统盟友英国的压力，堂·若昂不愿屈从于法国皇帝的要求。因此，法军在 1807 年 11 月向葡萄牙边境进发，意欲大举入侵、废黜摄政王。

堂·若昂在彼时最强盛的两个军事和经济大国之间进退维谷，有两种痛苦且互斥的方案可供选择。一是屈从于拿破仑的压力，加入大陆封锁阵营；二是接受盟友英国人的帮助，携王室、财宝、大部分贵族及全套国家机器，乘船前往巴西。表面上看，这是个慷慨的提议；而实际上，这是赤裸裸的胁迫。假如堂·若昂选择前者、向拿破仑屈服，英国便会故技重施，像数月前对待不肯合作的丹麦那样对待葡萄牙。同年 9 月 1 日早晨，丹麦首都哥本哈根的居民在英国舰队的炮火封锁下醒来，后者在港口下锚并炮击城市。炮火持续了四天四夜，最终致 2000 人遇害。7 日，哥本哈根投降，英国人将船只、物资和弹药尽数掳掠，丢下毫无防御能力的城市扬长而去。[5]

对葡萄牙而言，后果可能更糟。如果摄政王和拿破仑结盟，英国人不仅会轰击里斯本、劫掠葡萄牙船队，还将夺取葡萄牙赖以生存的海外殖民地。在英国人的支持下，殖民地中最广袤富饶的巴西很可能效仿美国及众多西属邻国，比预料时间更早独立。而若失去了巴西，葡萄牙便什么也不是。

显然，堂·若昂完全忽略了第三种方案：尽管王权地位或将不保，但他仍可选择留在国内对抗拿破仑，与英国人并肩作战、保家卫国。后续事实证明，在此情况下他获胜的可能性并不小；然而在 1807 年，此举是惊恐犹疑的摄政王所考虑不及的。他认定敌人强大无比、自身难以招架，只好溜之大吉。"堂·若昂以精准的自我认知行事，他更倾向于离开欧洲"，历史学家托比亚斯·蒙泰罗如是写道，"自知没有英雄的胆识气概，他选择了率众离去的和平方案，在热带温和的怠惰中寻找安宁和消遣，他正是为此而生的"[6]

第二章

疯癫国王

对欧洲君主而言，19 世纪初是一段心惊胆战的噩梦，有两位国王发了疯。在英国，有人在宫殿走廊中看到乔治三世身穿睡袍，头裹枕套，怀抱一个包成婴儿模样的枕头，并说那是早夭的奥克塔维厄斯王子 [1]。在葡萄牙，女王玛丽亚一世则深受恶灵烦扰，惊叫声响彻克鲁什宫寒冷阴暗的清晨。疯癫发作时，她声称见到了 1777 年去世的父亲堂·若泽一世（D. José I），"在漆黑骇人的铁水柱顶端，有一团煅烧的灰烬，一队幻影军团正试图摧毁它"，大臣安杰亚侯爵这样描述她的幻象。[1]

对于如此古怪的行为有两种解释方法。第一种解释显而易见，两位君主都患有精神障碍，科学家和医生至今仍在探寻此种病症的

---

[1] 奥克塔维厄斯（Octavius）是英王乔治三世的第 8 个儿子，也是他最疼爱的孩子，生于 1779 年，4 岁时患天花夭折。

奥秘。近期调查显示，他们均罹患"异位性紫质症"，这种遗传病 38
的症状与精神分裂、躁狂抑郁症相似，后者现又称作"双相情感障
碍"。两者的行为与诊断相符。

在统治英国的 60 年间，乔治三世的病情数次发作，有一次他长
达 72 小时未眠，其中 60 个小时都在喋喋不休。另一次，他召集朝
臣，宣布自己构想出来的"新三位一体"——由上帝、他的私人医
生以及彭布罗克伯爵夫人（condessa de Penbroke）组成，后者是王后
夏洛特（Charlotte）的伴娘。1788 年，医生理查德·沃伦（Richard
Warren）宣布："我们的国王疯了。"处于疾病晚期的乔治三世被交由
医生、神父弗朗西斯·威利斯（Francis Willis）照看，当国王癫狂发
作时，医生用紧束衣和椅子将他固定，并采取治疗。

毕业于牛津大学的威利斯是精神病学的先驱，那时这门科学尚
无人知晓。1792 年他又被召去葡萄牙照看堂娜·玛丽亚一世，并以
此获得 2 万英镑的酬金，这笔钱相当于如今的 110 万英镑或 400 万雷
亚尔 [1]。[2] 一切都是徒劳。在人生的最后几年，乔治三世癫狂发作愈
发严重，只能困居于伦敦宫殿一间偏僻的侧室。玛丽亚一世同样无
力执政，自 1799 年起，葡萄牙便由女王的次子、摄政王也即将来的
国王堂·若昂六世掌权。[3]

对于癫狂的第二种解释是象征性的。除精神错乱、政治结盟之
外，乔治三世和玛丽亚一世还有一处共同点。1807 年的欧洲，在位
的国王似乎是注定要灭绝的物种，而他们恰好同属这一类。有史以 39
来，欧洲君主从未经历过如此动荡不安的时代，他们被追捕、废黜、
囚禁、流放、驱逐，甚至在广场上被当众处决。不折不扣地讲，那
是国王掉脑袋的时代。

---

[1]　雷亚尔（real），巴西如今的货币单位。

　　1807 年，拿破仑·波拿巴的权力登峰造极，此时距他自行加冕为法国皇帝已有 3 年。"我非路易十四的继任"，1806 年 5 月，他在给外交大臣查尔斯·莫里斯·德塔利朗（Charles Maurice de Talleyrand）的信件中写道，"我是查理大帝的后人"⁴。拿破仑的野心在这番对比中显露无遗。路易十四不过是法兰西权倾一时的君王之一，查理大帝却是神圣罗马帝国的奠基者，统领欧陆大半疆域。换言之，拿破仑的胃口远不止统治法兰西，他想要成为全欧洲的皇帝。实际上，这一头衔已经归他所有。1808 年，在名义上将西班牙和葡萄牙并入统治后，他几乎将法国原来的领土翻了一番，他的疆域囊括德国、意大利、荷兰与比利时。

　　在长达 10 年的时间内，拿破仑与欧洲最强大的军队交手无数而未尝一败。那时统治奥匈帝国的哈布斯堡王朝看似无可匹敌，却在交锋中屡遭重创。俄军与普军分别在奥斯特里茨和耶拿被击溃，这两场战役在拿破仑战争中铭记史册。拿破仑将王公贵族废黜罢免，并指派波拿巴家族的成员接替。

　　"如果将目光投向 1807 年的欧洲，我们会看到一幅极不寻常的景象"，伯南布哥历史学家曼努埃尔·德奥利维拉·利马写道，"西班牙国王在法国领土上乞求拿破仑的庇护；普鲁士国王逃离被法军占领的首都；……即将成为国王的奥兰治亲王 [1] 威廉在伦敦避难；两西西里国王被逐出美丽的那不勒斯；托斯卡纳和帕尔马的统治者漂泊流亡；……沙皇在圣彼得堡；斯堪的纳维亚正要请波拿巴家族派一名元帅来接管半岛；神圣罗马帝国的皇帝甚至罗马教皇，有时

40

---

[1]　这里的奥兰治亲王指威廉·弗雷德里克（Willem Frederik），荷兰末代省督、奥兰治亲王威廉五世之子。1806 年威廉五世去世，威廉·弗雷德里克随即继承了奥兰治亲王头衔。1814—1815 年维也纳会议后，尼德兰联合王国成立，威廉·弗雷德里克加冕为王，史称尼德兰的威廉一世（Willem I）。

都不得不离开他们自称永恒而不可触犯的宝座"[5]。

在旧制度下，国王以至高的权力实行铁腕统治，而拿破仑的胜利标志着欧洲这段历史时期的结束。法国曾是旧制度的范本，太阳王路易十四是那时最显赫的君主，他统治法国 60 余年，以其名句"朕即国家"为世人所知。路易十四统治期间，法国卷入连绵不断的战争，当他驾崩时，国家已经破败不堪。政府欠下的债务相当于国家预算的 17 倍，凡尔赛的宫廷还要养活超过 20 万人。[6]

路易十六掌权后，法国又插手美国独立战争，财政问题愈发激化。法国向美军总司令、首任总统乔治·华盛顿提供军械和款项，在驱逐英军的过程中起到了决定性作用，却使法国濒临破产。为了负担庞大的开支，政府被迫征收重税，由此引发资产阶级不满，后者是由商人与自由职业者组成的新兴阶层，他们无需仰赖国王的恩惠就可以发财致富。

由于财政管理不力和人民自由受限两方面因素，1789 年法国大革命爆发。在资产阶级的鼓动下，民众纷纷上街游行，废黜王室并建立了一个史无前例的新政权，它以"自由、平等、博爱"为口号，宣扬公平正义、主权在民。然而那时无人知晓，将这些理念付诸实践还需要太多鲜血。革命迅速失控，恐怖笼罩着整个法国。1793 年，国王路易十六和王后玛丽·安托瓦内特先后在断头台上被处决，国家陷入混乱。1796 年，年轻的拿破仑接管军队时有两个目标：一是恢复国内秩序，二是与欧洲其他君主组成的反法同盟作战。

从此，一系列难以置信的事件彻底改变了欧洲的版图。拿破仑打造了那时无可匹敌的战争机器，将人多势众的敌军打得落花流水。旧式君主制根深蒂固，曾在数百年间维持相对稳定的统治，如今却接连覆灭，长久以来备受尊敬的贵族权益也不复存在。在长达 20 余

41

年的拿破仑战争中[1]，数百万人战死沙场，世界历史的轨迹随之发生转变。

在过去200年中，与拿破仑相关的书籍数目在任何其他历史人物之上，只有耶稣基督例外。超过60万部作品直接或间接地提到了他。[7]拿破仑极度的野心自负和一米六七的短小身材恰成反比，他乐于自称"革命之子"。他是天生的军事奇才，但法国大革命才是他在战场上施展本领的天赐良机。因此，这是天时、地利与人和的统一。拿破仑1769年生于科西嘉岛的下层贵族家庭。16岁时，青年拿破仑已成为法军中尉，在军事学校，他以共和派的身份声名鹊起，并结识了许多未来的革命领袖。

1793年，法国土伦港爆发叛乱，英国出兵庇护。凭借人际关系，拿破仑得以接任土伦平叛部队的炮兵指挥官。他率领部队扭转战局，仅8周之后便由上尉破格提升为准将，年仅24岁。3年后，他被任命为意大利方面军总司令，并以过人的胆略崭露头角。又3年后，他已是法兰西共和国第一执政，权力无人掣肘。1804年，35岁的拿破仑自行加冕为法国皇帝。

拿破仑重塑了战争艺术，他麾下的陆军行动之敏捷无人能敌。他在战斗中总是先发制人，占据有利位置来攻敌军之不备，常不费一枪一弹便打退或俘虏对手。1805年12月，在举世闻名的奥斯特里茨战役前夕，拿破仑带领一支分队在两天内行军百余公里——那时没有卡车、坦克、飞机和直升机，人员军械的调度全靠徒步完成。枪炮人马的高机动性使他的军队常常出奇制胜，即使看似必败无疑的战斗也能成功逆转。对于习惯慢速传统战争的对手而言，这种出

[1]　一般认为，拿破仑战争始于1803年英法开战，终于1815年《巴黎条约》的签订，历时12年。文中称拿破仑战争"长达20余年"并不准确——如果从1793年拿破仑在土伦战役中崭露头角开始算起，未免太过"广义"了。

其不意的战术无疑是毁灭性的打击。

拿破仑在法国大革命战争中的另一创举则是快速、大规模地调动国内资源，不论人力、物力皆是如此。[8]在他之前，招募、训练和动员一支军队参战需要花上数月乃至数年之久。"法国大革命前的一个世纪，战争已经变成流于表面的形式，训练有素的职业军人在贵族的领导下交战，所动用的资源有限，所追求的目的也有限"，历史学家、史密森尼学会军事专家、《拿破仑战争》(*The Napoleonic Wars*) 的作者冈瑟·罗森伯格（Gunther Rothenberg）写道，"各国尽量避免战争，因为人口流失的代价过高，而士兵擅离职守的行为又加剧了这一点；战争之所以结束，更多是因为耗尽了人力财力，而非某一方取得决定性的胜利"。

有两个因素促使上述状况发生变革。一是 18 世纪末农业新技术的应用提高了食物供给量，欧洲人口激增，短短几十年间大陆上的人口几乎翻了一番。18 世纪中叶仅有 1800 万人的法国，1792 年人口达 2600 万，成为欧洲人口第二大国，仅次于拥有 4400 万居民的俄国。更多人口意味着可以向战争中投入更多士兵。二是工业革命实现了量产，用于枪炮制造的铁产量、用于军服及各种军需品制作的布产量由此提高。

拿破仑曾夸耀称，他能把战斗减员的幅度控制在每月 3 万人。1794 年，法国拥有 75 万训练有素、装备精良的士兵，他们群情激昂，以待捍卫革命的新思想。这样，拿破仑拥有一支庞大的军队，其规模之大，为罗马帝国以来所未有。法国皇帝是一位讲求实际、有条不紊的冷血将军，他只在意军队整体的成败，而从不关心中途折戟的士兵的个人命运。拿破仑在战场上精打细算、大权独揽，他曾说："一个坏将军胜过两个好将军。"[9]他极富领袖魅力，能迅速提振官兵的士气。他断言："军心稳定、士气高涨，仗就打赢了一半。"

44   拿破仑还是孜孜不倦的改革家，他的政府在众多领域绩效出色，包括整顿公共财政、采用米制系统、颁布新宪法和拿破仑法典，后者至今仍是法国及众多其他国家司法制度的基石。拿破仑还兴修大道、公园、广场和纪念碑，让巴黎的市区焕然一新。[10]1814 年，在俄法战争中落败后，拿破仑被流放于地中海内的厄尔巴岛。即便如此，他仍设法改善教育、农渔业，提升人民的生活质量。

巅峰时期的拿破仑让人畏惧赞叹，他的对手与追随者概莫能外。1815 年在滑铁卢最终击败拿破仑的威灵顿公爵曾说，在战场上，拿破仑一人可抵 5 万士兵。法国作家弗朗索瓦-勒内·德·夏多布里昂（François-René de Chateaubriand）曾是拿破仑的反对者，他将后者比作"拂过地球表面最强劲的人类气息"。

1807 年，犹豫怯懦的葡萄牙摄政王堂·若昂不得不面对的，正是此人。

第三章

计划

拿破仑·波拿巴的军队入侵在即，葡萄牙摄政王堂·若昂被迫逃亡。然而，前往巴西这一计划的渊源却几乎和葡萄牙帝国一样古老。它拥有地缘政治上的合理性，每当国家独立受到邻国威胁时，前往巴西的提议总会重现。葡萄牙虽是地理大发现与大航海时代的缔造者，自身却不过只是资源匮乏的弹丸小国。它被裹挟在强大邻国的利益角逐中，无时无刻不受到各方的威胁；它没有人力、军力在欧洲自卫，更无法殖民和驻守自己的海外领土。巴西资源富饶、人力充足，更容易抵御外敌，因此前往巴西是一个自然而又经过深思的选择。"这是一个成熟的建议，因为每到艰难时刻，它总会被人想起"，历史学家曼努埃尔·德奥利维拉·利马写道。[1]

19 世纪初，葡萄牙完全依赖于巴西。殖民地产出的黄金、烟草和甘蔗构成了宗主国对外贸易的轴心，葡萄牙从巴西进口的财产货物几乎达到向巴西出口的两倍。因此，巴西相对葡萄牙有着两倍的贸易顺差。[2] 那时，葡萄牙向主要贸易伙伴英国出口的货物有 71% 源自巴西[3]；每年停靠在里斯本港口的 300 艘葡国货船中，三分之一直接与巴西进行贸易往来。见识到殖民地的经济活力后，英国旅行者亚瑟·威廉·科斯蒂根（Arthur William Costigan）写道，葡萄牙民族的存续乃至"人民对王位的直接支持"，都依赖于巴西。[4]

自瓦斯科·达伽马（Vasco da Gama）开辟印度航线、佩德罗·阿尔瓦雷斯·卡布拉尔的船队停靠巴伊亚[1] 以来，葡萄牙对外依赖的程度与日俱增，在国家财富及自身独立性方面所受的威胁也同步增长。1580 年，距发现巴西尚未满一个世纪时，因为国王堂·塞巴斯蒂昂（D. Sebastião）两年前征战摩洛哥，在同摩尔人交战时不知所踪，西班牙的费利佩二世（Felipe II）占据了葡萄牙空置的王位。[2] 此后的 60 年间，葡萄牙由西班牙统治，这段历史被称作伊比利亚联盟时期。其间，将王室迁往美洲的提议首次被记录在案。[5]

几十年后的 1736 年，葡萄牙驻巴黎大使路易斯·达·库尼亚（Luiz da Cunha）在给堂·若昂五世（D. João V）的一份秘密备忘录中写道：葡萄牙不过是"欧陆之一耳"，在此国王"永不得安眠"。库尼亚建议把王室迁往巴西，在那里若昂五世将拥有"西方皇帝"的头衔，并可以指派一名副王管理葡萄牙。[6] 他甚至进一步提出，假

47

---

[1] "停靠巴伊亚"指的是 1500 年葡萄牙航海家卡布拉尔偶然发现巴西这一事件，他首次登陆的地点在巴伊亚（Bahia）。

[2] 这场发生于马哈赞河畔的战役史称"三王之战"，是葡萄牙国运式微的转折点。1578 年，年轻的国王堂·塞巴斯蒂昂战死（也有许多葡萄牙人相信他还活着，并将在未来复归，这种思潮称作塞巴斯蒂昂主义），没有留下后代。其叔祖、年迈的红衣主教恩里克一世继承了王位，但很快于 1580 年逝世。在此后的王位争夺中，西班牙的费利佩二世胜出，其将葡萄牙并入西班牙统治。

如西班牙吞并葡萄牙和阿尔加维，这一损失可通过将阿根廷、智利的部分领土并入巴西加以弥补。1762 年，葡萄牙又一次面临侵略威胁，庞巴尔侯爵（marquês de Pombal）建议国王堂·若泽一世做出"前往巴西的必要准备"。

　　1801 年，欧洲已被拿破仑·波拿巴占去大半，前往巴西的古老计划也显得紧迫起来。同年，西班牙在法国支持下入侵葡萄牙，双方爆发"拉兰加之战"（Guerra das Laranjas），葡萄牙落败。阿罗尔纳侯爵三世堂·佩德罗·德阿尔梅达·波图加尔（D. Pedro de Almeida Portugal）惊惧于国势孱弱，向摄政王堂·若昂建议："陛下在巴西拥有一个强大的帝国……现在亟须武装里斯本广场上所有的军舰、商船，并将王妃，您的子女和财宝安置其中。"[7] 两年后的 1803 年，皇家财政大臣、未来的利尼亚雷斯伯爵堂·罗德里戈·德索萨·库蒂尼奥（D. Rodrigo de Sousa Coutinho）向摄政王堂·若昂汇报了欧洲的政治局势。在他看来，葡萄牙必将面临危机，因为不可能在英法之间一直保持中立。如何解决呢？只能去巴西。

　　"在国家领土中，葡萄牙既不是最好的，也不是最主要的部分"，堂·罗德里戈写道，"历经长年残酷的战争后，国家虽然元气大伤，但陛下和您的子民仍然可以前往巴西，建立一个强大帝国"。这个新美洲帝国将成为一块基石，以帮助堂·若昂收回"曾在欧洲失去的一切"，并严惩"凶残的敌人"。堂·罗德里戈说："无论如此高尚而果断的决定将会带来多少风险，都远不及法军侵入王国港口后无可避免的灾难。"[8] 堂·罗德里戈的提议在 1803 年遭到否决，4 年后，当拿破仑率大军压境时，这项非凡的计划才得以实施。葡萄牙王室终于启程前往巴西。

　　正因为有为数众多的古老计划，1807 年王室迁往巴西才最终得以成行。这是一次逃亡，但并不像人们通常设想的那样仓皇失措，在近 3 个世纪中，几代国王、大臣和参谋曾反复商讨过这项决议。历史学家奥利维拉·利马写道："若非如此便不能解释，在这个以短视和拖延著称的国家，为何法军宣布入境后，王室还有时间拖家带口，携器物、餐具、名画、藏书与珠宝登船逃离。"[9]

启程前的数月，王室沉浸在紧张不安的气氛中。1807 年，有两大派别试图影响犹豫不决的摄政王。"亲法派"的领导者是巴尔卡伯爵一世，也即外交大臣安东尼奥·德阿劳若-阿泽维多（Antônio de Araújo e Azevedo），他支持与拿破仑及其西班牙盟友联合。在最终获胜的"亲英派"中，一个主要人物便是堂·罗德里戈·德索萨·库蒂尼奥。他是庞巴尔侯爵的教子，海军与海外事务大臣，也是有远见的国务活动家，心怀巴西未来的雄伟蓝图。在他看来，宗主国葡萄牙的未来存亡均系于它的美洲殖民地之上。1790 年，时任外交大臣的他就和巴西精英联系密切，并资助学生前往葡萄牙帝国的学术中心——科英布拉大学进修。在这些留学生中便有若泽·博尼法西奥·德安德拉达·席尔瓦（José Bonifácio de Andrada e Silva），未来巴西独立的重要领袖。

49　　　　1807 年 8 月 19 日，国务委员会在马夫拉宫召开会议，商讨政治危机的对策。委员会是帝国最重要的智囊团，负责在战时及和平时期提出政府重大议案；它由摄政王最亲近的 9 位助手组成，其中包括御用掌衣官和私人医生。[10] 堂·若昂在会议上宣读了拿破仑的通告：葡萄牙必须加入大陆封锁阵营，向英国宣战并召回驻伦敦大使堂·多明戈斯·德索萨·库蒂尼奥（D. Domingos de Sousa Coutinho，堂·罗德里戈的弟弟），驱逐英国驻里斯本大使，禁止英国船只入港。最后，葡萄牙政府还必须逮捕国内所有英国公民并没收其财产。委员会惊惧不已，立刻同意了拿破仑提出的各项条件，但有两项例外：英国人不会遭到逮捕，他们的财产也不会被没收。8 月 26 日，第二次会议再次于马夫拉宫召开，给拿破仑的答复信获得通过并即刻被送往巴黎。[11]

然而，这是一步险招，葡萄牙试图在拿破仑与英国面前虚张声势。它假意屈从于拿破仑的最后通牒，又同时和英国进行秘密谈判以打破僵局。"葡萄牙之于英法两国的对决，恰似扇贝之于大海和礁石的较量"，巴西历史学家托比亚斯·蒙泰罗写道。[12]会后，驻里斯本英方代表、斯特朗福德子爵珀西·克林顿·西德尼（visconde de Stangford, Percy Clinton Sidney）立即向外交大臣乔治·坎宁（George Canning）写信汇报，其中叙述的来龙去脉与葡萄牙给拿破仑的答复截然不同。他写道，葡萄牙只是以"表面上的敌意"来拖延时间，它将正式对英宣战，但那只是一个幌子。与此同时，葡萄牙政府请求英国不要入侵葡属殖民地，也不要袭击商船。

葡萄牙受两大相互敌对势力的挤压，却得益于通信与交通手段的匮乏。1807 年，一封信从里斯本寄往巴黎需要 2 周。邮差在崎岖的土路上往来，一旦下雨，泥泞的道路几乎无法穿行。往返巴黎至少需要 1 个月，走海路从里斯本到伦敦也要 7 天以上。[13]通信的迟缓为葡萄牙争取了更多时间，让这个孱弱的殖民帝国得以在英法之间斡旋，谋求一个更加体面或至少可以接受的出路。在收到葡萄牙的答复后，拿破仑的反应不出所料：他派人警告堂·若昂，若不能满足自己的所有要求，他将入侵葡萄牙，摧毁布拉干萨王朝（布拉干萨是葡萄牙王室的姓氏）。

9 月 30 日，国务委员会在里斯本阿茹达宫集会，终于向摄政王提议预备出海的船只。[14]一开始，委员会计划只将贝拉亲王[1]也即堂·若昂的长子佩德罗派往巴西；当时，这位未来的巴西皇帝年仅

50

---

[1]　原文为 Príncipe da Beira，自 1734 年起，贝拉亲王是授予葡萄牙王储之长子的头衔。

8 岁，是葡萄牙王位的继承人。1807 年 10 月 2 日，堂·若昂诏告巴西民众，希望他们迎接、拥护佩德罗王子。[15] 然而不久以后，计划变得更具野心：将王室、政府、官员和全套国家机器迁往巴西。总之，把整个精英阶层全部带走。

10 月中旬，将王室转移至巴西的计划已经尘埃落定。堂·若昂以驻伦敦大使为中介，同英国签署了一项秘密协议：英方将派海军护送王室前往里约，而作为交换，葡方将开放巴西各港口供他国贸易往来。在此之前，仅葡萄牙商船有权在巴西交易货物。

虽然与英国盟友的秘密协议已经签订，但堂·若昂依旧和法国人玩着阳奉阴违的把戏。启程前夕，他甚至宣布禁止英国船只入港，即将逮捕首都里斯本的英国侨民并没收其财产。同时，他派遣大使马里亚瓦侯爵（marquês de Marialva）前往巴黎，向法国宣布全面投降。为取悦拿破仑，侯爵献上一盒钻石作为礼物，还提议两国联姻，让堂·若昂的长子佩德罗与一位来自波拿巴家族的公主结合。大使抵达巴黎时曾遭到拘禁，连护照也被没收；但凭借上述策略，堂·若昂骗过了拿破仑，让后者在王室启程前夕仍以为葡萄牙对他唯命是从。

11 月 1 日，巴黎信使将另一封拿破仑的恐吓信件送达里斯本："如果葡萄牙不遂我意，布拉干萨家族将在两月之内失去欧洲王位。"此时，法国军队正在翻越位于法西边界的比利牛斯山脉，矛头直指葡萄牙。11 月 5 日，葡萄牙政府终于正式下令，逮捕仍在首都逗留的英国侨民，并将其财物充公。然而葡萄牙坚持将双面把戏贯彻到底，提前通知斯特朗福德子爵，让他暂避风头。就连"亲法派"领袖巴尔卡伯爵也加入了瞒天过海的行动：表面上提议没收葡萄牙境内的英国财产；私下里却和英方商议，这一举措造成的损失应如何补偿。[16]

11 月 6 日，一支拥有七千兵力的英国舰队进入葡萄牙领海，在特茹河口停泊。舰队指挥官、海军上将西德尼·史密斯（Sir Sidney Smith，两个月前轰炸哥本哈根的正是此人）身怀两条看似自相矛盾的军令：第一条优先执行的命令是确保葡萄牙王室安全登船，并护送船队抵达巴西；第二条命令则是，如若情况有变，就立即炮轰里斯本。

52

显然，卡牌已经亮明，双方对游戏的结局都不再心存幻想。在确信葡萄牙必定和英国联手之后，法西双方于 1807 年 10 月 27 日签订了《枫丹白露条约》[1]，将葡萄牙的领土一分为三：北部的杜罗与米尼奥河间省（条约称"北卢济塔尼亚"）归伊特鲁里亚王后、西班牙波旁王朝的玛丽亚·路易莎（Maria Luiza de Bourbon）所有；南部的阿连特茹省、阿尔加维王国由西班牙权倾一时的大臣、又名"和平亲王"（Príncipe de Paz）的曼努埃尔·戈多伊（D. Manuel de Godoy）掌管；而最富裕的中部地区——包括贝拉省、后山省、埃斯特雷马杜拉省，则由法国收入囊中。[17] 让葡萄牙人倍感屈辱的是，这片土地被献给拿破仑最小的弟弟吕西安（Luciano Bonaparte），而后者却不愿接受。"在那个时代，连最令人垂涎的国土都几乎无人统治，……因此，谁也看不上小小的葡萄牙"，奥利维拉·利马写道，"尤其是失去了殖民帝国这一重要部分的葡萄牙"[18]。

一支五万兵力的法西联军侵略了葡萄牙。假如堂·若昂愿意，他本可以调兵应战，并很有可能取胜。[19] 因为在拿破仑派遣的军队中，大多是新兵或从外国军队收编的士兵，他们完全不想替野心勃勃的法国皇帝拼死卖命。[20] 联军主帅让·安多什·朱诺（Jean Andoche

---

[1]　历史上曾有许多个《枫丹白露条约》，此处指的是西班牙国王查理四世和法国皇帝拿破仑于 1807 年 10 月 27 日在法国枫丹白露签署的秘密协议。根据条约，布拉干萨王朝将遭驱逐，葡萄牙被两国瓜分。

Junot）将军是个二线军官，有勇而无谋。由于出兵命令仓促、作战
53 规划不足，朱诺将军的士兵抵达边境时已是衣衫褴褛、饥肠辘辘。
一半马匹折损途中，大炮只剩下 6 门。从法国出发的 25000 名士兵，
有 700 名尚未参战便已丧生。[21] 四分之一的步兵不知所踪，在缺乏食
物的绝望中，他们远离主力纵队，此后便下落不明。[22]

朱诺将军的妻子、阿布兰特公爵夫人（duquesa de Abrantes）在
回忆录中写道，她丈夫进入葡萄牙时"更像是逃兵，而不是派去向
人民宣布接管统治的将军"[23]。到达里斯本附近时，法国士兵已经
累得精疲力尽，难以站立，许多人勒令葡萄牙百姓替他们背着武器。
朱诺麾下的师长保罗·蒂博（Paul Thiébault）男爵回忆道："那时的
窘境简直令人难以置信。我们的军服早已褪去颜色、破烂不堪，靴
子也磨出了洞，我的脚趾都露了出来。"[24]

"军队的马匹、火炮损失惨重，弹药紧缺，粮草匮乏，连军靴也
没有供应；士兵疲惫得步履蹒跚，像一群从医院疏散的伤病员，而
不是昂首阔步、前去征服别国的军队"[25]，英国历史学家艾伦·曼彻
斯特（Alan K. Manchester）如此描述法军入侵葡萄牙时的境况。牛
津大学教授查尔斯·阿曼爵士（Sir Charles Oman）撰写的《半岛战
争史》是记录拿破仑征战伊比利亚半岛最重要的著作。作者在书中
写道："历史上没有哪个国家像 1807 年的葡萄牙那样，在短短数天
之内，几乎不加抵抗地被外族征服。一个自古以来屡次粉碎强敌入
侵才得以安身立命的国家，此番却未发一枪便向敌人投降，实在令
人讶异。这不仅仅是葡萄牙政府软弱无能的证据，更是大名鼎鼎的
拿破仑彼时无上声威的写照。"[26]

没落帝国

1807 年，人类的想象似乎不受任何限制。蒸汽推动着大英帝国全速前进。英国人利用瓦特在 1769 年发明的新技术，制造了工业革命的引擎——动力纺织机，以及蒸汽机车、蒸汽轮船和蒸汽印刷机等各种新事物。在整个欧洲，沙龙、剧院、咖啡厅、博物馆和画廊都酝酿着革新的思想与创作，它们将为文艺史添上浓墨重彩的一笔。在德国，作家、诗人约翰·沃尔夫冈·冯·歌德正为其代表作《浮士德》的第一部收尾；在维也纳，路德维希·范·贝多芬正谱写他的《第五交响曲》。1776 年美国独立的回声响彻地球，1789 年法国大革命重塑了欧洲版图。

历史上很少有时期能够如此充满冒险、创造与征服，而又如此支离破碎、政局动荡，但这一切似乎都不曾波及葡萄牙。300 年前，它曾缔造了地理大发现时代，此刻却全然无法令人想起达伽马和卡布拉尔在世时摄人心魄的殖民宗主国。到处都充斥着衰落的迹象。帝国首都里斯本曾是思想与发明的传播中心，但此时早已被欧洲邻国超越。进取、好奇与探索未知的热情在葡萄牙精神中消磨殆尽，辉煌灿烂的时代似乎被远远抛之于后。

　　葡萄牙遭遇了什么？对于它的衰落有两种解释。首先，从人口和经济角度来看，葡萄牙仅有 300 万人口，数量相对较少。它缺乏人力与资源来守卫、维持和扩张庞大的殖民帝国，并依赖数量与日俱增的奴隶开采黄金钻石，种植甘蔗、棉花、咖啡和烟草。[1] 帝国基本实行榨取资源和重商主义的经济体制，面临资本不足的困境。尽管商船从世界各地不断涌来，葡萄牙首都依然相对贫穷，因为财富并不在此停留。里斯本只是一处贸易中转站：来自巴西的黄金、木材和农产品直接流向主要贸易伙伴英国境内；钻石则运往低地国家的阿姆斯特丹和安特卫普。

　　200 年前的海上霸主葡萄牙，此时已经自身难保。曾经强大无比的海军只剩下 30 艘战船，其中六七艘已经报废；与拥有 880 艘军舰、纵横四海的英国海军相比，葡萄牙舰队的力量简直微不足道。[2] 由于海军软弱无能，超过 200 艘葡萄牙商船在 1793—1796 年间被法国截获。[3] 不仅如此，帝国贸易还受到法国海盗重创，1794—1801 年之间损失估值超过 2 亿法郎，流失的财货几乎全部自巴西装船出口。[4] 按照 2007 年的币值，这一数字相当于 4.14 亿欧元或 12 亿雷亚尔。[5]

　　其次，从政治和宗教角度来看，19 世纪初的葡萄牙仍然是欧洲列国中最保守、受天主教影响最深的国家。对于在别国引发变革的自由派思想，葡萄牙予以最严厉的镇压。教权无比强大。大约 30 万葡萄牙人——相当于全国人口的十分之一——隶属教士阶层或以某种形式依附于修士团体。仅在里斯本这座相对较小、人口不过 20 万的城市，就有 180 座修道院；国内一切华丽壮观的建筑几乎都是教堂或修道院。[6] 3 个世纪以来，百姓、贵族乃至国王，无一不向教会屈服。出于宗教顾虑，自然科学和医学的发展大幅落后，或者说几乎无人知晓。摄政王堂·若昂的长兄堂·若泽曾是王储，后来死于天花，因为他的母亲堂娜·玛丽亚一世禁止医生为其注射疫苗。原因何在？显然是受阻于宗教。女王相信，决定生死的权力由天主掌管，科学绝不可插手其中。[7]

社会生活由弥撒、宗教游行和其他庆典主导，个人与集体的言行举止都由天主教会定夺，并受后者监视。18 世纪中期，为防止男女在礼拜仪式中发生接触，里斯本所有教堂都修建了木栅栏，将会堂一分为二。[8] 葡萄牙是欧洲最晚废除宗教裁判所信仰审判的国家。在此仪式中，敢于批判教会、违背教条的人——非信徒、异教徒、犹太人、摩尔人、新教徒以及有施行巫术嫌疑的女人——将受审判并被处以火刑。直到 1761 年，距王室前往巴西不足半个世纪时，里斯本仍在进行这种公开处决，现场引来数千信徒及好奇者观看。

"我们离开了活人的社会，在旷野中游走，踏入一片墓穴般的狭小围院，空气因旧书页上的灰尘而污浊不堪，博士的幽灵居住其间"，18 世纪葡萄牙诗人、作家安特罗·德·昆塔尔（Antero de Quental）在分析葡萄牙以及邻国西班牙的荒凉景象时叹惋道。"过去 200 年间，半岛没有孕育出任何一位巨匠，足以与诸多伟大的现代科学之父比肩。人类理智的卓越发现——现代精神至伟之作、至高之荣，无一自半岛而出。"[9] 尽管昆塔尔将西班牙并入落后国家之列，但葡萄牙却远比前者更为衰落，对于习俗和观念现代化的立场也更加反动。

相互结合的两方面因素——人力和财政资源匮乏、习俗与政治理念落后——将葡萄牙变成一片怀旧之土，它无力应对未来的挑战，只能沦为过去的囚徒。葡萄牙稀少的人口与帝国辽阔的疆域不成比例，它既没有自卫手段，又无力推动殖民经济发展。帝国像一只困在原地的臃肿巨兽，四肢由美洲经过非洲，一直延伸到亚洲的尽头，心脏却脆弱得无法将血液泵向硕大身躯的每个部位。"殖民帝国的脆弱一如其辽阔，它庞大的体量和宗主国维持它的手段毫不相称"，历史学家奥利维拉·利马写道。[10]

葡萄牙的财富来得十分容易，如同承继遗产、摸彩赌博所得一样，既不需要牺牲奉献、致力创新，又不需要为教育事业长远投资、设立经久不衰的法律制度。当英国工业革命开始重塑经济关系与各国命运时，葡萄牙仍囿于榨取资源和重商主义的经济体制，300年前它曾借此建立昙花一现的繁华。该制度基于对殖民地资源单纯的榨取，而用于基建、教育及任何方面改善的投资均非必要。"葡萄牙的财富不能生出新财富"，历史学家莉利亚·施瓦茨写道，"它安于吸吮殖民地的血液，如同寄生虫一般"[11]。经典著作《巴西之根》（*Raízes do Brasil*）的作者塞尔吉奥·布阿尔克·德奥兰达认为殖民地巴西的人们厌恶劳作。在他看来，榨取性探险活动意在以最少的劳动快速敛聚一切可获取的财富，却丝毫不为未来着想："葡萄牙人无疑是来寻觅财富，但这财富并非劳作的果实，而是胆量的回报。"[12]

由于依赖榨取性经济，葡萄牙的制造业始终停滞不前，一切商品都从外国购买。"丰饶的自然资源反而削弱制度、损害国家发展，这种倾向几乎成了一个诅咒"，圣保罗热图里奥·瓦加斯基金会客座教授、麻省理工学院博士、经济学家埃莉安娜·卡多佐（Eliana Cardoso）指出，"那些以天然产品贸易为主要经济支柱的国家，……常被驱使着犯下一连串疏忽错误，以致社会现代化进程受阻"[13]。

葡属殖民地产出的五种主要商品——黄金、钻石、烟草、糖和奴隶——构成了南大西洋贸易的轴心。它们既是葡萄牙的救命稻草，又是王国厄运的判决书。"葡萄牙境内工厂奇缺，国家无法生产足够

58

的衣食来满足民众最低限度的需求。尽管如此，这里的人却过着钟 59
鸣鼎食的生活，因为黄金源源不断地从美洲流入国内"，莉利亚·施
瓦茨描述道，"葡萄牙帝国的首都正是如此充满反差：王室已经厌
倦了热带的金银珠宝，他们的铺张奢侈却与粮食短缺、财政依赖
共存"[14]。

　　1699 年，第一批半吨重的黄金从巴西运达里斯本。黄金重量不
断增长，1720 年甚至达到 25 吨。据估算，总计 1000—3000 吨黄金
从巴西流入帝国首都。[15] 米纳斯吉拉斯历史学家潘迪亚·卡洛杰拉斯
（Pandiá Calógeras）计算称，1700—1801 年间运往葡萄牙的黄金价值
1.35 亿英镑，这相当于目前的 75 亿英镑或 300 亿雷亚尔。黄金的五
分之一，即 60 亿雷亚尔（按 2007 年币值计算）作为捐税进了国王
的口袋。[16] 另一位历史学家托比亚斯·蒙泰罗估计，在 1695—1817
年之间，仅米纳斯吉拉斯地区就向葡萄牙输送了 535 吨黄金，在当
时价值 5400 万英镑，相当于如今的 120 亿雷亚尔。而据他计算，同
一时期还有 150 吨黄金以走私的方式运出。[17] 1729 年殖民地发现钻石
矿脉后，流向宗主国的财富再度增长。卡洛杰拉斯估计，自 18 世纪
中叶至 19 世纪初，通过合法贸易及走私渠道流出巴西的钻石总重近
300 万克拉（约 615 千克）。[18]

　　此种贸易带来的繁华表象并未促进宗主国文化与智识的发展。
如上所述，葡萄牙是最晚废除宗教裁判所的欧洲国家；同样，它也
是最后废除奴隶贸易、确保言论自由及个体权利的国家。"葡萄牙没 60
有科学，没有政治，没有经济，没有教育，连贵族和王室都没有"，
葡萄牙外交官若泽·达库尼亚·布罗沙多（José da Cunha Brochado）
曾对比本国和他所了解的其他欧洲国家王室的生活习惯，随后失望
地写道，"文学遭到流放，连修道院也只会念诵时辰祈祷"[19]。

　　1755 年，一场天灾加剧了葡萄牙经济的衰落，民族自尊心再

受打击。11 月 1 日万圣节清晨，一场毁灭性的地震波及里斯本，致
15000—20000 人遇难。[1] 地震过后是海啸和长达 6 天的烈火，教堂、
宫殿、市场、剧院、民居和公共建筑——一切都化为灰烬。碎石瓦
砾堵塞了三分之二的街道，20000 座房屋只剩 3000 座尚可居住。震
后，里斯本 40 座教堂中有 35 座被夷为平地，65 座修道院仅有 11 座
幸免于难。大火将著名的皇家图书馆及其中 70000 卷藏书焚毁殆尽，
这座葡萄牙人自 14 世纪开始精雕细琢、引以为傲的建筑只得彻底
重建。20

　　奇怪的是，这场灾难却在葡萄牙掀起了唯一一股短暂的现代化
浪潮，亦即庞巴尔侯爵——塞巴斯蒂昂·若泽·德卡瓦略·梅洛
（Sebastião José de Carvalho e Melo）治理时期。庞巴尔侯爵自 1750 年
7 月起担任国王堂·若泽一世的全权大臣，后来受命重建里斯本。在
地震废墟之上，他的政府重新规划城市，拓宽街道，兴修广场、喷
泉和新建筑。道路配备照明设施并定时清扫，花园打理精细，建筑
井井有条。庞巴尔侯爵以铁腕执政，在重建首都之外，他最终改革
了帝国本身的制度。他压制贵族势力，大力削弱教权，驱逐葡萄牙
及其殖民地境内的耶稣会士，并从教会手中接管教育，进行改革。

　　庞巴尔侯爵任上，所谓"开明专制"的时期在葡萄牙姗姗来迟。
此时国王和众亲信压制贵族，手握绝对权力，不仅能改革国家制度，
还可移风易俗，让王国面貌焕然一新。这是一段现代化改革时期，
但还远未达到自由主义的标准。图书期刊的出版审查依旧严苛。庞
巴尔侯爵上任前，审查权由教会和宗教裁判所掌管；随后，这一权
力转移到国家手中。皇家审查署由政府指派的审查员组成，任何作
品非经该机构预先严格筛查，一律不得出版销售。

61

---

[1]　史称 1755 年里斯本大地震，是人类历史上最大的天灾之一。

1777 年 2 月 24 日，堂·若泽一世驾崩。这位体弱的国王曾将国家交给庞巴尔侯爵治理，而他离世后，改革的星火骤然熄灭。堂娜·玛丽亚一世是堂·若泽一世的女儿和继承人，也是葡萄牙历史上第一位女王，她重新将权力交由最保守、最虔诚和最守旧的一部分贵族掌管。历史学家奥利维拉·马丁斯（Oliveira Martins）将女王称作"在将近 300 年间，耶稣会教育培养出的最虔诚的教徒"。"无论身处何地，女王都在念诵《玫瑰经》，祈祷室、神龛的每个角落都摆满了圣徒像，蜡烛和灯火常年不灭。"[21] 庞巴尔侯爵遭到排挤，1781 年 8 月 16 日的一份法令禁止他接近王室，并规定他须与女王保持至少 110 公里的距离[22]，其目的是使之远离权力决策中心。

随着庞巴尔侯爵的倒台及其改革精神的泯灭，葡萄牙再度沦为自身命运的囚徒。它注定是一个落后的乡村小国，无力斩断将其缚于过去的陈规陋习，依赖奴隶劳动进行榨取性生产，殖民地唾手可得却难以为继的财富让它深受荼毒。在欧洲大国利益的棋盘上，葡萄牙也只是一枚小小的棋子。它在更加富强的邻国之间徒劳地奉行中立政策，如同一只试图忽略周遭危险而把头埋进土里的鸵鸟。葡萄牙希望尽量远离冲突以避免他国报复，确保海外领土的财富平安抵达。[23]

然而，这一中立政策并非表面看来那么中立，葡萄牙一直将英国视作优先考虑的盟友。两国同盟的悠久历史可以追溯到葡萄牙王国的起源，后者作为独立国家的存续同英国密不可分。1147 年，英国十字军在远征圣地途中，协助葡萄牙年轻的开国之君——勃艮第的阿方索·恩里克斯（Afonso Henriques de Borgonha）驱逐摩尔人并攻克了邻近特茹河入海处的港口，即如今里斯本的所在地。[24] 双方第一份贸易协定签订于 1308 年。[25] 80 年后的 1387 年，阿维什骑士团团长堂·若昂一世（D. João I）娶英国兰开斯特的菲利帕（Felipa de Lancaster）为妻，两国同盟再度深化。在英国帮助下，佩德罗一世（Pedro I）的私生子堂·若昂一世成为新阿维什王朝的君主，并在1414年迫使西班牙承认葡萄牙的独立地位。[26][1] 若昂一世与王后的儿子——"航海家"堂·恩里克（D. Henrique）是公认的战略奇才，他大力发展航海事业，为地理大发现和葡萄牙殖民帝国的建立铺平道路。讽刺的是，他本人从未出海远航。

面临西、法两大邻国的不断威胁，假如与英国的历史性同盟未曾确立，葡萄牙或许数百年前便已不复存在。这是一段共赢的合作关系，英国也曾在有需要时从中获利。在葡萄牙协助下，英国于1704年攻占原属西班牙的直布罗陀，它至今仍是英国领土的一部分。在英国近300年卷入的所有重大冲突中，直布罗陀扼守地中海入口的战略地位都举足轻重。[27] 1798年拿破仑远征埃及、在地中海挑起战争时，葡萄牙舰队协助英国海军司令纳尔逊上将封锁马耳他。[28] 1801年，葡萄牙遭到西班牙军队入侵，英国向其提供财政和兵力援助作为回报。

1807年，当拿破仑大军压境、弱小的葡萄牙再次存亡未卜时，摄政王堂·若昂求助的正是这位古老的盟友。

---

[1] 堂·费尔南多一世（1367—1383年在位）是堂·佩德罗一世的次子，而堂·若昂一世（1385年即位）是佩德罗的私生子。1383年，费尔南多一世驾崩，其女比阿特丽斯是唯一的合法继承人。费尔南多的遗孀莱昂诺尔宣布比阿特丽斯继位为葡萄牙女王。然而，比阿特丽斯刚刚嫁给西班牙国王胡安一世成为王后，胡安一世因此将葡萄牙王位据为己有，企图吞并葡萄牙。1383年末，担任阿维什骑士团团长的若昂（佩德罗的私生子，堂·费尔南多的异母弟弟）发动叛乱反对西班牙统治，并于1385年4月被拥戴为葡萄牙国王，是为堂·若昂一世。此举标志着葡萄牙勃艮第王朝的结束和阿维什王朝的开始。在英国帮助下，若昂一世取得决定性胜利并逐渐巩固王位，1414年西班牙终于承认葡萄牙的独立地位。

第五章

启程

　　1807 年 11 月 29 日，里斯本的清晨阳光灿烂，东风微拂。尽管天色蔚蓝，街道依然泥泞不堪，因为前一天下了雨。[1] 港口附近一片混乱。特茹河平静的水面上，葡萄牙史无前例的景象正在上演：女王、王子、王妃和全体贵族抛下国家，前往世界的另一端定居。心存疑惑的民众挤在码头边观看王室启程。上午 7 点，"皇太子"号战舰扬起风帆，向大西洋驶去。摄政王堂·若昂，其母疯女王堂娜·玛丽亚一世，两名王位继承人堂·佩德罗、堂·米格尔（D. Miguel）王子都在这艘船上。王室其他成员分别乘坐另外 3 艘船只：摄政王之妻卡洛塔·若阿基娜与 6 个女儿之中的 4 个乘坐"阿方索·德阿尔布开克"号；年纪居中的两个女儿——玛丽亚·弗朗西斯卡（Maria Francisca）和伊莎贝尔·玛丽亚（Isabel Maria）乘坐"葡萄牙女王"号；摄政王的姨妈和嫂嫂乘坐"巴西亲王"号紧随其

65　　后。[2] 另外 40 艘小船跟在皇家船队后航行。[3]

　　这是令人震撼的一幕，但远不能令人回想起英雄的时代。那时，达伽马的船队曾在同一座码头、同一条河流起航破浪，驶向未知的海洋，探寻远方的土地。1807 年，冒险精神为恐惧所替代。葡萄牙贵族无心进取征服，面对法国侵略者甚至没有尝试抵抗就逃之夭夭。"300 年前，葡萄牙满怀野心和期望驶向印度；1807 年，一支送葬般的队列登船前往巴西"；葡萄牙历史学家奥利维拉·马丁斯对比道。[4]

　　共 10000—15000 人跟随摄政王前往巴西。考虑到首都里斯本仅有约 20 万居民，这已是很大的数目。[5] 随行人员包括贵族、宫廷顾问、军人、法官、律师、商人及其家庭，还有医生、主教、神父、宫女、侍官、侍童、厨师和马官。由于登船匆忙，绝大部分船员都没有登记或编目。因此，人员数目是基于当时的叙述估算得出的。尚存的少量官方名单共提及 536 人，但总人数无疑要大得多，因为在这些名字旁边存在模糊的叙述，如"巴巴塞纳子爵（visconde de Barbacena）及其家属"，历史学家莉利亚·施瓦茨指出。[6]

　　19 世纪初，海上旅行是一种冒险的活动，需要长久而精细的准备。从里斯本至里约热内卢需要航行两个半月，途中任凭风暴与酷热摆布，还要应付大西洋上肆虐的海盗突袭。疾病、海难与掠夺行径，让为数不多敢于如此冒险的船员付出沉重代价。航行的风险极大，就连那时世界上最为经验丰富、组织严密和装备精良的英国海
66　军，在远途航行中都可以接受三十分之一的船员死亡。[7] 因此，出海者会用心安顿个人事务，向亲朋好友道别。他很可能再也回不来了。

　　自辉煌的发现时代以来，葡萄牙人对这一切风险已了如指掌，但在 1807 年，没有人来得及准备和安顿些什么。尽管逃亡巴西的计划早已有之，但这次旅程却是匆匆决定，尚未准备充分便付诸实践。

直到出发前一周，堂·若昂的宫廷中仍怀有期望，认为向拿破仑妥协足以避免葡萄牙遭到入侵。这一切希望都在 11 月 24 日化为泡影。当日，最新一期巴黎《箴言报》（Le Moniteur）送达里斯本。在这份拿破仑官方机构的报纸中，法国皇帝宣布"布拉干萨家族已失去欧洲王位"[8]。这一消息在葡萄牙宫廷中引发骚动，并最终胜过了摄政王的迟缓犹疑。王室要么逃亡巴西，要么遭到废黜，没有其他可能。

半夜，一位信使叫醒王室官员若阿金·若泽·德阿泽维多（Joaquim José de Azevedo），即未来的里奥塞科子爵，并指示他前往宫中。他在那里与已经集合的国务委员会碰面，堂·若昂亲自向他下达组织登船的命令。去往港口前，阿泽维多先确定自己和家人将在其中一艘船上保有舱位，随后便着手筹备。出发时间定在 11 月 27 日下午，留给他采取全部措施的时限不足 3 天。[9] 然而，逆风和大雨最终将起程时间推迟到 29 日早晨。尽管如此，慌乱无措和准备不周仍在所难免。

人们匆匆撤离马夫拉和克鲁什宫。宫女侍童连夜不停地搬出地毯、画作和墙饰，数百件装着衣物、瓷器、餐具、珠宝和私人物品的行李被送往甲板。这支队伍共有 700 多辆马车。[10] 教会的银器和皇家图书馆的 60000 卷藏书被打包安置在 14 辆骡车中，黄金、钻石和国库钱币则放入木箱押运至码头。

这三天中，里斯本人民看见马匹、车辆和政府官员在港口附近活动，却不知道发生了什么。官方解释称葡萄牙舰队在接受修整，然而富人和消息灵通人士却对正发生的事情一清二楚。一位富商佩德罗·戈麦斯（Pedro Gomes）向岳母写信道："我们还没有船坐，我也不知道会不会有，因为想走的人太多，船又太少。一旦有危险的迹象，我们就想法子离开这首都，无论去哪都行。……船只还在匆忙预备，一切状况都表明要登船。"[11] 佩德罗·戈麦斯一家是否成功登船，我们不得而知。

当起程的消息最终传开时，人民愤怒地回应。街巷中传来哭声，流露着绝望与愤懑。当巴尔卡伯爵安东尼奥·德阿劳若的马车试图穿过人群、驶向"美杜莎"号三桅帆船时，人们朝他的车厢扔石头，车夫因此受伤。巴尔卡伯爵是堂·若昂的外交大臣，他亲近法国人，在葡萄牙受到猜忌。[12]"国王起程前往海外领土的想法，让无比高尚而一向忠诚的里斯本人民无法接受"，负责安排行程的官员若阿金·若泽·德阿泽维多写道，他本人也被愤怒的民众称作"叛徒"。"不相信眼前所见的民众在广场街道上游荡，用眼泪和咒骂发泄……对他们来说，一切都是恐惧、苦痛、思念。"[13]

68   "首都处于极度阴郁的伤感之中，甚至无法用语言描述"，英国派去里斯本谈判王室迁往巴西事宜的斯特朗福德子爵说道，"人们看到成群陌生的武装分子在街上一声不响地游荡……一切都似乎表明，摄政王若不立即出发，行程将被民众的骚乱拖延，甚至因法军抵达而彻底流产"[14]。

混乱中，一名年仅 5 岁的贵族小男孩吃惊地看着一切。他是若泽·特拉西蒙多（José Trazimundo），即后来的弗龙泰拉侯爵。他由叔叔埃加伯爵（conde de Ega）陪伴，后者在最后一刻试图将家人送上葡萄牙舰队中的一艘船，但没能穿过人群。当他们抵达码头时，船只已经起航。许多年后，特拉西蒙多这样记录那天的回忆："我永远不会忘记所见的那些眼泪，它们从民众、王室仆役和贝伦广场上士兵的眼中流下。"无法登船的特拉西蒙多一家在里贝拉伯爵（conde de Ribeira）家避难，等待朱诺将军的部队抵达。"房间里满是和我们命运相同的亲属，无法向移民最后道一句再见"，他这样写道，意指那些乘船离开的人。[15]

另一些大人物试图登船未果，随后只得返回家中。67 岁的圣座大使^[1]堂·洛伦索·德卡莱皮（D. Lourenço de Caleppi）便是这样。几天前，他前往阿茹达宫，堂·若昂请他随行。之后，他去找海军事务大臣阿纳迪亚子爵（visconde de Anadia），后者为保险起见，替他在"马蒂姆·德弗雷塔斯"号和"美杜莎"号船上预定了位置，卡莱皮本应和私人秘书卡米洛·路易斯·罗斯（Camilo Luis Rossi）共同乘坐其中一艘。然而二人在约定日期前往码头，却发现两艘船已经完全满载，哪艘都没有空位。直到 1808 年 9 月，王室离开将近一年后，大使才抵达巴西。¹⁶

　　堂·若昂登船时的情况并不明确。一个版本的叙述称，为避免抗议示威，他乘坐一辆封闭且无人护送的马车前往港口，身边只带了一名佣人和他宠爱的外甥，西班牙王子堂·佩德罗·卡洛斯（D. Pedro Carlos）。尽管身为西班牙王室成员，但这位王子在 1788 年父母死于天花后便移居里斯本。堂·若昂到达港口时无人接应，为避免踏进淤泥，他只好踩上草草放置的木板，由两名警官搀扶着越过泥坑。¹⁷葡萄牙历史学家路易斯·诺尔顿的叙述称，摄政王和外甥"在民众的帮助下"走过木板，并"在一次冷淡而悲伤的吻手礼后"登船。¹⁸法国将军马克西米利安·富瓦（Maximilien Sébastien Foy）的第三种叙述则称，堂·若昂下了马车后几乎走不动路。"他双腿颤抖，眼中含泪"，将军写道，"用手推开跪在他身边的人，他的面容表现出内心有多么痛苦迷茫"¹⁹。

　　当时的情况不允许发表道别演说，堂·若昂便派人在里斯本各街道张贴一份法令，并在其中解释了离开的原因。他说，法军正朝里斯本行进，抵抗只会无谓地流血。此外，他虽然竭尽全力，但还是没能为所爱的子民留下和平。因此，他正迁往里约热内卢，以待事态平

---

[1]　指罗马教皇派驻各国的外交使节。

息。堂·若昂还写下指示，告诉葡萄牙人民应当如何对待侵略者。朱
诺将军的部队将受到摄政议会欢迎，这一委员会由摄政王提名的省长
70 组成。议会接到的指令是与法国将军合作，并为其士兵安排住处。[20]

卡洛塔·若阿基娜的马车紧随摄政王抵达港口，他们8个孩
子中的3个也在车上：未来的巴西皇帝、8岁的佩德罗，6岁的米
格尔，还有11个月大的安娜·德热苏斯·玛丽亚（Ana de Jesus
Maria）。其余家属分别乘马车抵达：青年的玛丽亚·特蕾莎（Maria
Teresa），她的妹妹们——10岁的玛丽亚·伊莎贝尔（Maria Isabel），
7岁的玛丽亚·弗朗西斯卡，6岁的伊莎贝尔·玛丽亚和2岁的玛丽
亚·达阿松桑（Maria da Assunção）。73岁的女王玛丽亚一世随后露
面。对于挤在码头上观看启程的葡萄牙民众来说，女王的到场是一
大新闻。因为癫狂屡次发作，16年间，堂娜·玛丽亚一世始终幽居
于克鲁什宫，不曾在里斯本街头露过面。当她的马车飞快驶向港口
时，她对车夫喊道："慢点！别人会以为我们在逃跑！"[21]到码头时，
她拒绝下车并强迫皇家舰队队长将她抱上船。补齐这支队伍的最后
两名成员分别是堂·若昂的嫂嫂和姨妈，61岁的玛丽亚·贝内迪
塔[1]（Maria Benedita）与71岁的玛丽亚·安娜（Maria Ana）。[22]

为了保全君主国家的未来，一般认为，避免让所有继承人乘坐
同一艘船较为明智。跨越大西洋的航行漫长而危险，但在启程的
慌乱中，这一点却被忽视了。卡洛塔·若阿基娜本人负责为家属
分配船只，她将王子堂·佩德罗和堂·米格尔——两名王位直接继
承人安置在"皇太子"号船上，由父亲堂·若昂和奶奶堂娜·玛丽
亚一世陪同。这是一个冒险的决定。船只一旦遭遇海难，布拉干萨

---

[1] 玛丽亚·贝内迪塔是若泽一世的幼女，也即玛丽亚一世的妹妹。她嫁给了自己的外甥、
玛丽亚一世的长子若泽（堂·若昂之兄，1788年死于天花）。所以，玛丽亚·贝内迪塔
既是堂·若昂的姨妈，又是他的嫂子。

王朝祖孙三代都将葬身海底。卡洛塔·若阿基娜和 4 个女儿——玛丽亚·特蕾莎、玛丽亚·伊莎贝尔、玛丽亚·达亚松桑、安娜·德热苏斯——乘坐由伊纳西奥·达科斯塔·金特拉（Inácio da Costa Quintela）指挥的"阿方索·德阿尔布开克"号。卡帕里卡和卡瓦列罗斯伯爵（conde de Caparica，conde de Cavalheiros）及其家属、仆役也在这艘船上，船员总数达 1200 人。另外两名公主和拉夫拉迪奥侯爵（conde de Lavradio）一同乘坐"葡萄牙女王"号航行。[23]

71

　　在登船前，堂·若昂没有忘记将国库搜刮一空——13 年后，他在离开里约热内卢返回里斯本时，又采取了同样的措施。1807 年，王室带着约 8000 万克鲁扎多 [1] 的皇家库银登船[24]，这相当于葡萄牙流通货币量的一半。此外，他们还带走了从米纳斯吉拉斯开采的大量钻石，这些宝藏意外地回归巴西。王室行李还包含葡萄牙王国所有政府档案。一台刚从伦敦购买的崭新印刷机也被装上"美杜莎"号，它还像从英国运来时那样，连盒子都没拆开。[25] 这是一件颇为讽刺的货物：为避免革命思想在殖民地传播，葡萄牙政府曾明令禁止印刷机在巴西出现。南大河省 [2] 记者伊波利托·若泽·达科斯塔（Hipólito José da Costa）于 1808 年创办巴西第一份报纸《巴西邮报》，为了逃避审查，报纸在伦敦印制发行。

　　海风猛烈地刮向陆地两天，随后在 11 月 29 日早晨改变了风向。雨过天晴。起程的命令在 7 点下达[26]，斯特朗福德子爵回到"希伯尼亚"号船上，并在那里向英国外交大臣坎宁勋爵写信道："我十分荣幸地告诉您，葡萄牙摄政王选择了高尚而大度的方案，离开这个若非臣服于法国他便无法维持统治的国家；摄政王殿下及其家属已于

---

[1]　16—19 世纪葡萄牙流通货币的名称。

[2]　南大河省（现为南大河州）位于巴西最南端，首府愉港市。

今日从里斯本出发，目前正在英国海军保护下前往巴西，同行的还有众多忠诚的卫士、团结的子民以及大部分军舰。"[27]

72　　英国舰队司令西德尼·史密斯上将这样描述起程的时刻："在这值得纪念的日子，7 点的清晨美丽迷人，微风拂过，推动着葡萄牙船只朝特茹河口驶去。两名水手发出信号，舰队 3 艘船迅速重复了同样的信号，葡萄牙国旗的色彩显露出来。……这一景象令所有观众（除了山上的法国人）震撼，他们看到世界上尚存一支有能力且决意保护受压迫者的力量，因而不由自主地向上苍表达最热切的感激。"[28]

　　史密斯是英国最负盛名的海军军官之一，他亲自出面指挥在里斯本停靠的舰队，可以表明英国对此行动的重视程度。43 岁的史密斯已亲历过人类历史上几次最为关键的事件。他曾参加美国独立战争、迎击拿破仑、对抗俄国沙皇，还曾与美国人罗伯特·富尔顿（Robert Fulton）共事，后者是史上最伟大的发明家之一，潜水艇及蒸汽动力船之父。史密斯本已退伍，在英国内陆的罗马古城巴斯居住，1807 年秋天，英国海军部将他召回处理葡萄牙相关事宜。[29]

　　下午 3 点左右，小男孩若泽·特拉西蒙多听到了远处的炮声，那时他在和父亲、哥哥们用晚餐。西德尼·史密斯指挥的英国舰队正鸣放 21 发礼炮向王室营帐致意，后者位于摄政王所乘的船上，这艘船此刻正驶出特茹河口，进入大西洋。当法军开始进入里斯本时，73　葡萄牙船只在海平线上仍然可见。留在其后的唯有悲伤和哀恸。"虽然我那时年幼，无法意识到这个国家，尤其是这座首都，在法军距其关卡两里格[1]时正面临多么深重的危难，我却依然记得，亲属和我们身边众人的面容令我无比震动"，特拉西蒙多写道。[30]

　　历史学家肯尼思·莱特收集的英舰航海日志表明，与相关书籍

────────────

[1]　里格（légua），旧长度单位，1 里格约等于 6600 米。

中的一些叙述不同，从里斯本出发后的这段时间里，英葡之间的气氛并非那么亲密无间，反而带有张力和观望的姿态。所有英国舰长无一例外地在日志中记录道，11 月 29 日上午八九点间，他们望见葡萄牙船只离开里斯本港口时，下令各船准备行动并组成战列线[1]。31 显然，他们行事无不提防着这种可能，即葡萄牙已经屈从拿破仑的要求，此时正试图以武力冲破英国海军的封锁。当葡萄牙船队穿过特茹河口时，这一短暂的疑虑瞬间消散。摄政王所乘的"皇太子"号向英国舰队指挥舰"希伯尼亚"号靠拢，毫不遮掩友好的态度。随后，为了重申和平的意愿，双方互表礼节性致意——各鸣 21 发礼炮，英国人在先，葡萄牙人在后。"不久前葡英两国甚至处于战争状态，西德尼爵士不愿冒任何风险"，莱特提及英国舰队司令官时这样写道，"直到一番友好的对话后，双方才互鸣礼炮致意"32。

只能听天由命的葡萄牙将度过历史上最悲惨的时期。在随后 7 年中，超过 50 万葡萄牙人逃往境外、挨饿死去，或在后人称为半岛战争的一连串冲突中战死沙场。33 1807 年 11 月那个晴朗的早晨，数百件行李在起程的混乱中遭人遗忘，散落于里斯本港口的码头。盛放教会银器的木箱和皇家图书馆的藏书都在其中。法国侵略者将银具没收并熔解，而皇家图书馆的书籍——包括卡蒙斯的初版《卢济塔尼亚人之歌》、古老的《圣经》抄本以及尚绘制于羊皮纸上的地图，直到后来经 3 次连续航行才抵达巴西：首次在 1810 年，另两次则在 1811 年。

皇家档案管理员路易斯·若阿金·多斯桑托斯·马罗科斯参加了其中一次航行。1807 年发生的事情将彻底改变他的一生。

---

[1] 海军作战术语，指作战舰队排列成一长条的线型阵型。在海军中，一艘舰船如有足够的实力加入战列线进行会战，便被称为"战列舰"。

第六章

皇家档案管理员

1807 年秋末，当拿破仑皇帝的军队逼近葡萄牙边境时，皇家档案管理员路易斯·若阿金·多斯桑托斯·马罗科斯的一生悬停在两座城市之间——一座在过去，另一座在未来。26 岁的单身汉马罗科斯和家人住在里斯本贝伦区。作为疆域仍然辽阔的葡萄牙殖民帝国首都，里斯本不乏异国风情与东方气息，来自阿拉伯、中国、印度的商人和非洲黑人挤满了这座城市。而在不到 3 年之后，他便将身处巴西殖民地首府里约热内卢，一座充满新鲜事物的城市。对于横越大洋的船只来说，里约是必须停靠的补给港，它们经此驶向遥远的非洲、印度，以及新近发现的大洋洲。

在里斯本，路易斯·若阿金·多斯桑托斯·马罗科斯和父亲弗朗西斯科·若泽（Francisco José）是摄政王堂·若昂手下的官员，在葡萄牙皇家图书馆供职。这座欧洲一流的图书馆位于阿茹达宫一间大厅内，藏书达 60000 卷。那时，它的藏书量超过托马斯·杰斐逊在华盛顿打造的美国国会图书馆 20 倍，而 200 年后的今天，后者已成为公认的世界最大图书馆。[1] 马罗科斯父子负责在那里翻译外国作品，以及将珍贵的书籍文献编目保存。

　　11 月最后一周，这项默默投身书籍的日常工作忽然中断。马罗科斯接到命令，须火速将图书馆藏书装箱运送至贝伦码头，葡萄牙舰队的船只在那里等待王室登船前往巴西。这是痛苦犹豫的时刻。在图书馆同事和王室官员的帮助下，马罗科斯将 60000 卷藏书全部装箱送往码头。在里斯本狭窄的街道上，装载书籍的马车和骡车同数百件其他货物争相前行，奔向同一个目的地。然而，这番匆忙毫无意义。在启程的混乱中，所有书箱全部遗落在码头上，抛在因前一天下雨而布满街道的淤泥之中。

　　两年半后，即 1811 年 3 月，马罗科斯本人登船前往巴西，负责护送图书馆的第二批书籍。他于 6 月 17 日到达里约热内卢，几天后便是他的 30 岁生日。随后 10 年间，他与父亲弗朗西斯科·若泽和姐姐贝尔纳迪娜（Bernardina）保持定期联系。共计 186 封书信在阿茹达图书馆档案中保存至今，这名档案管理员因此成为对巴西和葡萄牙历史至关重要的人物。由于马罗科斯在里约所收的回信下落不明，仅单向书信得以保存。对于这段巴西历史的研究者来说，上述信件是最宝贵的资料源之一。在王室留居里约的 13 年间，马罗科斯作为一名普通公民，亲眼见证了葡萄牙和巴西所经历的巨变，并在信中写下朴实无华的叙述。宫廷阴谋、官僚琐事和奴隶制的残酷现实，在马罗科斯的书信中露骨地呈现出来，如同一张未经修饰的快照，而不像官方文件报告那样经过筛选。

　　尚在远海时，马罗科斯便在"卡洛塔王妃"号三桅帆船上写下第一封书信。书信所注日期为 1811 年 4 月 12 日，即耶稣受难日，时

76

77

间是晚上 10 点，船只位于非洲海岸的佛得角附近。最后一封信写
于 1821 年 3 月 26 日，即堂·若昂六世返回里斯本前一个月。[2] 这些
信件中，有的是对历史事件的描述，如女王堂娜·玛丽亚一世驾崩、
堂·若昂六世的拥立仪式，以及船只进出里约港的热闹场面。另一
些则转而叙述单纯的流言蜚语，1812 年 5 月 19 日的一封信件便是
这样。其中，马罗科斯批评了加尔韦亚斯伯爵的风流性事，此人全
名堂·若昂·德阿尔梅达·德梅洛-卡斯特罗（D. João de Almeida de
Melo e Castro），担任海军与海外事务大臣。档案管理员语焉不详地
暗示称，伯爵与里约市中心（即港口区所在地）的流浪汉保持同性
恋关系。"这个男人古老而下流的恶习令人震惊作呕"，马罗科斯写
道，"因他身为有妇之夫，却全然无视妻子，依靠佞人和无赖助长自
身弱点"[3]。"佞人"[1] 一词早已不属于巴西人的日常词汇，它指的是
下流诣媚、如寄生虫一样寄人篱下的人。

　　在葡萄牙，马罗科斯一家是知识文化领域的官僚精英。父亲是
一名严肃、博学且有威望的教师，在贝伦教授哲学。1797 年，他
命人在里斯本的西芒·塔德乌·费雷拉印刷厂重印了一份珍贵文
献——费尔南·洛佩斯·德卡斯塔涅达（Fernão Lopez de Castanheda）
于 1559 年撰写的《葡萄牙人发现征服印度史》。[4] 1811 年，他在皇家
出版社出版了著作《葡萄牙村镇字母序一览表》。其子马罗科斯曾就
读于科英布拉大学，后追随父亲脚步，成为书籍的译者、作者和保
管者。1802 年起，马罗科斯在皇家图书馆担任助理员。1807 年，他
刚刚遵照国王旨令，译成了一部 2500 页的五卷本巨著《论法医与公
共卫生》，作者是法国医生福代雷（F. E. Foderé）。[5] 他本人也撰写了

78

---

[1] 原文作 sevandija，是一个生僻词，意为奴性十足、寄人篱下的人。为还原语境，这里将
生僻词译作"佞人"，即奸邪诣媚的小人，语义稍有不同，望读者理解。

一部题为《理解力的播种》的作品。两部作品最终均未出版。1807
年，在王室启程去往巴西前的混乱中，前者的原稿遗落在里斯本码
头上，此后再无踪迹；而有关后者的信息，则仅来自马罗科斯写给
父亲的信件。[6]

　　马罗科斯一家所在的里斯本是一座保守的城市，深受宗教影响，
习俗陈旧过时。人们用东方挂毯装饰房屋，用印度床罩铺垫门廊，
在历史学家奥利维拉·马丁斯看来，里斯本是最具东方气息的欧洲
都城。[7]其他专栏作家和游客将它描述为一座肮脏晦暗、危机四伏的
中世纪城市。直到1771年，政府才要求遗体必须在公墓埋葬。在此
之前，人们将尸体抛弃、焚烧或在城市外围临时挖洞填埋，有钱有
势的人则在教堂安葬。卫生条件糟糕的问题根深蒂固。"无论昼夜何
时，都有人从窗户倾倒污水、厨房泔水、尿液和全家人积攒的粪便，
事先不加任何警示"，18世纪末在里斯本居住的法国人卡雷尔（J. B.
F. Carrère）记录道，"这座城市街道上的行人时刻面临被污物浸透盖
满的危险"[8]。

　　"这座大城市没有夜间照明，因此常有人迷路，还冒着被污物弄
脏的风险。由于屋内没有厕所，人们习惯于将这些脏东西从窗户倒
在街上"，法国旅行者雅科姆·拉东（Jácome Ratton）写道，"按照规
定，所有人须将污物带到河边，有大量黑人女性从事这份工作；但
是，人们并未严格遵守，民众尤其如此"[9]。另一位来自英国的旅客
威廉·贝克福德（William Beckford）则提到了饥肠辘辘的流浪狗，
它们跑遍街巷，在垃圾堆中翻找残羹剩饭。"在所有我曾居住过的首
都之中，这群饥饿的动物在里斯本最为泛滥成灾，它们承担街道清
扫的工作，至少也能清理掉一部分不那么好闻的垃圾"，贝克福德
写道。[10]

　　由于缺乏良好的卫生习惯，灾害与疾病的传播加剧，而这种缺

乏不仅限于普通民众，王室同样深受烦扰。摄政王堂·若昂（将来
的堂·若昂六世）1786 年曾写信给妹妹堂娜·马里亚纳·维多利
亚（D. Mariana Vitória），后者在与西班牙王子堂·加夫列尔（D.
Gabriel）结婚后移居马德里。通过这封信件，我们可以对宫廷中恶
劣的生活状况有所了解。摄政王在信中说，由于虱子大量孳生，一
年前与他结婚的妻子卡洛塔·若阿基娜不得不剪去头发。"她（卡
洛塔·若阿基娜）在不断好转，但还是觉得头很痒"，堂·若昂写
道。"皮肤病要过很久才会放过咱们，这你很清楚。我没法和你描述
她头上的虱子，那简直像闹虱灾。她剪完（头发）之后，头上变得
更干燥了。但因为他们给她留了额发，我感觉所有虱子都躲在那里
面。你完全可以相信她要受多少苦，但她像个 30 岁的女人似的，坚
强地忍受着一切。"[11] 那时，卡洛塔·若阿基娜还是个年仅 11 岁的小
女孩。

　　作为皇家图书馆官员，马罗科斯父子与摄政王的宫廷过从甚
密，对贵族经常往来的宫殿也很熟悉。那是一处阴郁沮丧的环境，
由教会令人窒息的势力及其无数宗教仪式主宰。旅客和外交官注意
到，葡萄牙宫廷中鲜有庆典、晚宴、舞会和招待会，这与巴黎和马
德里热闹非凡的宫殿反差鲜明，那里音乐、舞蹈和各种色彩盛极一
时。"一个没落的宫廷，围着一位半疯不癫的女王和一位肥胖而优
柔寡断的皇太子转"，历史学家艾伦·曼彻斯特写道。[12] 另一位巴西
学者佩德罗·卡尔蒙（Pedro Calmon）认为，在 18 世纪下半叶，即
堂·若昂出生的年代，葡萄牙王室是"欧洲最孱弱、最病态的王室
之一"。"堂·若泽一世统治期间，近亲通婚和病态遗传，还有神秘冷
漠、迷茫于未知恐惧的王室的忧郁，将它变成一个古老没落家族的
模样。"[13]

　　在上述虔诚而压抑的环境中，1789 年法国大革命的影响令贵

族畏惧，并遭到警长迪奥戈·伊纳西奥·达皮纳·马尼克（Diogo Inácio da Pina Manique）的严厉打击。马尼克还身兼高等法院法官、里斯本海关署长、首都道路及照明管理处主任三职。他禁止其视为危险的书籍流入国内，并命人取缔共济会会所——它们所受的指控是煽动议论革命思想。[14] 他还命人逮捕百科全书派思想家狄德罗、伏尔泰作品的订阅者，并流放同情法国大革命的作家和知识分子。[15] 葡萄牙最伟大的诗人、作家之一——博卡热（Bocage）[1] 便是其中一名受害者。

当皮纳·马尼克得知，位于里斯本西南 1000 公里外的马德拉岛上开放了一间共济会会所时，他派一名警署地方法官前往那里，并作出如下指示："你若看见有人穿着锃亮的尖头小鞋，短裤上绑着带子，领带打得比胡子高，衣领有半个耳朵高，头发在后颈处非常短，而上至头顶的部分蓬松，两鬓须发留到嘴角，立刻将他抓起来，戴上镣铐关进监狱，直到有船开往利穆埃鲁：他们不是受启蒙者就是自由石匠。"利穆埃鲁是里斯本一座监狱的名字，马尼克在此关押法国思想的拥趸（"受启蒙者"）及共济会成员（"自由石匠"）[2]。[16] 他对法国人和革命思想追随者的迫害太过残酷，以至摄政王堂·若昂最终在拿破仑·波拿巴的压力下将其免职。 81

在里斯本这座文化与科学早已陷入衰落的城市，却有阿茹达皇家图书馆的存在，单单如此便是一件怪事。葡萄牙国王自 14 世纪便开始建设其中数量惊人的馆藏，在历史学家莉利亚·莫里茨·施瓦茨看来，这表明葡萄牙王室希望变得比实际更有学识。[17] 在关于这座图书馆的研究中，她的作品可谓首屈一指。马罗科斯父子在那里日

---

[1]　博卡热（1765—1805），葡萄牙新古典主义诗人。

[2]　共济会一词的英文原文（Freemasonry）意为"自由石匠"。

复一日地编目、重印、看守和保存书籍文献。皇家图书馆不仅是一家人的谋生之道，更是他们自身存在的意义。

在王室起程后的数月中，成千上万的葡萄牙人拿起武器抵抗法国入侵，马罗科斯也在其中。1811 年登船前往里约前，他曾上战场服役，并在葡萄牙首都关口的街垒中作战。由于表现出色，他最终晋升至葡萄牙陆军上尉军衔。同那时所有葡萄牙人一样，他的家庭经受了巨大的痛苦。[18] 王室离去，葡萄牙政府几乎停摆，公务员的薪资因而遭拖欠一年有余——马罗科斯父子也在此列。物价上涨 3 倍，人们生活在饥饿困顿之中。

然而对于马罗科斯来说，一次巨变的旅程就此开始。堂·若昂的宫廷停留里约数年间，翻天覆地的变化深刻影响着大西洋两岸的巴西和葡萄牙，而被历史动乱强行裹挟其中的皇家档案管理员，将成为那场巨变的象征。本书最后两章将更为详细地展现这一点。

第七章

旅程

200 年前，葡萄牙船舰是漆封密闭的木舱，这种设计是为了防止海水渗入，并抵御猛烈的海洋风暴。大多数时候，船只配备的小舱门保持关闭，内部环境通风不畅，令人窒息。白天在赤道的太阳下，船舱成了不折不扣的浮动桑拿房。里面没有流动水，更没有卫生间，船员们用排泄板——一种系在船头、挂在舷缘上的平台解决排泄需求，粪便从那里直接排向大海。[1]

船上的饮食由饼干、扁豆、橄榄油、酸圆白菜以及腌猪肉或腌鳕鱼组成。在热带地区的闷热中，老鼠、蟑螂和蛀虫在贮存的粮食里泛滥成灾，水会很快受细菌和真菌污染而变质。因此，英国船只上的常规饮品是啤酒，西班牙、葡萄牙和法国船员则饮用劣质红酒。由于缺乏水果和新鲜食品，远距离航行中最严重的威胁之一便是坏血病，一种由维生素 C 缺乏引发的致命疾病。虚弱的患者高烧发作、疼痛难忍，他们的牙龈坏死，牙齿轻轻一碰就会脱落。巧合的是，1808 年恰好是年轻的美国海军开始给船员分发维生素 C 药剂以预防坏血病的第一年。[1] 热带区域的其他威胁还有痢疾和伤寒，它们由卫生条件缺乏及食物饮水的污染引发。[2]

1811 年，路易斯·若阿金·多斯桑托斯·马罗科斯抵达里约后不久便向父亲写信，并在信中告诉父亲，乘坐一艘狭小又不稳固、被海浪左右拍打的帆船穿过大西洋是一种怎样的折磨：

> 我无比尊敬的父亲，我心之主：
>
> 　　值得深思的是，任何不习惯乘船的人都会受苦，患有高危疾病、需要关照的旅客尤其如此，对他们来说咳嗽、打喷嚏和擤鼻涕都有害处……晕船的危害极大，后果严重，它（像是）剜出人的五脏六腑，让体内血管逆裂，这种折磨会持续数日、数周，很多时候乃至持续整个旅程。此外还有海上突袭、骤雨雷鸣、剧烈摇晃、沉船事故，这些对于有教养的人来说可都不是玩笑。[3]

为了预防疾病和虱子的孳生，衣物和舱室需要时刻保持洁净，这解释了为何船上的军官要执行严格的纪律。英国海军可作为这方面的范本。在战争时期，庞大的英国舰队拥有 60000 多名在舰人员——这一数字和 1808 年里约热内卢市的总人口相当。水手的海上生涯从孩提时代便早早开始，到 16 岁时，他们已是训练有素的船员。营养不良和令人疲惫、毫无轻松安逸可言的工作将水手的生涯

84

---

[1]　此处表述存疑。维生素 C 于 1912 年被发现，1928 年才分离出来，因此严格意义上的"维 C 药剂"在 19 世纪初并不存在。

缩短至最多 10—15 年。他们的预期寿命不超过 40 岁。⁴

在英国船舰上，值班期间打盹、不尊重军官，或在船内大小便而不使用简易排泄板，这些行为均属严重过失。违反卫生和清洁纪律、将船员置于危险境地者将受严惩。在此情况下，水手可能遭受鞭刑；若罪行严重，船长有权施以绞刑。对其他船员来说，一贯的公开处刑有着杀鸡儆猴的作用。

1995 年，历史学家肯尼思·莱特将一批英舰的航海日志结集出版，这些船只曾护送葡萄牙王室前往巴西。航海日志露骨地展现了船上的日常刑罚：

皇家海军"贝德福德"号航海日志：

（1807 年）12 月 5 日：詹姆斯·塔斯，因玩忽职守，处鞭刑 48 下；

12 月 14 日：约翰·莱格，因疏忽大意，处鞭刑 12 下；

12 月 24 日：休·戴维斯，因疏忽及犯上，处鞭刑 24 下；尼尔·麦克杜格尔，因疏忽及试图煽动叛乱，处鞭刑 24 下；索斯·米伦斯，因疏忽大意，处鞭刑 3 下。

皇家海军小型护卫舰"康非昂斯"号航海日志：

11 月 23 日：戈特·霍普，因擅离职守，处鞭刑 36 下；麦克杜格尔，因行为蛮横，处鞭刑 36 下；史泰斯，因疏忽大意加处鞭刑 18 下。⁵

1807 年，葡萄牙船队用了近两个月时间穿越大西洋。关于此次旅程的叙述残缺而混乱，但从中可以得知，那是一次充满苦痛折磨的冒险。葡萄牙的战舰和三桅帆船老旧且装备粗劣，里面载满了人。

海天之间的百日旅程

1807 年 11 月 29 日

葡萄牙舰队在英国海军的保护下从里斯本港口起航,次日里斯本被法军占领。

12 月 8 日

一场猛烈的风暴损坏了许多船只的桅杆和风帆,船队被打散。一部分船只继续向里约热内卢航行。堂·若昂决定前往萨尔瓦多。

12 月末

由于风力不足,船队花了 10 天才前进 30 里格(约 198 公里)。正常情况下,这段路程 10 个小时便可走完。

1808 年 1 月 22 日

海上航行 54 天、约 6400 公里后,堂·若昂在巴伊亚靠岸,王室在此停留至 2 月 26 日。

3 月 7 日

在一个天空晴朗蔚蓝的午后,堂·若昂的船队进入瓜纳巴拉海湾。王室直到次日才上岸。

Atlântico Norte
北大西洋

FRANÇA 法国

ESPANHA 西班牙

PORTUGAL 葡萄牙

Lisboa 里斯本

Madeira 马德拉群岛

Canárias 加纳利群岛

Cabo Verde 佛得角

Bissau 比绍

AFRICA 非洲

Equador 赤道

累西腓 Recife

Salvador 萨尔瓦多

Rio de Janeiro 里约热内卢

Atlântico Sul 南大西洋

罗安达 Luanda

ANGOLA 安哥拉

ÁFRICA ORIENTE PORTUG 葡属

蒙得维的亚 Montevidéu

Buenos Aires 布宜诺斯艾利斯

Cabo da Boa Esp 好望角

堂·若昂和女王玛丽亚一世所乘的指挥舰"皇太子"号共载客1054人[6]，混乱的局面可想而知。这艘战舰长67米、宽16.5米，有一个货舱，还有三层甲板用于架设84门大炮，它并没有空位装载这么多人。[7]许多乘客和船员在甲板上露宿。"水的供应紧缺，食物也不多，寝舱人满为患、脏乱不堪，鼠疫让居住其中的移民深受烦扰"，历史学家阿兰·曼彻斯特这样描述葡萄牙舰队的船只。[8]

旅程的头几天，船队尚在北半球时，巨浪将冰冷的海水倾泻在拥挤的甲板上，上面的水手冒着凛冽的劲风，在浓雾中工作。海水不断从船体上的裂隙渗入，许多船的风帆和绳索已经腐烂。木质结构在风浪的冲击下吱呀作响，恐惧在尚未适应航海磨难的乘客间蔓延。集体性晕船没有放过任何船只。几周以后，船队已经航行至赤道区域，欧洲冬日的寒冷为难耐的炎热所替代。在大西洋一片以风平浪静著称的区域中，酷热因无风而愈发加剧。超额载客及卫生清洁条件的缺乏加速了虱子的孳生。在卡洛塔·若阿基娜所乘的"阿方索·德阿尔布开克"号上，一场虱灾迫使所有妇女剃光头发，将假发丢入海中，并在光头上涂抹猪油、撒上抗化脓的药粉。[9]

登船的仓促和葡萄牙海军破败不堪的状态加深了乘船的不适感。88出发前，在所有堂·若昂可以调动的船只中，三分之一被遗弃在里斯本港口任凭法国侵略者摆布，因为它们全都成了废品。[10]"船队驶离特茹河时无比匆忙，因此仅极少数商船拥有超过3周至1个月的水和口粮"，斯特朗福德子爵写道，"许多战舰陷于同样的境地，因此西德尼·史密斯认为，大部分商船应前往英国以补足给养"[11]。

在启程前夕，一份报告记录了葡萄牙船队的短缺物资清单：

> "葡萄牙女王"号——需要27桶水，因为水桶空了
>
> "米内尔瓦"号三桅帆船——仅有60桶水

　　"恩里克伯爵"号——6桶水空了；需要医药箱

　　"海豚"号——6桶水空了；需要医药箱；缺少母鸡和木柴

　　"乌剌尼亚"号——缺少木柴

　　"复仇"号——缺少水和木柴

　　"皇太子"号——需要1间医务室，另需母鸡、缆绳、蜡、20桶水、旗鱼、测程器[1]及木柴

　　"飞行者"号——需要3桶水

　　"巴西亲王"号——需要橄榄油、蜡、缆绳、30桶水、木柴和测程器[12]

　　旅程首日的下午结束时，船队进行礼节性鸣炮，随后停留在葡萄牙海岸附近，以便在开始穿越大西洋前进行最终检查。4点左右，斯特朗福德子爵和西德尼·史密斯上将前往"皇太子"号拜访堂·若昂。两人均认为这艘葡萄牙船舰的舱室远不能满足摄政王的需求。斯特朗福德在寄往伦敦的公文中称，那里的气氛阴郁而消沉。"那些贵族的生活条件，他们的不适，还有他们用来承受迁徙之苦的耐心与坚忍，我无法用言语描述"，他写道。[13] 史密斯主动提出，摄政王可在英国舰队指挥舰"希伯尼亚"号上暂住，这艘船比较新，也更为舒适。堂·若昂以显而易见的理由谢绝：葡萄牙王室已自视为彻底依赖英国的人质，旅程中若去英国指挥官的船上作客，听起来似乎有违政治正确。

　　斯特朗福德、西德尼·史密斯和堂·若昂的会面持续了3小时左右。其间，他们讨论了旅程的最终细节。按照计划，行程中如出现意外，所有船只都应前往佛得角群岛的圣雅各岛，船队将在那里重新集合，然后去往里约。计划中的唯一例外是"美杜莎"号，这

---

[1]　葡萄牙人于15—16世纪发明的一种古老航海工具，用于测量船舶的航行速度。

艘船搭载着安东尼奥·德阿劳若、若泽·埃吉迪奥（José Egydio）和托马斯·安东尼奥 3 位大臣，它被直接派往巴伊亚。[14]

这次会面刚一结束，乘客和船员就撞上了一场天气突变。此前一直将船只推向海洋的风改变了方向，开始猛烈地从侧翼吹来——换言之，风向与船垂直、与计划航向相反。晚间，海风已积蓄了一场风暴的力量，有时甚至要将整支舰队推回葡萄牙海岸，那里已经被法军占领。在一段紧张焦虑的时间后，指挥官决定利用强风的推力，让船队朝西北方向航行，仿佛要去往加拿大而不是巴西。这将使船只停留在远海，以免大风将其拖回岸边。直到第四天，船队在航行超过 160 海里（约 300 公里）后才终于能调整风帆，朝巴西所在的西南方向驶去。[15]

此时，船队已和葡萄牙海岸有一段安全距离，各船再次聚集进行新一轮检查。指挥官认定一艘小型战船过于脆弱而无法跨越海洋，因此将其派回里斯本，那里的法军立即将船只扣留。英国军官估计，另一艘船也不宜如此长途跋涉，但葡萄牙人决定冒险，无论如何都要让它继续前行。幸运的是，没有一艘船失事沉没，但有些船只抵达巴西时已经破得可怜。

12 月 5 日，大约在马德拉岛的丰沙尔 [1] 与里斯本的中间处，英国舰队一分为二。一部分舰船在西德尼·史密斯的指挥下调转航向，在和葡萄牙船队互鸣礼炮后，前往被法军占据的里斯本继续实施封锁。舰队的另一部分由"马尔伯勒"号、"伦敦"号、"贝德福德"号和"君主"号组成，它们将在格雷厄姆·穆尔（Graham Moore）舰长的指挥下，继续护送葡萄牙船队前往巴西。[16]王室逃亡的策划者斯特朗福德子爵也返回英国。数月后，他和史密斯将在里约热内卢

90

---

[1]　马德拉群岛的首府。

与堂·若昂重聚。

12 月 8 日，距启程已一周有余，当船队靠近马德拉群岛时，浓雾笼罩了一切。"雾气太过浓密，以至于我们的能见度仅有船身长度的 3 倍"，皇家海军"贝德福德"号船长詹姆斯·沃克（James Walker）写道。这艘船于 1775 年 10 月开始服役，设有 74 门大炮。[17] 最坏的情况还在后面。入夜时分，一场猛烈的风暴再次开始蹂躏船只，狂风抽打着腐朽的风帆，与此同时，水手正拼命试图将其拴在船只的桅杆上。

然而，最大的危险却潜藏在船外的黑夜与浓雾中。那是一个名叫"八石"的地方，位于马德拉群岛的桑托港以北，由许多半浸没于海中的岩石组成。对于缺乏经验的水手来说，它们向来是致命的陷阱，无数船只在此失事沉没。为了不冒此风险，船队指挥官决定停止航行，等待天气好转。[18] 而令人吃惊的是，次日天明时，一部分船只已不知所踪。夜晚的强风将船队吹散，水手们却浑然不觉。"日光之下，视野中不见一艘船只"，7 日清晨，詹姆斯·沃克船长在航海日志中记录道。

风暴不间断地持续了两天。10 日黎明，"贝德福德"号主桅杆上的风帆损毁。早晨，水手吉奥·格林（Geo Green）在尝试修理破损时，一阵猛烈的疾风将他抛进海里。一艘小型救援船前去营救，它在巨浪中历经多番尝试，终于挽救了濒死的格林并将他带回船上，这让所有船员舒了一口气。[19]

葡萄牙船只的损坏情况更为严重。被派往巴伊亚的"美杜莎"号主桅杆断作数节而落，随后，第三桅杆也断裂倒下，任由船只在汹涌的海洋中漂泊。"主桅杆上并没有挂风帆，它断裂是因为已经完全朽坏了"，乘坐此船的安东尼奥·德阿劳若-阿泽维多（也即未来的巴尔卡伯爵）写道，"缆绳脆弱不堪，一切都在竞相威胁我们的性命，多亏了指挥官和几位军官的行动与智慧，我们才没有丧生"。[20]

风暴后的数小时充满混乱和犹豫，被风打散的船队朝着不同方向行进。有一半船只向西北航行，"皇太子"号（载着堂·若昂和女王玛丽亚一世）和"阿方索·德阿尔布开克"号（载着卡洛塔·若阿基娜和她的几名女儿）都在其中；其余船只保持西南航向不变，朝佛得角群岛上约定的集合点行驶。严重损毁的"美杜莎"号于1月13日在累西腓靠岸，在此修理过后，它最终前往原定目的地萨尔瓦多。堂·若昂两位女儿所乘的"葡萄牙女王"号亦有受损，它陷入危险、开始掉队，但还是成功抵达佛得角进行维修，随后前往里约。"堂·若昂·德卡斯特罗"号失去桅杆并且严重漏水，只好在帕拉伊巴 [1] 紧急停靠。21

海浪平息后，卡洛塔·若阿基娜和女儿们决定登上"皇太子"号觐见堂·若昂和女王玛丽亚一世。两船的水手在舷缘上架起一艘小船来转移人员。在抵达巴西前的五周行程中，这将是王室的最后一次联络。也正是此时，堂·若昂决定更改从里斯本启程以来的计划——他将去往巴伊亚，而不是里约热内卢。

从此，两部分船队再没有联络。直到最近，人们都认为是一队船只远离了另一队，直至完全消失在彼此的视野中。然而，英舰航海日志中的记录却显示，这两部分船队在毫不知情的情况下，沿着两条平行且十分接近的航线行驶，直到巴西海岸附近。1808年1月2日，两者通过一枚幽灵般的照明信号弹进行了最后一次联络。前一天早晨，"贝德福德"号（即保护堂·若昂的船队前往巴伊亚的英舰）船长詹姆斯·沃克在航海日志中写道，他在远处望见了3艘船只，但为避免与队伍其余船只失去联络，他没有选择与之靠近。晚间，他命水手向桅杆上方发射一枚蓝色照明弹。巧合的是，同一天晚上23点15分左 93

---

[1] 帕拉伊巴省（现为帕拉伊巴州）位于巴西东北部，濒临大西洋，首府为若昂·佩索阿。

右，"马尔伯勒"号船长格雷厄姆·穆尔（他正陪同前往里约的船队）在航海日志中称，他在海平线上看到了蓝色光亮。[22]

临近赤道时，前往萨尔瓦多的王室船队驶入了一片无风带。自地理大发现以来，这片无风带就令葡萄牙航海家胆寒；按照官方的说法，3 个世纪前，也正是这片区域迫使往印度的卡布拉尔改变航路。由于风力甚微，堂·若昂和卡洛塔·若阿基娜的船花了 10 天时间，才行驶了 30 里格。[23] 正常情况下，这段距离 10 小时便可走完。数百名乘客挤在船只的甲板上，他们经受的折磨可想而知：在赤道的烈日下暴露 10 天，12 月的气温高达 35 摄氏度，没有一丝微风来缓解他们的痛苦。

在葡萄牙王室从里斯本迁往巴西的行动中，共有 16 艘英国战舰直接或间接参与。这些船只大而舒适，组织有序，船员训练有素、纪律严明，一些传奇战舰还曾参加过赫赫有名的战役。其中最大的战舰皇家海军"希伯尼亚"号由船长约翰·康（John Conn）领导。在两年前的特拉法加海战中，作为军官之一的约翰·康曾与纳尔逊勋爵并肩作战，血洗法西联合舰队。"希伯尼亚"号于 1804 年 11 月开始作为英国皇家海军一级船舶服役，装载 110 门大炮，长 203 英尺（约 62 米），重 2530 吨。一个世纪后的 1904 年，它将在马耳他岛被当作废品卖掉。[24]

爱尔兰海军上尉托马斯·奥尼尔乘坐其中一艘船只航行。他将成为王室移居巴西这段历史中的重要人物。作为皇家海军"伦敦"号的一名军官，奥尼尔目睹葡萄牙王室在里斯本登船，并亲历了里约之行的每个标志性事件。王室抵达后，他又在里约停留了 16 个月，直到海军派他执行其他任务。1810 年，他在伦敦出版了一本 89 页的小册子，描写王室的巴西之行。书中附有一张六行的勘误表，他用小纸条贴在第 74 页和第 75 页之间。[25] 他的叙述栩栩如生、情感丰富，充满戏剧般的细节描绘。下面这段文字便是一例，他在其中描写了葡萄牙战船和三桅帆船上贵族妇女的不适：

> 有着王室血统、门第显赫的女性，在贵族和富裕的环境中成长……现在却要穿过无名的大海，被迫忍受 11 月的寒冷与风暴，不但毫无舒适可言，甚至缺乏最必需的生活用品，连一件换洗的衣服、一张睡觉的床都没有——她们不得不凌乱地挤在船只的甲板上，而这些船根本没有做好迎接她们的准备。[26]

在另一段文字中，奥尼尔记录了一位葡萄牙军官的叙述，此人跟随堂·若昂率领的那部分船队在巴伊亚登陆：

> 人数如此众多……每艘船都人满为患，以至于甲板上几乎没有空间供人躺卧……除了身上穿的以外，太太们没有其他任何衣物。由于船只物资短缺，不久便需要请求英国海军上将在其船队中收留许多乘客。（对他们来说）这是天大的好运，因为从里斯本到巴伊亚，那些留下的人实在可怜。他们大多睡在甲板上，没有床也没有被毯。最引我们关注的东西是水；我们分到的水少之又少，食物匮乏而粗劣至极，以至于活着本身都成为一种负担。我们的状况无比恶劣，因此我不愿任何人某天亲历或哪怕目睹这一切。男人、女人和孩子共同组成了最为催泪的一幕。[27]

尽管不乏历史意义，奥尼尔的叙述却并非完全可信。在他描述的某些情景中有明显的夸张乃至杜撰成分。他在叙述王室从里斯本启程时写道，一些"高贵的夫人"拼命试图在船上寻求空位时溺水

95

而死²⁸，但没有证据显示确有此事。奥尼尔还称，堂·若昂在离开前曾和法国将军朱诺——入侵军队的指挥官会面²⁹，这一桥段同样没有任何其他来源的确证。但是，抛开夸张之处，他的叙述仍可视作对这一主题最早的报道。

　　1 月 22 日，经过 54 天、约 6400 公里的海上航行后，堂·若昂在萨尔瓦多靠岸。另一部分船队已于一周前的 1 月 17 日到达里约热内卢。途中虽然历经艰险，但没有人员罹难或发生致命事故的讯息。唯一一名已知的受害者是卡达瓦公爵——堂·米格尔·卡埃塔诺·阿尔瓦雷斯·佩雷拉·德梅洛（D. Miguel Caetano Álvares Pereira de Melo）。他从里斯本出发时就已患病在身，而其病情又因"堂·若昂·德卡斯特罗"号的厄运而加剧。在所有船只中，它承受了大西洋风暴最猛烈的袭击。在和大部队走散且失去主桅杆后，这艘完全损坏、水尽粮绝的船只好在帕拉伊巴靠岸。船员在得到救助后前往巴伊亚，但卡达瓦公爵无力支撑病体，到达萨尔瓦多后不久便与世长辞。³⁰

　　300 年前曾目睹卡布拉尔船队抵达的巴伊亚，此刻又见证了另一场事件——它将深刻而永久地改变巴西人民的生活。王室抵达万圣湾^[1] 宣告了殖民地巴西的尾声，也拉开了独立之巴西的序幕。

---

[1]　万圣湾（baía de Todos-os-Santos）位于巴伊亚省（今巴伊亚州），就在其首府萨尔瓦多的旁边。

第八章

萨尔瓦多

　　在葡萄牙王室迁往巴西的历史中，1808年堂·若昂在萨尔瓦多停留一事缺乏充分合理的解释。按照出发当日在里斯本拟定的原行程计划，全体船只应始终保持西南航向，朝里约航行。如遇意外，重新集合的地点定在非洲海岸的佛得角——这片群岛是葡萄牙殖民帝国的一部分。若有船只损坏，它们将在那里接受维修和补给，随后按原定路线航行。然而，堂·若昂在行程第三周忽然修改了上述计划。对此决定，向来没有官方说法或合理的解释。在一次本就因启程匆忙与准备不周而难上加难的旅程中，按原计划直达里约会更为方便稳妥，那么为何要冒不必要的风险，出乎意料地在萨尔瓦多停留？

　　目前，史书采用最多的假说与风暴相关，认为在1807年12月8—10日，马德拉群岛附近的一场风暴将船队打散，各船从彼此的视

98　野中消失。一部分船队失去航向，随后朝西北航行，女王堂娜·玛丽亚一世、摄政王堂·若昂和王妃卡洛塔·若阿基娜的船只都在其中；而其余船只继续按原路线航行，先后前往佛得角和里约热内卢。某一时刻，堂·若昂发现船队已临近巴伊亚海岸，便命令各船在萨尔瓦多停靠。[1] 按照这一解释，堂·若昂来到巴伊亚几乎是出于偶然。

　　由于历史学家肯尼思·莱特的发现，这一错误的观点开始站不住脚。莱特曾是一家烟草公司的董事长，退休后成为一名严谨的学者，并潜心钻研英国海军的档案文件。每艘船的航海日志，以及行程结束后各船长向伦敦海军总部提交的信件和报告都保存在档案中。这些信件解释了行程中至关重要的决定，包括在巴伊亚停留的原因。经过档案分析，莱特得出了两点惊人的结论。首先，所谓一部分船队在风暴后失去航向，因而在萨尔瓦多停留的假设荒谬至极。其次，堂·若昂前往巴伊亚是有意为之，并非因远海的气象事故而被迫如此。

　　200 年前，葡萄牙和英国人已对南大西洋的航线了如指掌。英国船长的航海日志证明，在整个行程中，他们清楚地知道各自船只每日每时的坐标。因此，他们没有迷失方向。如想在风暴后修正航向、前往启程前约定的集合点，对他们而言应当易如反掌。但堂·若昂在行程第三周就已作出停靠萨尔瓦多的决定，并明确告知了其余

99　船只。

　　莱特收集的档案显示，1807 年 12 月 21 日，即遭遇风暴 11 天以后，摄政王告知"贝德福德"号船长詹姆斯·沃克，称他已决定放弃计划路线并将前往萨尔瓦多。与此同时，"米内尔瓦"号三桅帆船被派往佛得角的圣雅各岛，它在那里碰到了其余船只，并告知后者堂·若昂的计划有变。[2] 这些记录再次证实，葡萄牙和英国指挥官并没有迷失方向，他们知道自己和其余船只的位置。

既然堂·若昂停靠萨尔瓦多并非出于偶然，那么原因何在？一种显而易见的解释是，停靠巴伊亚在战略上十分妥当。下一章将会讲到，200 年前，殖民地巴西在政治和管理上的统一性非常薄弱，而堂·若昂比任何时候都更需要巴西团结一致，紧紧拥护葡萄牙王权。他在 1808 年的计划要依靠每个行省的资金和政策支持才能成功实施。萨尔瓦多曾是殖民地最初的首府，它在大约半世纪前的 1763 年失去首府地位，但仍是殖民地重要的商业与决策中心。萨尔瓦多民众对于将首府迁往里约深感憎恶，气氛中流露着不满的情绪。10 年前这里曾爆发过一场试图分裂的运动，后人称为"裁缝起义"[1]。

因此，堂·若昂访问萨尔瓦多十分恰当。在艰难关头，这是确保巴伊亚民众及北部、东北部行省对其忠诚的明智之举。不仅如此，他后来在里约时，特意将当时的巴西副王[2]任命为巴伊亚省长。堂·若昂还在萨尔瓦多宣布了港口开放条例，这是他来到巴西 13 年间采取的最重要的措施。这再度表明，对于宗主国在美洲布下的政治棋局而言，巴伊亚是一颗多么重要的棋子。

在巴伊亚的停留是有计划在先，而非由行程中的一次意外导致——这种全新的假设大幅改变了至今人们对于王室来到巴西的解读，首先便是重塑了摄政王本人的形象。堂·若昂在葡萄牙怯懦犹疑，宁可逃跑也不愿迎战侵略葡萄牙的法军，这一点很少有人质疑——尽管面对拿破仑的实力，逃跑对他来说是最明智的决定。然而，到达巴西后，他的决策变得更加果断而犀利。停靠巴伊亚是个老练的政治手段，在贫穷衰弱的葡萄牙王室需要全力支持的时候，

100

---

[1]　裁缝起义（Revolta dos Alfaiates）是 1798—1799 年爆发于巴伊亚的一场共和运动，一些
　　　参与者的职业是裁缝，起义因此而得名。裁缝起义的主要诉求是建立共和国、废除奴
　　　隶制。
[2]　副王（又称总督）是葡萄牙在巴西殖民地设立的最高领袖。

它将会派上大用场。而事实正是如此。

在殖民地巴西，堂·若昂与臣民的初次相遇如同一部小型航海史诗。当得知王室行程后，伯南布哥省长卡埃塔诺·平托·德米兰达·蒙特内格罗（Caetano Pinto de Miranda Montenegro）派遣"三心"号出海——这是一艘小型双桅帆船，无风时亦可用桨驱动。[3] "三心"号装载着巴西腰果、八角樱桃和其他水果、冷饮，它需要在葡萄牙船队的预计位置附近，尝试找到堂·若昂的船舰。最惊人的是，这艘双桅帆船离开累西腓港后，摸索着航行了 3 天，最终真的找到了葡萄牙船只。[4] 想象一下，在没有无线通信、GPS 和卫星电话的时代，一艘不足 10 米长的小船在不清楚准确位置的情况下，竟在远海找到了某艘葡萄牙船舰，这在王室的巴西之旅中可以称得上是最非凡的功绩之一。

101

堂·若昂船队中的乘客和船员因"三心"号的到来而备受鼓舞。在将近两个月的海上航行中，他们只能吃腌肉、饼干，喝脏水和发酸的红酒，现在终于可以尝到冷饮和健康的食物。从外观、质感和口味上来说，这些都是他们在葡萄牙从未见过的热带品种。就这样，借助这些慷慨丰饶的自然馈赠，巴西现身于堂·若昂与刚刚逃离了欧洲战争之苦的王室面前。

然而抵达萨尔瓦多后，这种解脱感很快为疑虑所取代。1808 年 1 月 22 日上午 11 点，船只在港口内下锚（如今这附近是模范市场 [1] 和拉塞尔达电梯 [2]），但没有人出现。巴伊亚似乎对王室的到来一无所知，这让乘客和船员惊诧不已。将近两周前，关于行程的消息便已传到巴西，且来源不止一个。10 日，"马蒂姆·德弗雷塔斯"号抵

---

[1]　萨尔瓦多市的一处手工业品市场，开办于 1912 年。
[2]　拉塞尔达电梯建于 1873 年，是世界上第一座城市电梯，它将萨尔瓦多的上下城区相连。

达东北部海岸。13 日，"美杜莎"号三桅帆船载着堂·若昂的 3 位大臣在累西腓靠岸，它此前在马德拉岛附近的风暴中受损。[5] 14 日，"飞行者"号横帆双桅船抵达里约港口。这艘小帆船航速比沉重的运输船快得多，它来将摄政王正在路上的消息告知副王阿尔科斯伯爵（conde dos Arcos）。最后，一些王室仆从的船只载着堂·若昂的两位姨妈和两个女儿，于 17 日在里约入港。这些船只来自 11 月 29 日从里斯本出发的船队，他们在佛得角停留时便已得到"米内尔瓦"号的消息，得知堂·若昂决定前往巴伊亚。

那时，巴西海岸稀疏的通信网基于堡垒、村镇和沿海灯塔构成，用于传递紧急且重要的信息。这是殖民地防御系统的一部分，得益于此，在面临海盗袭击、入侵企图、叛乱或其他任何对葡萄牙领地的威胁时，各省省长和都督可以向邻省发出警报。在收到某一特定讯息时，上述每个岗位都必须尽快将其传达给相邻岗位。那还有什么消息比国王的到来更加重要呢？问题在于，这种口口相传的通信模式效率很低，信息要花数周才能传遍沿海的几千公里。[6] 因此，尽管萨尔瓦多当局已得知王室正在赶来巴西的路上，这座城市也绝没有时间准备一场盛大的招待会。

经过一番等待，当省长若昂·萨达尼亚·达伽马（João Saldanha da Gama，也即庞特侯爵）前来问候堂·若昂时，焦虑感终于烟消云散。"陆地上没有人来吗？"摄政王惊讶地问。"殿下"，省长回答说，"我要先来听候您的命令，在此之前，我下令任何人不得靠近，因此全城的人没有立刻赶来"。堂·若昂反驳道："叫百姓随意而来，因为他们想见我。"[7] 在省长之后，大主教堂·若泽·达圣思嘉（D. José da Santa Escolástica）也向堂·若昂致意，而盛大的接风宴则安排在次日举行。因远洋航行而精疲力竭的王室又在船上度过了一晚，万圣湾平静的海水抱着他们轻轻摇晃，把守城关的甘博亚堡垒用大炮守护着他们。[8]

103　　堂·若昂于 23 日早晨登陆。[9]与前一天相反，这次海岸的码头上挤满了人。堡垒鸣响的礼炮声、人们问候尊贵客人的呼喊声，与巴伊亚首府无数教堂连绵不绝的钟声混杂在一起。踏足陆地后，王室登上了正在等候的马车，并沿着普雷吉萨大街和加梅雷拉坡道前行，直到剧院广场（如今的卡斯特罗·阿尔维斯广场）。市政厅代表在那里迎接堂·若昂及其随从，并邀请他们在紫色华盖下步行前往大主教区教堂，大主教在此伴随着《谢主辞》[1]举行弥撒，因远洋航行的平安献上感恩。步行途中，列队的士兵举手敬礼，所有教堂的钟声鸣响不停。晚间，王室随从在政府宫殿下榻。接下来便是一周的音乐和舞蹈，还有城市街巷中灯火通明的演出和漫长的吻手礼——摄政王会耐心接见子民排成的无尽队列。糖厂主、农夫、商人、神父、军人、公务员和卑微的民众都来向君主献上敬意。

　　萨尔瓦多是葡萄牙殖民帝国最美丽的城市之一，以巴洛克风格雕饰的教堂金光闪闪，白色的小屋散布在山坡上，宏伟的宅邸在小山顶端格外醒目。从万圣湾入口远望，它的景色令外国游客陶醉入迷。英国旅客玛丽亚·格雷厄姆（Maria Graham）于 1821 年 10 月 17 日抵达萨尔瓦多，城市之美从她的描述中可见一斑：

　　　　今早曙光初现时，我刚睁开双眼，便看到了我曾见过的最美的景色之一。从海上望去，在高耸陡峭的山上，一座外表壮观的城市沿着山脊、依傍山坡而建。茂密无比的植被从浅色的房屋间交织穿过，并延伸到城市之外，直至陆地的尽头，那里
104　　有如画般的教堂和圣安东尼奥·达巴拉修道院。在城市各处，

---

[1] 《谢主辞》(Te Deum)，罗马天主教的传统圣歌之一。

鲜红的土地与房屋瓦片的色彩协调融洽。别致的堡垒，繁忙的码头，远处模糊的山丘，还有海湾本身的形状，它的岛屿和岬角，这一切构成了一幅迷人的风景画。而且，尽管气候炎热，凉爽的海风仍给人带来欣赏风光的好心情。[10]

萨尔瓦多虽然拥有繁忙的港口和重要的政治经济地位，但它仍是一座相对较小的城市，仅有 46000 位居民。[11]当时，它的人口略少于拥有 60000 位居民的里约热内卢。它位于一片很高的陆地上，并呈斜坡状朝向大海——这类地势完全符合葡萄牙人为帝国设防的军事策略。葡萄牙的里斯本和波尔图，安哥拉的卢安达，还有巴西的里约和奥林达，全都依照同一模式而建。[12]教堂、修道院、公共建筑和豪宅位于上城区，而囊括仓库、商店、工厂和港口码头的商业区则位于紧邻大海的下城区。"下城区除了商人还是商人"，数年后拜访萨尔瓦多的画家约翰·莫里兹·鲁根达斯（Johann Moritz Rugendas）描述道，"那些富商，尤其是外国富商，在上城的市区之外也有乡村别墅和大花园。奴隶市场、证券交易所、经销商铺、军火库和造船厂都在下城区"[13]。

两城区之间由街道、斜坡和窄巷相连，这使得车辆无法通行。因此，人们用一架大型绞车来提升沉重的货物。一个半世纪后，电力驱动的拉塞尔达电梯取代了这种不稳定的机械牵引装置，并成为如今巴伊亚首府的地标性建筑之一。除绞车外，货物还由奴隶和牲口运输，他们排成缓慢前行的长队，沿着斜坡走上走下。奴隶也会用横杆扛着轿子，将高贵的游客和居民抬上山顶。[14]

在风景中格外醒目的教堂令外国游客陶醉，它们几乎都建于1650—1750 年间，即首府迁往里约之前。上城区的宅邸分为两层：主要的房间位于上层，包括带阳台的卧室、客厅和饭厅；下层则用于安置奴隶和沉重的货物。[15] 总之，在英国历史学家查尔斯·博克瑟（Charles Boxer）看来，萨尔瓦多是"一座典型的葡萄牙城市，像中世纪那样缺少规划、发展无序，与西语美洲井然有序的城市形成鲜明对比"[16]。

然而，当游客进入城市后，对风景的迷醉就变成了无尽的失望。玛丽亚·格雷厄姆觉得一切都很肮脏，而且没落不堪。"毫无疑问，我们进入军火库大门途经的那条道路，是我曾到过的最脏的地方"，她说，"道路极窄，但尽管如此，工匠无一不将工作台和用具摆在马路上。沿着墙边留出的空地，小贩在卖着水果、香肠、乔利佐香肠[1]、炸鱼、橄榄油和甜品，黑人在编织着帽子、地毯或椅子，狗、猪与其他家禽也都混杂其中，全无区分。排水沟在道路中央，因此各摊主把脏物全部扔进那里，也有人从窗户向外倾倒，动物在其间生存觅食"[17]。

当进入房屋时，上述感受变得更为强烈："大部分地方肮脏得令人反感"，玛丽亚·格雷厄姆记录道。"底层一般由小屋组成，用于安置奴隶和马匹等，楼梯狭窄而阴暗。我们曾在不止一户人家的过道内等待，仆人跑来打开会客室的门窗，并请来在房间里穿着便服的女主人。当她们出现时，我难以相信其中竟有一半是上层妇女，因为她们不穿紧身胸衣，邋遢得几乎有些下流。"[18]

早在那时，宗教游行和庆典就是萨尔瓦多的突出特征，神圣与世俗的仪式混杂其中。1718 年，一位法国游客看到副王在主祭坛前跳舞，以此向圣贡萨洛·多阿马兰特（São Gonçalo de Amarante）[2]

---

[1] 一种起源于伊比利亚半岛的猪肉香肠。它需要经烟熏制作，这是乔利佐香肠和普通香肠的区别。

[2] 贡萨洛·多阿马兰特是 12—13 世纪的葡萄牙多明我会教士，罗马教廷将他列为真福品，但葡萄牙人将其尊为圣徒。

献上敬意，他感到十分惊讶。"他猛烈地摇摆身躯，这与其年龄、地位都不相符"，这位署名勒让蒂·德拉巴里奈斯（Le Gentil de la Barinais）的法国人写道。[19]

查尔斯·博克瑟称，萨尔瓦多教会鼓励丈夫和父亲将妻女关在家中，以免她们暴露在相对不拘道德的城市环境中。"女奴隶的卖淫行为，以及其他破坏圆满家庭生活的阻碍频频出现——例如惩罚丈夫和妻子的双重标准，竞相促成了白人男性和有色女性的大量混居"，博克瑟写道，"很多意外怀孕的孩子因此出生，他们长大后成了流浪汉和罪犯，靠耍小聪明在社会边缘过活"。这位历史学家还提到，"一些无耻的女主人以女奴隶的卖淫所得为生，前者不仅鼓励奴隶卖淫，还强迫她们这样做"[20]。

在停留巴伊亚的一个月中，堂·若昂举行了无数次宴会、庆典和巡游，并作出许多将会改变巴西命运的重要决定。他和母亲玛丽亚一世在省长宫殿下榻。卡洛塔·若阿基娜没有和他们同去，抵达萨尔瓦多后，她又在"阿方索·德阿尔布开克"号上待了 5 天，然后住进了位于市中心的公正殿。[21] 1 月 28 日，在抵达萨尔瓦多仅一周后，堂·若昂又参加了一次《谢主辞》弥撒，然后前往市政议会签署了他在巴西最著名的法案——向一切友好国家开放港口通商的皇家特许状。从此以后，"凡与皇家君主维持和平融洽关系的他国，可以装船运输并进口任何种类的一切商品和货物"[22]。

一些史学书籍传播了有关港口开放的两种错误观点。第一种是将开放港口的决定归功于巴伊亚官员若泽·达席尔瓦·利斯博阿（José da Silva Lisboa），即未来的凯鲁子爵。他是苏格兰经济学家亚当·斯密的信徒，后者是《国富论》的作者，现代自由主义学派奠基人。据说，利斯博阿向堂·若昂呈上了一份研究，并在其中论述了开放巴西贸易对刺激殖民地经济发展的好处。第二种观点认为，这一决定是堂·若昂亲近巴西民众的表现，他终于将后者从葡萄牙的垄断和贸易封闭中解救出来。

毫无疑问，港口的开放对巴西有利，也和达席尔瓦·利斯博阿的自由派观点相符。但实际上，这是一项必然的措施。法国人占据了葡萄牙和里斯本港口，王国贸易几乎陷入瘫痪，因此开放巴西港口是一项显而易见的决定。此外，英军曾护送堂·若昂逃离拿破仑，而在殖民地开放国际贸易便是摄政王的回报，也是他向英国所还的债。1807 年 10 月，葡萄牙大使堂·多明戈斯·德索萨·库蒂尼奥在伦敦与英方就此进行了充分谈判。除开放港口外，条约还允许英方在马德拉岛建立一座海军基地。[23] "对欧洲而言，只要大陆上战争不止，向全球开放贸易的巴西港口实际上只向英国开放"，历史学家阿兰·曼彻斯特分析道。[24]

历史学家梅洛·莫拉伊斯（Melo Moraes）指出，在启程前夕，英国代表斯特朗福德子爵曾与葡萄牙大臣安东尼奥·德阿劳若在里斯本会面。英方提出以下要求：开放巴西港口，开放自由竞争并赋予英国特权——从此仅向其征收极低的关税，并将一处巴西港口（圣卡塔琳娜港口）交付英国。只有葡方接受上述条件，西德尼·史密斯上将才会解除海军封锁，允许葡萄牙船队离开。阿劳若本要大发雷霆，但实际上，除了圣卡塔琳娜省[1]的特许港之外，王室抵达巴西后满足了英方的所有要求。[25]

此外，堂·若昂还在萨尔瓦多批准建立了巴西第一所医学院，并通过了首家保险公司——海洋贸易保险公司的章程。他还准许建设玻璃及火药工厂各一座，允许巴伊亚省种植和研磨小麦，命人修建公路，并为巴伊亚拟定了一份加强防御的方案，其中包括建造 25

---

[1] 圣卡塔琳娜省（现为圣卡塔琳娜州）位于巴西南部，首府弗洛里亚诺波利斯。

艘炮艇、设立 2 支骑兵队及 1 支炮兵队。

除上述重要决定之外，堂·若昂留居巴伊亚的这段时间也不乏娱乐活动、巡游和民间庆典。2 月 11 日，摄政王去参观伊塔帕里卡岛，并带上了贝拉亲王堂·佩德罗，即未来的巴西皇帝。准备返程时，他们突遇了一场风暴，只好在岛上一位居民若昂·安图内斯·吉马良斯（João Antunes Guimarães）的家中过夜。[26] 另一次，摄政王外出到城市的街道上散步，并向身边欢呼的群众分发金币。巴伊亚民众想说服他留下来，但这只是徒劳。市政厅代表承诺将调配资金建造一座奢华的宫殿，并承担王室在城市中的开销。堂·若昂谢绝了这一请求，因为面对可能到来的法国袭击，里约热内卢港更远而且防卫森严，萨尔瓦多相比之下要薄弱得多。[27] 2 月 26 日，堂·若昂登船驶向里约热内卢，为他前往巴西的难忘行程画上句号。

109

第九章

殖民地

　　200 年前，巴西并不存在——至少不像如今这样。如今的巴西是一个边界明晰的完整国家，其居民拥有巴西人的身份，他们为同一支国家足球队呐喊助威，持有同样的证件，可前往邻近的州市旅游、工作，在学校接受统一的课程教育，彼此买卖商品、交易服务。在王室到达里约热内卢前夕，巴西由许多近乎自治的区域拼凑而成，它们之间没有贸易往来，也没有任何形式的联系。各区都说葡萄牙语，效忠于大西洋彼岸以里斯本为中心的葡萄牙王国，这是它们仅有的共同点。"每块总督领地各自拥有其统治者、小规模民兵及少量财宝；领地之间缺乏联络，它们一般忽略彼此的存在"，法国博物学家奥古斯特·圣伊莱尔（Auguste Saint-Hilaire）指出。他曾于 1816—1822 年间由北至南走遍巴西。"巴西并没有

一个共同的中心。它像一个巨大的圆，半径在圆周外很远的地方

交汇。"¹ [1]

"brasileiro"指出生在巴西的人，但在 19 世纪初，这一表述并未得到认可。[2] 当时，各种传单和出版文章就"brasileiro""brasiliense"和"brasiliano"三种表述孰对孰错争论不休。记者伊波利托·若泽·达科斯塔是《巴西邮报》(出版于伦敦)的创办者，在他看来，出生在巴西的人应叫作"brasiliense"²，"brasileiro"指在巴西定居的葡萄牙人或外国人，而"brasiliano"则指印第安人。³ "巴西只不过是由各行省构成的地理统一体，它们实际上彼此疏远"，历史学家曼努埃尔·德奥利维拉·利马写道。这一切都将因摄政王的到来而改变。"现在，这些行省将融合成一个真正的政治统一体。国王、宫廷和内阁来到里约热内卢定居，这座首府自然成了殖民地的轴心"，他补充道。⁴

除了 1903 年从玻利维亚购买的阿克里州 [3]，1808 年的巴西地图已和如今十分相似。此外，在堂·若昂六世统治期间，南部的边界曾有一次短暂的变动。1817 年，巴西将西斯普拉提纳省纳入版图，但它 11 年后宣布独立，成为如今的乌拉圭。[4] 1750 年的《马德里条约》废除了旧的《托尔德西里亚斯条约》，并基于领土有效占领原则重新划定了西、葡殖民地的边界 ⁵。[5] 因此，占据领土是维护其完整

---

[1]　原文如此。此句意在说明巴西各地区缺乏联系、缺少共同点的离心状态。

[2]　在当代葡语中，"Brasileiro"意为"巴西人，巴西的"。"brasiliense"和"brasiliano"两个词也存在，在字典中它们和"brasileiro"同义，但已经不为大众所使用。

[3]　阿克里州位于巴西北部，首府里约布兰科。

[4]　严格来说，1817 年，巴西殖民地军队仅攻占蒙特维的亚，1820 年全面占领今乌拉圭领土，到 1821 年才正式将这片土地（称西斯普拉提纳省）纳入版图。西斯普拉提纳省最初宣布独立是在 1825 年，后爆发西斯普拉提纳战争，1828 年巴西与阿根廷签订条约，正式承认乌拉圭独立。

[5]　1494 年，由于欧洲其他国家的航海技术较为落后，两位海上霸主西班牙、葡萄牙签订了瓜分世界领土的《托尔德西里亚斯条约》(*Tratado de Tordesilhas*)，将 1493 年划定的教皇子午线西移至佛得角以西 370 里格。这条线以西的领土归西班牙，以东归葡萄牙。然而事实上，两国并未完全按照这条经线占据领土，这导致《托尔德西里亚斯条约》名存实亡。1750 年，为了明确美洲殖民地的领土归属，两国基于有效占领原则签订了《马德里条约》。也就是说，双方不再依据教皇子午线瓜分领土。谁先派人占领土地，土地就归谁所有。

性的方式。"如果失去巴西，葡萄牙便是无足轻重的小国；而巴西力量薄弱，对于觊觎其领土者而言，它是一件遭人遗弃的无价之宝"，1779 年，海军与海外事务秘书马蒂纽·德梅洛–卡斯特罗（Martinho de Mello e Castro）向巴西副王路易斯·德瓦斯康塞洛斯–索萨（Luís de Vasconcelos e Sousa）写道。[6]

112

梅洛–卡斯特罗想说明的是，葡萄牙的未来要靠占据和守卫巴西才能保全。因此，葡萄牙政府将力量集中于此。1808 年，葡萄牙人几乎已经充分探索了亚马孙地区的所有大河，他们标出最重要的战略点，并修建堡垒把守。庞巴尔侯爵曾命人在塔巴廷加（巴西与秘鲁和哥伦比亚的交界处）修建一处贸易中转站和一座堡垒，堡垒的大炮可以守卫索利蒙伊斯河 [1] 的入口。[7] 它是葡萄牙领土最西端的据点，深入西属殖民地内部。探险队曾到达奥亚波基，并在地图上标出特龙贝塔斯河的源头。

那时的巴西是一片辽阔而人烟稀少的处女地，人口略多于 300 万——这一数字不足目前人口的 2%。[8] 每 3 个巴西人中就有 1 个奴隶。据估计，印第安人的数目为 80 万。人们定居的区域仍集中在沿海，也有一些城市分布在亚马孙河沿岸，以及圣保罗、米纳斯吉拉斯、戈亚斯 [2] 和马托格罗索省 [3] 的内陆地区。人称"腹地之口"的伊图镇距圣保罗市 100 公里，是圣保罗远征队进入巴西内陆荒地的起始点。它是圣保罗省最远端的城市居民点，尚有一定的舒适条件

---

[1] 索利蒙伊斯河是巴西人对亚马孙河在其境内上游部分的称呼。整体来看，（广义的）亚马孙发源于安第斯山脉，它在塔巴廷加流入巴西境内。从此处开始，巴西人将其命名为索利蒙伊斯河。索利蒙伊斯河与内格罗河在马瑙斯交汇成同一条河，它向东流入大西洋。巴西人将交汇后形成的这条河流称作（狭义的）亚马孙河。

[2] 戈亚斯省（现为戈亚斯州）位于巴西中部，首府戈亚尼亚。巴西的联邦首都巴西利亚也建在戈亚斯省。

[3] 马托格罗索省（现为马托格罗索州）位于巴西西部，首府库亚巴。

以及和其他区域的定期往来。若再深入，巴西不过是一片绿色的荒漠，印第安人、淘金者和为数不多的牧人在其间定居。那里是走私者的天下，他们将商品带到布宜诺斯艾利斯出售。米纳斯吉拉斯是人口最多的省份，居民略多于 60 万。拥有 50 万人口的里约热内卢省次之。巴伊亚和伯南布哥省分别位列三四名。[9]

　　王室抵达里约时，殖民地刚刚经历了一次人口激增，在略多于 100 年的时间里，居民数量增长了 10 倍。人口激增的原因是 17 世纪末黄金和钻石的发现。人们涌向新发现的矿区——如富镇（今黑金市）、米纳斯吉拉斯的蒂茹科镇和马托格罗索的库亚巴市，并引发了欧洲向巴西内陆的首次移民大潮。1700—1800 年间，仅葡萄牙便有 50—80 万人移民巴西。与此同时，奴隶贸易愈发猖獗。18 世纪中，将近 200 万黑奴被运往巴西的矿井和种植园劳作，这是整个人类历史中规模最大的人口强制迁徙之一。据估计，17 世纪最后 10 年间，殖民地约有 30 万人口，而由于黑奴贸易，这一数字在 1800 年左右激增至 300 万以上。[10]

　　那时的巴西民众贫穷而无知，物资极度匮乏。在 1818 年的圣保罗（这时堂·若昂六世已经登基），处于学龄的自由男性中仅有 2.5% 的人识字。[11] 医疗条件也出奇恶劣。"即使在沿海最大的中心区，也找不到一名学过常规课程的医生"，奥利维拉·利马说道。这一论断参考了商人约翰·勒科克（John Luccock）的叙述，后者自 1808 年起曾在里约居住 10 年。"最简单的手术一般由从事放血疗法的理发师进行，而遇到复杂手术，人们会请自称医术高明的人操刀，但整体而言，他们对于解剖和病理学也照样一窍不通。"[12] 执行手术和坐诊的许可由特派法官经考核授予，但他本人却不懂医学。候选人须在药房或医院至少工作 4 年，拥有工作证明即可通过考核。换言之，医生只有行医在先，之后才能获得行医的许可。

由于殖民地内部通信不畅，1777 年国王堂·若泽驾崩的消息用
114　了 3 个半月才传到圣保罗。[13] 24 年后，圣彼得大河省（今南大河州）
在葡西两国开战 3 个月零 13 天之后才得知此事。这条消息于 1801
年 6 月 15 日传达，而战斗已在 9 天前以葡萄牙的失败告终。大河
省武装部队上尉塞巴斯蒂昂·沙维尔·韦加·卡布拉尔·达卡马拉
（Sebastião Xavier Veiga Cabral da Câmara）不知双方已经停火，在收
到消息后便立即向邻近的西属殖民地宣战。葡萄牙军队向前推进并
占据了大片土地——从领地以西的米苏伊斯直至领地以南的加瓜劳
河。这样，葡萄牙在欧洲作战失利，但最终却因通信不畅在巴西赢
回了战争。这是记者若热·卡尔代拉（Jorge Caldeira）在《毛阿：帝
国企业家》一书中所记录的内容，此书讲述了第二帝国 [1] 时期毛阿
子爵（visconde de Mauá）的生平经历。[14]

　　在制定政策时，葡萄牙政府故意将殖民地置于无知和封闭之中，
意图使其远离外国贪婪的目光，因为巴西是一件既能出产资源，又
没有自决能力的珍宝。这项政策的历史和殖民地自身一样久远。1549
年，托梅·德索萨（Tomé de Sousa）就任巴西首位总督，葡萄牙国
王向其下达了十二条治理巴西的旨令，其中第九条指示称，"若无应
有的许可，总督应禁止各总督领地通过腹地进行联络"[15]。为打击黄
金和钻石走私，1733 年，殖民地颁布了禁止修建道路的法律 [2]，以此
帮助葡萄牙官员进行监管——他们受王室之命，从殖民地产出的所
有宝石及珍稀矿物中收缴五一税。早在葡萄牙发现巴西前，印第安
人就曾伐枝取道，而第一批殖民者重新利用这些小道，在其上开辟
了仅有的少量道路。[16]

---

[1]　指巴西皇帝佩德罗二世在位时期，即 1831—1889 年。

[2]　殖民地禁止修建道路的法律不止一条。1733 年确实有一条，不过据资料显示，最早禁
　　止修建道路的法律出现于 1727 年。

1800 年 6 月，葡萄牙下令逮捕德国博物学家、地理学家亚历山大·冯·洪堡男爵（Alexander von Humboldt），他那时曾在亚马孙地区考察，寻找新的动植物物种。这一逮捕令表明了葡萄牙将巴西隔绝于世的意图。葡萄牙政府不顾考察的科学价值，认定他本人可能在殖民地散播危险思想，令国家利益受损。[17]那时，大臣堂·罗德里戈向他的弟弟、格朗帕拉[1]省长弗朗西斯科·德索萨·库蒂尼奥（Francisco de Sousa Coutinho）写信并告诫后者，洪堡的游历考察"十分可疑"，因为他有可能"假托虚伪的借口……用新思想诱惑民心，这些思想尽是错谬诡诈的准则"。马拉尼昂[2]和帕拉伊巴省长也收到了类似的命令。

在长达 3 个世纪的时间里，这片殖民地一直被隔绝于落后与无知之中。它的各个部分就像人烟稀少、田野荒芜的岛屿，彼此之间遥远而又陌生。[18]

南大河省出产小麦和牲畜，畜类用于生产腌肉干、皮革、油脂和畜角。那里的种植园规模巨大。一位名叫若泽·安东尼奥·多斯安若斯（José Antônio dos Anjos）的畜牧业巨头每年宰杀 50000 头牲畜。1808 年，里奥格兰德港拥有 500 座房屋、2000 名住户，每年有 150 艘船只入港，这一数字是邻港蒙得维的亚的 3 倍。[19]它将商品销往其他省份，也出口至葡萄牙、非洲和葡属印度。它从殖民地其他地区进口烧酒、糖、烟草、棉花、水稻、木薯和各种甜品，从葡萄牙进口红酒、油、油橄榄、玻璃、绳索、染料、猎枪、弹药、砍刀，以及铁、布料和帽子等英国商品。[20]1773 年 6 月升为行省首府的愉港市，那时只是一座拥有 6035 位居民的宁静小镇。[21]

---

[1] 格朗帕拉是巴西旧省，位于该国北部，囊括了如今的帕拉州（首府贝伦）、阿马帕州（首府马卡帕）、罗赖马州（首府美景市）和亚马孙州（首府马瑙斯）。

[2] 马拉尼昂省（现为马拉尼昂州）位于巴西东北部，首府圣路易斯。

圣卡塔琳娜岛约有 3000 名居民，早在那时便以其美丽而有序的景致令游客入迷，如今那里是弗洛里亚诺波利斯城的所在地。[22]"房屋盖得很漂亮，有两到三层，铺着木质地板，花园打理有序，里面生长着美丽的花草"，旅客约翰·马威（John Mawe）记录道。他从布宜诺斯艾利斯出发，于 1807 年游历巴西南部。"对于远离生意场的商人、退休军官和其他能够自力更生、仅求消遣享受的人而言，这座城市是个僻静宜人的好去处。"[23] 有趣的是，弗洛里亚诺波利斯不曾失去旅游胜地的禀赋，它至今仍是商务及退休闲暇人士最偏爱的旅行目的地。马威也曾游历库里蒂巴省，那时它还是一片人烟稀少的牧区，人们饲养牛和骡并向圣保罗、里约的市集供货。"向西走会很危险，因为不久前被驱逐出境的食人族在那里居住"，这位旅客提醒道，"北部则是一片由森林覆盖的区域"。

作为如今拉丁美洲最大的都市，圣保罗在那时只是一个居民数（包括奴隶）略多于 20000 人的小村落。[24] 对于记者罗伯特·蓬佩奥·德托雷多（Roberto Pompeu de Toledo）而言，圣保罗不仅是连接沿海与陆地、殖民地南部与其他地区的贸易枢纽，同时也是殖民地所有大城市中最具印第安和巴西特色的一座。在其杰作《孤独的首府》一书中，这位记者讲述了圣保罗省首府的历史。18 世纪初叶前，图皮语一直是圣保罗使用人数最多的语言，此后葡萄牙语才占据优势。睡觉用的吊床有时又称"卡里若吊床"，它也是印第安人的遗产。大部分居民直到 19 世纪初仍使用吊床，之后床铺才终于将其取代。房屋也不过是由印第安人的茅屋改造而来。在最初 200 年间，殖民地人们"吃印第安人的食物，用印第安人的武器，甚至同时使用葡萄牙语和印第安通语 [1]，后者或许更为流行"，蓬佩奥·德托雷多叙述道。[25]

---

[1]　通语（língua geral）是当时巴西大部分印第安部落的通用语言。

1817 年，奥地利画家托马斯·恩德（Thomas Ender）陪同莱奥 117
波尔迪娜公主（Leopoldina，她刚和未来的皇帝佩德罗一世在维也纳
缔结代理婚姻[1]）来到巴西。在他的画作中，圣保罗的男女身穿深色
棉质外套和长裤，头戴灰色毡帽，宽大的帽檐用绳子连着帽顶。他
们将生皮染黑制成宽松的靴子，并用皮带和搭扣在膝盖下方固定。
男性会在腰间或靴筒中携带一把银柄长刀，用作防身武器或进食的
餐具。他们骑马或组成骡队在内陆探险，身披用于遮雨御寒的蓝色
庞乔斗篷——这是一种长而宽大的衣物，头部可从开口处伸出。这
身衣服曾在圣保罗风靡一时，因此在很长一段时间内，人们都称其
为"圣保罗服饰"。而随着驮畜队的消失，这套服装也废弃过时，因
而成为南大河高乔人的特色服饰。[26]

那时，来到圣保罗的外国游客几乎都会注意到，这座城市的妓
女尤为众多。入夜时分，她们用宽松的羊毛披风遮住肩膀和部分脸
颊，然后上街招揽驮畜队商人。为打击卖淫，领地总督曾多次禁止
人们穿着这种名叫"台面呢"的披风，但都无济于事。1775 年，马
丁·洛佩斯·洛博（Martim Lopes Lobo）下令对穿此服饰者处罚金并
予以逮捕警告。35 年后的 1810 年 8 月，都督弗兰卡-奥尔塔（Franca
e Horta）也曾下令，凡因穿"台面呢"而被抓获的女奴隶不仅要缴
纳罚款，而且还要受戒尺责打，罚金将捐赠给拉撒路医院。这些法
令似乎都未见效，因为在将近 10 年后的 1817 年，托马斯·恩德和
他的同事——植物学家卡尔·弗里德里希·菲利普·冯·马齐乌斯
（Carl Friedrich Philipp von Martius）在圣保罗街道上记录下了一如既
往的景象。[27]

118

殖民地的经济心脏在圣保罗、里约和米纳斯吉拉斯构成的三角

---

[1]　指婚姻当事人一方或双方通过代理人缔结的婚姻，即一方或双方本人不出席婚礼现场。

地区之间跳动。18 世纪初，在东北部的甘蔗周期[1] 结束之后，人们在米纳斯发现了黄金和钻石，殖民地发展的轴心便转移到了这里。[28] 植物学家马齐乌斯也随莱奥波尔迪娜公主来到巴西，他在 1817 年的旅行日记中描述了圣保罗和米纳斯吉拉斯之间络绎不绝的骡队：

> 每支骡队由 20—50 头骡子组成，一名骡夫骑马领队，把握队伍的行进方向。他负责下达出发、休息、过夜和平衡货物的命令，检查轭木及牲畜的状态，确保动物没有受伤、蹄铁没有脱落。他向徒步行进的脚夫下达命令，每名脚夫驱赶 7 头骡子，他们负责装货、卸货，照料和喂养牲畜，还要给自己和其他旅客做饭。骡夫一般是已获自由的穆拉托人[2]，负责代表骡队的主人在城中买卖商品。脚夫大多是黑人，他们一有机会就来做这份工作——比起在矿井或田地里劳作，他们更喜欢略有风险的流浪生活。[29]

在骡队行进的路上有茅屋和杂货摊，供骡夫及牲畜暂住并补充给养。"旅客通常不带食物"，马齐乌斯写道，"因为到处都有杂货摊，他们可以买到各种商品和烹饪所必需的原料"。旅途上的饭食一般是猪油烧豆角佐以烤肉干，点心是奶酪和香蕉。旅客晚上在树条床上睡觉，床底由钉入土中的木桩支撑，上面铺有牛皮做的毯子。[30]

119　　　1808 年，英国人约翰·勒科克到达里约时立刻发现了一个问题：这里缺少流通货币。巴西没有流通的钱币，在葡萄牙统治下，殖民地民众基本靠以物易物的方式生活。新商人试图在刚开放国际贸易

---

[1]　又称蔗糖周期，指殖民地巴西 16 世纪中叶到 18 世纪中叶的这段历史，此时蔗糖是巴西殖民地经济的支柱。

[2]　一般指黑种人与白种人所生的混血儿。

的巴西寻找机会，但流通货币的缺乏极大限制了这一点。"里约热内卢和米纳斯吉拉斯之间的贸易商品主要有黑人、铁、盐、羊毛织物、帽子、印花棉布、廉价杂物、武器、一些花哨物件、一点酒和油，以及腌鱼和黄油"，约翰·马威叙述道[31]，"鲜有奢侈品流入那些穷乡僻壤，那里的居民只买最需用的商品"。马威还提到了米纳斯吉拉斯人的饮食习惯：

> 午餐是黑豆拌玉米粉，加上一点肥肉炸出的猪油渣或者烧肉。晚餐有一块烤猪肉，人们将水倒在装玉米粉的盘子里，把所有菜都堆在桌子上，然后再放一盘烧豆角，各人随意食用。只有一把餐刀，但大家都不用。晚餐再加一两盘甘蓝就齐了。这些食物平常用砂锅烹饪并直接端上餐桌，有时也会用锡盘盛放。常见的饮品是水。夜宵只有炒蔬菜和一点用于调味的肥猪肉。每逢节日或外国客人来访，人们会在饭菜中添一只烧鸡。[32]

由于土地产出黄金和钻石，米纳斯吉拉斯省各城的人口急剧增长。极盛时期的富镇拥有 10 万居民，由此成为巴西最大的城市。著名女奴希卡·达席尔瓦（Chica da Silva）曾获一名开采钻石的葡萄牙富人青睐，在她所处的时代，蒂茹克镇（今迪亚曼蒂纳镇）拥有 4 万居民。[33] 当王室来到巴西时，黄金周期[1] 已接近尾声。据德国地理学家及旅客冯·埃施韦格（von Eschwege）计算，19 世纪初，殖民地仍有 555 处黄金和钻石矿井，6662 人直接受雇在井下劳动。其中，自由人仅有 169 名，剩余 6493 人是奴隶。[34] 这些地方的土地因淘金

120

---

[1]　黄金周期，指米纳斯吉拉斯新发现的黄金成为巴西殖民地经济核心的时期，以 18 世纪前 60 年为高峰。

和采矿活动而满目疮痍。"我们放眼望去，四处都是令人痛心的洗矿痕迹、大片翻挖过的土地和堆成山的冲积土"，曾游历米纳斯吉拉斯内陆的植物学家奥古斯特·德圣伊莱尔写道，"目光所及之处，尽是人们用手彻底翻开的土地，梦寐以求的财宝激发了他们如此强烈的劳动欲"[35]。

葡萄牙政府对于采矿的管控十分严格。按照法律，从矿井和冲积土中开采的黄金应上缴给各区获得授权的熔铸厂，国王在此征收税款。矿粉的五分之一，也即20%归国王所有。铸造厂另外收取18%[36]，其余部分铸成金条归淘金和采矿者所有。这些金条标有重量、纯度、编号，印有国王纹章，并附一份准许流通的证书。为提高买卖效率，政府亦允许金粉流通，其可以少量用于日常消费。除了铸造厂内的管控，道路上也设有监察点，从矿井通向沿海的道路监管尤为严格。监察点的驻军由1名中尉和50名士兵组成，他们有权搜查任何行人。走私者将受严厉的刑罚：监禁、没收全部财产并流放非洲。

121   尽管面临多重打压，走私活动依然主宰着殖民地的大部分贸易。宝石和贵金属经拉普拉塔河流向布宜诺斯艾利斯，再从那里运往欧洲，这样便无需向葡萄牙国王缴纳税款。据历史学家弗朗西斯科·阿道弗·德瓦尔纳根（Francisco Adolfo de Varnhagen）估计，非法运输的黄金占总量的40%。[37]在米纳斯吉拉斯内陆的康赛桑村，马威记录了一名走私犯遭到逮捕的过程：

> 在我抵达前一周，这片村庄像是一座充满非凡奇遇的剧院。一名驮畜队领队带着许多载货的驴前往里约，两名奉命追捕的骑兵将其赶超，要求他交出步枪，并用钉子穿刺枪托。士兵发现枪托是空的，于是将底部包裹的铁饰取下，然后在空腔中发现了300克拉的钻石。

这名领队被关进蒂茹科监狱，钻石遭到没收。"此人的命运"，马威评价道，"是严刑峻法的可怕例证：他将失去一切财产，很可能被关进一座阴森的监狱，在罪犯与凶手身边度过余生"[38]。

尽管葡萄牙政府实行孤立与管控政策，殖民地仍比衰落停滞的宗主国更具活力和创造性，不仅经济上如此，文艺与科学方面亦然。1772—1800 年间，共计 527 名巴西留学生从科英布拉毕业，那时它是葡萄牙帝国最负盛名的大学和知识精英培训中心。堂·若昂六世离开后，这些精英组成了塞尔吉奥·布阿尔克·德奥兰达所称的"巴西领导阶层"。四分之一的毕业生来自里约热内卢省。64% 的学生毕业于法律专业，因为那时法律拥有最佳的就业机会，对于考取公职来说尤其如此。[39]

未来的重要独立领袖若泽·博尼法西奥·德安德拉达–席尔瓦是科英布拉的巴西毕业生之一。他是举世闻名的矿物学家，还撰写了第一篇关于改良捕鲸方法的论文，并提交给里斯本皇家科学院。[40] 若泽·博尼法西奥曾游历整个欧洲，并在巴黎亲历了法国大革命。葡萄牙王室逃往巴西后，他还在葡萄牙参与了英国对拿破仑军队组织的进攻。[41] 相较葡萄牙同时代的政治家和知识分子，他很可能比其中任何一位都更加经验丰富、准备充足。

在充满禁令和审查的殖民地，这一小群知识精英的存在已是非凡的成就。书籍和报纸在此无法自由流通。1798 年，堂·罗德里戈·德索萨·库蒂尼奥写信给巴伊亚省长堂·费尔南多·若泽·德波图加尔（D. Fernando José de Portugal），建议他对书籍的流通严加管控，因为宫廷得到消息称，萨尔瓦多的大人物已经受到"可憎的法国思想毒害"[42]。若有人敢在公共场合发表与葡萄牙政府现行思想相悖的言论，他将面临监禁、起诉的风险，还可能遭到流放。因此，更不必妄想将这些言论印刷出版[43]，甚至连思想辩论会也属违法

122

之列。

里约文学社的悲剧命运，是葡萄牙政府严厉打压殖民地思想传播的典型事例。在副王堂·路易斯·德瓦斯康塞洛斯-索萨的支持下，里约文学社于 1786 年成立，社团成员包括医生、律师、作家和诗人在内的许多首都要人。社员在集会和周刊上讨论各种话题，例如物理、天文、哲学和文学，以及欧洲和美国的政治时事。那正是法国大革命、美国独立以及米纳斯密谋的年代。米纳斯密谋是一场发生在米纳斯吉拉斯的独立运动，拔牙者——少尉若阿金·若泽·达席尔瓦·沙维尔（Joaquim José da Silva Xavier）在这场运动中成为民族英雄。[1] 1794 年，时任副王雷森德伯爵（conde de Rezende，瓦斯康塞洛斯-索萨的继任者）担心文学社会让这些思想一发不可收拾，故决定将其取缔。在一场所谓颠覆君主制的阴谋中，11 人成为嫌犯并在孔塞桑堡垒被关押至 1797 年。[44]

为逃避审查，巴西第一份报纸《巴西邮报》在伦敦出版。记者伊波利托·若泽·达科斯塔是该报的创办者，他出生于南大河省，16 岁时离开巴西，在科英布拉毕业后前往美国居住两年。之后他回到里斯本，1803 年因属共济会成员而被捕。1805 年，伊波利托面临宗教裁判所的起诉，他逃往英国，3 年后在那里创办了《巴西邮报》。"伊波利托是个英国辉格党人"，美国历史学家罗德里克·巴曼（Roderick J. Barman）写道，他指的是英国国会中维护个人权利、主

---

[1]　米纳斯密谋（Conjuração mineira）是一场以米纳斯吉拉斯脱离殖民统治、形成独立国家为诉求的分离主义运动。受法国启蒙思想及美国独立的影响，密谋者意图在米纳斯吉拉斯建立共和国。1789 年，一位参与者叛变并将行动告发，米纳斯密谋因而遭到葡萄牙政府镇压，多人被捕。在后续的审判中，许多有钱有势的密谋者都得以免除死刑，唯有拔牙者（Tiradentes）若阿金·若泽·达席尔瓦·沙维尔被绞死，因为他的社会地位最低，既贫穷又没有为官的亲属可以倚仗。1889 年巴西共和国建立后，拔牙者被追认为民族英雄。如今，4 月 21 日（拔牙者被处决的日子）是巴西的法定节假日。

张限制王权的自由派，"他拥护均衡公正的宪法、强有力的国会、出版与宗教自由以及对个体权利的尊重"[45]。

然而，正是这位捍卫言论自由、信奉自由派思想的伊波利托，最终开创了巴西媒体与政府相勾结的模式。根据一项秘密协定，堂·若昂开始在英国资助伊波利托，并承诺购买一定数目的《巴西邮报》，以防止该报刊登任何激进言论。历史学家巴曼称，这项协定由葡萄牙驻伦敦大使堂·多明戈斯·德索萨·库蒂尼奥与伊波利托协商签订，后者自1812年起每年获得一笔报酬，作为交换，他只刊登对堂·若昂政府较为温和的批评。堂·若昂是《巴西邮报》文章及社论的忠实读者。[46]"公众从未得知此项协议的存在"，这位历史学家说道。无论怎么说，伊波利托的确对葡萄牙国王深有好感，甚至在双方协商津贴之前便是如此。"他对堂·若昂一直十分尊敬，从未质疑过他的菩萨心肠"，巴曼写道。未对巴西独立表示支持的《巴西邮报》于1822年12月停刊。皇帝佩德罗一世任命伊波利托为巴西驻伦敦外交特使，并从国库中向他支付一笔新的工资。[47]

在1808年的葡属美洲，还有一个因素令政局更加紧张：奴隶制。过去200多年间，从未止息的非洲黑奴贸易维持着殖民地经济的繁荣。在棉花、烟草和甘蔗种植园中，在替宗主国榨取财富的金银矿井下，奴隶是重要的劳动力。在殖民社会边缘的穷人中，获释黑人、穆拉托人和梅斯蒂索人[1]是黑奴的天然盟友，他们的人数之和超过总人口的三分之二，白人因此而成为少数。[48]

这种局面难以维系，危险可能一触即发。在富足而有教养的白人家庭中，对奴隶暴动的恐惧让人们辗转难眠。1799年2月13日，堂·若昂的大臣堂·费尔南多·若泽·德波图加尔在信中写道：

124

---

[1]　主要指欧洲白人与美洲原住民（即印第安人）所生的混血儿。

> 在殖民地，奴隶制始终令人恐惧，因为情况不容乐观，而且奴隶是殖民地人数最多的群体。与有工作、财产和住处的正常人不同，他们喜欢聚众谋反、策划袭击，并造成极为沉重的后果，人们甚至面临被自己的奴隶杀害的风险。[49]

125 　　法属西印度群岛（今海地）的黑人此前发动叛乱并引发了一场屠杀。这类事件会在巴西重演吗？必然如此。1798 年年中，萨尔瓦多爆发了"裁缝起义"，叛乱者写下宣言并在市内公开张贴。他们要求"推翻宗主国葡萄牙的可憎统治"，废除奴隶制，给予所有公民——"尤其是穆拉托人和黑人"以平等权利。[50] 最激进的叛乱者要求对萨尔瓦多一部分白人精英处以绞刑。对此，葡萄牙政府立刻予以残酷的镇压，47 名嫌犯被捕，其中有 9 名奴隶。最终，4 名嫌犯（都是人身自由的穆拉托人）遭斩首分尸，其尸体各部分被钉进首都街道的木桩示众，直至完全腐烂。16 名囚犯获释，其余人流放非洲。[51]

　　这种称作"司法惩处"（suplício judiciário）的刑罚意在杀一儆百，在臣民中重振王权的威严。自中世纪以来，葡萄牙就对重罪犯施以伤害肢体乃至焚烧的酷刑，这些刑罚后来在宗教裁判所的信仰审判中屡见不鲜。"塔沃拉家族案件"便是一桩典型案例。1758 年，一群贵族面临策划暗杀国王堂·若泽一世的指控，随后在里斯本一座公众广场上遭到处决。刽子手将尸体砍断焚烧，并将骨灰投进大海。[52] 殖民地巴西移借了司法惩处制度，其方式包括肢体残害、炮烙、鞭刑以及分尸。[53] 只要葡萄牙国王认为合理，当局便可毫不留情地实施刑罚。米纳斯密谋中的拔牙者、巴伊亚裁缝起义的领袖都曾受此迫害，此外，它还广泛应用于许多小型区域叛乱中。

126 　　然而，1808 年来到巴西的堂·若昂却并未利用威胁和镇压实行统治，而是展现出君主国另一种强大特质，即一位和善国王的形象。他爱护万民，供给他们一切所需。历史上的堂·若昂是一位善良寡言、如慈父般的君主，他每晚都在圣克里斯托弗宫耐心地接见献吻手礼的子民。即便是最为卑贱的人——如印第安人和奴隶，也有权向他乞求怜悯、献上敬意。"王室和王权用一种真实的弥赛亚力量吸引着我们：那是对一位拯救之父的期待，他会来医治孩子的创伤"，历史学家玛丽亚·奥迪拉·莱特·达席尔瓦·迪亚斯写道。[54]

"树蛙"记者

1808 年 3 月 7 日午后,堂·若昂及葡萄牙王室的船队进入瓜纳巴拉海湾。蔚蓝的晴空上万里无云,强劲的海风吹散了里约夏末尚存的闷热。在这段三个月零一周的旅程(包括在萨尔瓦多的停留)结束后,数百位贵族及尊贵的乘客挤在船边,凝望着眼前呈现的壮观景象:一座小城坐落在平静的海湾边,白色的房屋紧邻沙滩排排展开,高耸入云的花岗岩山将海湾环绕,苍翠茂密的丛林遍布其上——这是他们在葡萄牙从未见过的景色。

对陆地上的人而言,这是欢庆和愉悦的时刻。数千名热切的民众在码头摩肩接踵,目睹葡萄牙船只抵达。有一位记者置身其中,并记录下这样的景象:

　　　　那是下午两三点间,天气凉爽,美景怡人……曙光初现时,太阳便向我们预示了巴西最为幸运的一天：没有一片云彩遮蔽它的光芒，强劲的海风不断送来凉爽，舒缓了日光的灼热。第一位欧洲君主驾临新世界最幸运的城市，这颗耀眼的天体仿佛正欢快地见证胜利的一幕，它穿过重重阻碍，想和欣喜若狂的民众一同欢呼雀跃。[1]

路易斯·贡萨尔维斯·多斯桑托斯（Luis Gonçalves dos Santos）并非职业记者，却是天生的专栏作家。40岁的他精通拉丁语、希腊语和哲学，在天主教会中就任咏祷司铎[1]。[2]他虽然在教会中身居高位，但因为身材矮瘦、眼珠凸出，人们给他起了个滑稽的绰号，叫树蛙神父。[3]这说明早在那时，缺乏敬意、处世幽默的态度便已是里约人性格的一部分，他们无论待谁都是如此。树蛙神父记录下所见的一切，并富有激情地为自己的观点辩护。因此，从1808年到王室返回葡萄牙的1821年，他成为详尽记录大小事件的最佳记者。1825年，他出版了一部两卷本著作《巴西王国历史回忆录——分为幸福、荣誉、辉煌三阶段，1821年写于里约热内卢宫廷，献与陛下我主国王堂·若昂六世》。全书以颂赞为基调，虽然恭维有加、堆砌词藻，但仍展现出一位专注而好奇的旁观者所见的细节。

树蛙神父用笔墨捕捉了此前遥远而陌生的两个世界相遇的瞬间。一边是来自欧洲的君主国，人们穿着鸭绒外套、丝绸袜和搭扣鞋，头戴假发、身佩奖章，在热带的骄阳下，衣服颜色太深，也过于厚重。另一边是仿佛位于非洲的殖民地城市，三分之二的居民是黑人、梅斯蒂索人和穆拉托人，奴隶贩子、驮畜队领队、黄金钻石商、水手和东印度商人等以身涉险者数不胜数。[4]

129

---

[1] 天主教会的一种荣誉神职，又称"法政牧师"。

1月14日，"飞行者"号双桅帆船抵达里约。它带来消息称，拿破仑已入侵葡萄牙，王室正在前来巴西的路上。树蛙神父得知此事后记录道：

> 从未有邮差送来如此悲伤又令我如此受宠若惊的消息。祖国母亲的厄运令所有人震惊、沮丧和悲痛，以至于我无法用言语描述。在听闻如此不幸的消息后，人们泪流满面，许多人甚至一个字也说不出。如果说我们理应如此悲痛忧愁，我们亦当同样地感到宽慰和愉快：一种事物的新秩序将在南半球的此处发端。巴西帝国的蓝图想必已绘制完成，我们热切地期盼我主摄政王用大能的手为未来伟大、繁荣而强盛的新帝国奠定基石。[5]

"飞行者"号带来的消息让里约人民激动万分。由于尚未得知摄政王在巴伊亚停留的决定，里约仅有几周时间进行准备。负责组织接待的副王阿尔科斯伯爵搬出了自己的寓所，这是一栋狭小的两层楼房，位于港口码头的正前方，即如今十一月十五日广场的所在地。此建筑名叫副王宫，也是巴西殖民地上诉法庭的驻地。摄政王及其家属将在此居住。由于时间不足以进行全面整修，工人只粉刷了建筑外墙，给室内重新上漆，并以各种颜色的丝绸点缀。在时间紧迫的情况下，这是人们能做的全部准备。伯爵还通知圣保罗、米纳斯吉拉斯两个相邻行省的省长，让他们送来猪、牛、羊和禽肉，以及葡萄、桃子、番石榴、香蕉、山药、土豆、番薯、玉米、木薯和豆角。远渡大西洋而来的王室狼狈不堪、物资匮乏，这些食品和给养可供他们饱餐一顿。[6]

两天后的1月16日，市议会议员集合商讨王室的接待事宜。在殖民时期的巴西，市议会由社会中的杰出代表组成。欢迎活动包括世俗和宗教典礼、舞蹈以及民间娱乐，人们需要点亮房屋并装饰沿途的窗户，歌曲将在散布街头的小型聚会中上演。所有教堂齐鸣的钟声，瓜纳巴拉海湾入口处的炮声将为庆典补足隆重的氛围。树蛙神父的叙述表明，尽管过程匆忙，但一切工作均按照计划落实。

　　1 月 17 日傍晚，上述规划刚刚拟定完毕，7 艘葡萄牙船只和 3 艘英国船只便驶入瓜纳巴拉海湾。这部分船队在马德拉群岛附近和王室一行走散，它们先在佛得角停靠，随后航行并抵达里约。女王玛丽亚一世的两位妹妹（堂娜·玛丽亚·贝内迪塔和堂娜·玛丽亚·安娜）、堂·若昂和卡洛塔·若阿基娜的两名女儿（玛丽亚·弗朗西斯卡和伊莎贝尔·玛丽亚）都在其中。阿尔科斯伯爵请两位公主上岸，但在确认其余家属平安抵达巴伊亚之前，她们选择留在船上。直到一个月后的 2 月 22 日，她们才收到家属平安抵达的消息，终于同意下船。[7] 两周后的 3 月 7 日，另一部分船队在皇宫广场前下锚。在副王的命令下，堡垒及停泊于海湾的战舰发射礼炮，教堂和修道院敲响钟声，以此迎接船队的到来。

　　树蛙神父记录道：

　　　　里约热内卢，你是新世界最幸运的城市！威严的女王和高贵的太子携王室而至，里约热内卢，你将迎接南半球人民初见和初识的君主！他们是你的王、你的主，是伟大君王的后裔和继承者，那些国王曾发现了你、向这里移民、使你发展壮大，以至于从今往后，你将成为整个美洲的公主，成为葡萄牙高贵君王的宫殿。欢欣雀跃吧，穿上最华丽的衣裳去见你的君王，并以你全部的尊重、崇敬与爱慕之心迎接有福的太子，他是以天主之名前来看望自己的百姓。[8]

131

抵达当天，王室留在船上接见了许多由追随者组成的队列：市议会代表团、地方执法官、神父、主教和军官陪同副王前来表示欢迎。他们先登上"皇太子"号问候堂·若昂，然后前往"阿方索·德阿尔布开克"号拜访卡洛塔·若阿基娜。[9]

树蛙神父这样叙述3月7日傍晚的景象："天色刚刚开始发暗，整座城市便亮起了通明的灯火，甚至连太阳落山人们也未觉察。因为居民无一例外地点亮房屋，以此表露内心的喜悦，即使最贫困的家庭亦是如此。"[10]王室直到第二天，即3月8日下午4点左右才上岸。堂·若昂离开"皇太子"号战舰，乘坐一艘铺有紫色华盖、镀金的绯红色双桅帆船登上陆地。女王玛丽亚一世又在船上停留了两天，除她之外，众人都下了船。

132　　　对于在陆地上翘首以待的殖民地巴西人来说，眼见在远距离航行中深受恶劣条件折磨并逃亡至此的王室，难免会有某种失落感。上文已经提到，此前没有任何一位欧洲君主曾踏足美洲的土地。在那以前，摄政王的形象出现在钱币和从宗主国运来的版画上，他身穿紫红色披风，手持权杖，俨然是一位目光坚定、姿态高傲的君王。而在登陆时，人们亲眼所见的摄政王与官方画作中的英俊形象相去甚远。他是"一名过度肥胖、疲惫不堪、衣着简朴的男子，泛红的脸颊上长满栗色的须发，身穿一件污渍斑斑的旧燕尾服，因身患遗传性丹毒症[1]而步履缓慢"，历史学家佩德罗·卡尔蒙叙述道。[11]在另一位历史学家托比亚斯·蒙泰罗的描述中，"堂·若昂身穿高领长燕尾服、白色刺绣背心和缎子短裤，脚踩短靴，身佩肩章，戴着一顶以白鼬皮装饰的大卷边军帽，用带有流苏的金线绳将一把大剑挂在腰间"。摄政王的妻子卡洛塔·若阿基娜在他身边"艰难前行"，

---

[1]　一种由细菌感染引发的皮肤炎症，这种病其实并不会遗传。

"她骨瘦如柴、眼神不安，倔强的下巴长而僵硬，两片薄薄的嘴唇紧闭着。她始终憎恶这片土地上的人民，在他们的睽睽众目下毫不遮掩厌烦的神色"，托比亚斯·蒙泰罗写道。[12]

在行程中，由于船上的虱子泛滥成灾，卡洛塔·若阿基娜和几位公主以及其他宫女在上岸时都留着光头或短发，并用头巾保护头部。托比亚斯·蒙泰罗称，里约妇女看到公主们这样裹着头巾之后，纷纷做出惊人的举动：她们以为这是欧洲最新潮的发型，不久后，几乎所有妇女都剪去长发、戴上头巾来模仿葡萄牙贵妇。[13]

尽管初次见面时，里约人民对王室成员的相貌感到失望，但他们仍向后者献上了力所能及的全部敬意。众人站在码头的斜坡上（今十一月十五日广场前）等待，市议员、神父、咏祷司铎、贵族、地方执法官和手持葡萄牙旗帜的军人都在其中。王室在此接受洒圣水礼，教士在周围焚香祈祷。堂·若昂亲吻十字架并领受主教的祝福。随后，仆从在上方撑起以红丝绸和金饰带制成的华盖，为堂·若昂遮挡阳光。接下来，客人与东道主共同组成一支浩荡的队伍，全体人员向罗萨里奥教堂——那时的里约市主教堂缓慢行进。沿途有许多匆匆搭建的凯旋门，据树蛙神父兼记者的描述，"白色细沙、树叶、香草和花朵"覆盖了街道。房屋正面挂有"深红色锦缎制成的帘子"，窗户则用五彩缤纷、华丽鲜艳的壁毯装饰——有些材质是锦缎，另一些是缎子，还有些以更昂贵的丝绸制成。[14]周边街道上的聚会不断传来乐曲声。

里约市官员、军官、法官以及众多修道院的神父、僧侣和神学院学生走在队伍前列。据树蛙神父记载，"一位公民举着市议会旗帜紧随其后，他身穿黑色丝绸上衣、黑色斗篷以及白色丝绸背心和袜子，头戴宽檐帽，帽上插有白色羽毛、系着镶嵌宝石的绑带，外部以刺绣华丽的丝带装饰"[15]。在他身边，许多着装统一的男性排成

133

了两条长长的"护旗队"[16]。王室的华盖走在队伍末尾，由 8 名随从用杆支撑，那时巴西最大的贩奴商之一——阿马罗·老达席尔瓦（Amaro Velho da Silva）在其中尤为出众。[17]

134　　　神父在大教堂举行了《谢主辞》弥撒，这是为旅程平安而献上的感恩仪式。随后众人献吻手礼，队列成员跪拜在堂·若昂脚前并亲吻他的手，这种姿势同时表现了殖民地臣民向摄政王的恭敬与服从。这项有趣的礼节源于葡萄牙王国。殖民地民众曾向副王献吻手礼，而在王室留居巴西期间，它将会贯穿始终。皇宫由副王宫殿改造而来，当王室乘马车前往那里时，天色已经昏暗下来，疲惫的众人纷纷入睡。然而，周边街道上的庆典却持续到深夜，人们点起篝火、奏响音乐、朗诵诗歌，向初来乍到的客人献上敬意。

　　　疯女王堂娜·玛丽亚一世直到 10 日才上岸。这位精神错乱、74 岁高龄的老人因旅行而疲惫不堪，几名王室仆人用轿子将她抬到宫中。"可怜的女王就连回房间也需要人用轿子抬着，她的眼神因痴呆和衰老而飘忽不定。卡洛塔·若阿基娜、公主堂娜·玛丽亚·安娜和女王所有的孙女、女佣都前来迎接，她们围在老人身边，眼中含着温情与爱意的泪水"，专栏作家路易斯·诺尔顿基于树蛙神父的记录描述道。[18] 庆祝活动一直持续到 3 月 15 日，神父在罗萨里奥教堂再次举行感恩弥撒，众人在宫中献上吻手礼，官方庆典至此结束。

　　　在最初几天，堂·若昂、卡洛塔·若阿基娜和子女们住在宫里，这是一处临时安排的住所，由副王阿尔科斯伯爵主持改建。不久后，堂·若昂将搬到一座宽敞且舒适许多的宫殿居住，它位于现在的圣克里斯托旺镇，如今的曼圭拉贫民窟和马拉卡纳体育场在那附近。与堂·若昂分居的妻子——卡洛塔·若阿基娜则前往博塔弗戈海滩的一座农庄定居。女王玛丽亚一世住在迦密会修道院中，修道院和宫廷之间由一条临时通道连接，通道横跨迪雷塔路，即如今的三月一日大街。

之前生活在修道院中的修士匆匆搬到拉帕神学院居住。厨房、工作室 135
和皇家粮仓（即存放王室用粮的贮藏室）也位于这座修道院中。修道
院旁边的卡尔莫教堂被改造成了皇家小教堂。工人还修建通道，将宫
殿与附近的市政厅和政府监狱相连，以此为王室女佣安排住处。[19]

如何为成千上万的王室随行人员提供住宿，则是更加棘手的问
题。他们刚刚抵达的这座城市仍然相对较小，人口仅有 60000 之数。
阿尔科斯伯爵下令开创了臭名昭著的"借宿制"，允许贵族征用民众
的房屋。政府选中一些需要征用的住宅，并在房门上用字母 PR（"摄
政王"的首字母）标记，民众立即将其解读为"睡大街去"[1]。《巴西
邮报》编辑伊波利托·达科斯塔认为，借宿制是一种"中世纪般的"
规定，是"对神圣财产权的直接侵犯"，并"可能令民众对巴西新政
府怀恨在心"[20]。然而，新住客们不仅抱怨租金太高，还觉得那些房
屋破破烂烂，不够舒适。

来自大洋彼岸的客人专横而傲慢，因此滥用借宿制的情况频频
发生。里约港口总管新盖了一座房屋，还没来得及入住，贝尔蒙特
伯爵（conde de Belmonte）便将其占据。他在那里住了 10 年，从未
交过租金，房主一家只得住进旁边的小屋里。伯爵不仅占了总管的
宅邸，甚至还将他的奴隶一并接管，也没有给他任何酬谢。卡达瓦
公爵夫人（duquesa de Cadaval，她丈夫在停留萨尔瓦多期间逝世）住
在民兵上校曼努埃尔·阿尔维斯·达科斯塔（Manoel Alves da Costa）
的一座农庄里，同样没有交过一分租金。当主人决定收回房屋时， 136
这位贵族住客回答称，她没有其他容身之所，并且愿意每年交 60 万
雷斯[2]（相当于如今的 34000 雷亚尔）的租金。主人觉得数额不够，

---

[1] 原文为"Ponha-se na Rua"，缩写也是字母 PR。
[2] 巴西自殖民时期至 1942 年所使用的货币名称。

于是便拒绝了。公爵夫人对此充耳不闻，仍旧在农庄居住，直到1821年陪同堂·若昂六世返回葡萄牙。随后，她按照年租金60万雷斯的标准，命人在银行中存了一笔钱。但她没有向上校表示感谢，也未对此举做出解释。[21]

　　王室的到来给市民造成的麻烦还不止如此。保存于国家档案中的一份居民请愿书表明，房租上涨了一倍。法国驻巴西代办——外交官马勒（Maler）住在一间郊区的平房里，每年要交80万雷斯租金，这大约是如今的45000雷亚尔。马勒乘骡车去圣克鲁斯庄园游览需要花400法郎（约等于如今的4000雷亚尔）的车费，庄园距首都不足100公里，堂·若昂习惯在此度过夏季的数月。有一次，摄政王请马勒一同前往圣克鲁斯庄园，但由于工资尚未到账，这位法国领事付不起车费，只好谢绝摄政王的邀请。"这里的饮食和居住条件无比恶劣，物价却如此高昂，世界上再找不出第二个这样的地方"，马勒写道。[22]

　　王室初来时民众欣喜万分，但上述种种不便迅速将人们的热情一扫而空。虽然堂·若昂的驾临将为殖民地巴西带来许多好处——首先便是其独立地位，但在最初几年，王室给里约造成了太多麻烦，花销也十分高昂。里约不仅要向懒散堕落、挥金如土的王室提供饮食，还要承担他们的开支。这笔款项有两个来源。一是"自愿认捐名单"，殖民地的富豪权贵心甘情愿地在上面签字捐款，因为他们确信，王室会迅速以丰厚的利益回报。许多人因王室的到来而发家致富，后续几章将会介绍这一点。第二个来源则是无差别地提高税率，所有民众均须缴纳更多税款，却不知道在当下会获得什么收益。久而久之，由此产生的不满将一发而不可收拾。

第十一章

一封信

1811 年 4 月 12 日（即耶稣受难日）晚上 10 点，"卡洛塔王妃"号三桅帆船笼罩在大西洋的黑暗中。它正在靠近非洲海岸的佛得角群岛附近破浪前行，朝里约热内卢驶去。三年半之前逃往巴西时，葡萄牙王室曾将皇家图书馆的珍贵馆藏遗弃在贝伦码头上；而此时，"卡洛塔王妃"号正用货舱运送其中最后一批书籍。[1] 档案管理员路易斯·若阿金·多斯桑托斯·马罗科斯独自待在寝舱中，借着油灯摇曳的火光，给留在里斯本的父亲——弗朗西斯科·若泽写下这封信件：

我的父亲，我心之主：

我在海天之间给您写下这封信。船上的生活令人无比劳累、痛苦和厌倦，我从未想过自己会如此受苦；因为我们从里斯本

139

顺风出海，刚驶入辽阔的海域，逆风便迎面袭来，将我们推向非洲海岸。我的嘴、喉咙和眼睛非常难受，所以我正服药缓解。驶出里斯本港口时，我一点也不感觉恶心，但看到三桅帆船上许多人呕吐不止，我感到无比同情；在船上的550人中，逃过晕船一劫的屈指可数。我夜间睡眠不足1小时，因为其余时间我都在想，在当下和未来的人生中我将遭遇哪些危险。旅程第8天时，我们的饮用水便已腐化变质，因此需要挑出其中的虫子才能饮用。许多桶腐烂的腌肉被扔进海里。总之，由于准备不周，船上简直一片狼藉。帆船上的绳子无不朽坏……风帆全部破损，随便一阵风都能把它们撕裂。船员也不中用。假如我们不走运，遇上某场狂风暴雨的袭击，我们还会像上次那样迷失方向。医疗箱无法满足患者的需求，因为里面只有一点草药，船上的疾病却层出不穷。我们没有鸡肉或者任何鲜肉可吃。最后，一言以蔽之，假如我知道"卡洛塔王妃"号上的生活条件如此恶劣，我绝不情愿上船，也不会把书装进这里。[2]

另：请代向姐姐和伊格内斯问好。我仍有许多话想说，但时间紧急，我只能就此停笔，将这份慰藉好好保存。若是天主允许，我会把它带到里约。[3]

里约热内卢

对于如今的大陆间航班而言，德国法兰克福机场是重要的中转站；而在海上跨洋航线中，1808 年接待葡萄牙王室的这座城市拥有同样举足轻重的地位。它如同世界的转角，几乎所有从欧洲和美国出发的船只都要在此停留，然后去往亚洲、非洲和南太平洋上新近发现的陆地。瓜纳巴拉海湾在群山的庇护下风平浪静，这片平静的海水是理想的避风港，船只可以在此维修并补充饮用水、腌肉干、糖、甘蔗酒、烟草和木柴。"对于全球贸易而言，里约热内卢的位置比世界上任何殖民地港口都更加优越"，游客约翰·马威这样认为。"里约与欧、美、非洲，东印度及南太平洋群岛进行贸易都同样便利，任何其他港口都难以企及。大自然似乎亲手塑造了里约，来为全球这几大区域构建重要的贸易枢纽。"[1]

在环绕世界的漫长航行中，里约是一处重要的停靠站。19 世纪初，从英国航行至里约需要 55—80 天。从里约出发，到南非的开普敦需要 30—50 天，到印度 105—150 天，到中国 120—180 天，到澳大利亚则需要 70—90 天。[2] 对于这些航线来说，里约的战略意义无比重要，因此在王室抵达巴西后，英国皇家海军将驻南美洲司令部设在此地，并任命威廉·西德尼·史密斯（即 1807 年 11 月护送葡萄牙船队离开里斯本的军官）为司令。[3]

历经一场单调而危险的旅程后，船队终于抵达里约热内卢，乘客和船员无不感到惊喜交加。他们在叙述中都提到了大自然的壮丽、群山的巍峨以及随处可见的草木美景。1832 年 4 月，物种进化与自然选择理论之父——英国博物学家查尔斯·达尔文乘坐"比格"号途经里约热内卢，据说他用了一连串惊人的词语来形容眼前所见的景象："风景如画，完美无缺，色彩缤纷，以蓝色调为主，这里有庞大的甘蔗和咖啡种植园，有含羞草组成的天然面纱，森林和版画上画的很像，却比画作更加绚丽。这里还有湿热的阳光，寄生植物，香蕉和宽大的叶片，除了闪亮的大蝴蝶，一切都静止不动。水源充沛……岸边满是树木和美丽的花朵。"[4]

1808 年 6 月，即王室抵达里约 3 个月之后，英国约克郡商人约翰·勒考克也在此登陆，并详尽记录了这一时期里约的风景和民俗。"教堂、修道院、堡垒和郊外的房屋白得发亮，它们点缀着每座小山的山顶和山麓，山形匀称，高度起伏不定，后方的树林如同帷幕般荫蔽着一切"，勒考克写道。[5] 他有着无尽的好奇心，性格聪慧而敏锐。在留居巴西的 10 年间，他还曾游历圣保罗、圣卡塔琳娜、南大河、米纳斯吉拉斯和巴伊亚省，并记录下自己在巴西所见与所做的一切。除了旅行记录之外，他还撰写了一部图皮-瓜拉尼语[1] 词典。

---

[1] 图皮-瓜拉尼语族隶属于图皮语系，包含众多南美洲印第安原住民的语言。原来定居在巴西沿海的大部分部落都使用这类语言。

1820 年，勒考克在英国出版了一本书，用生动的见闻展现了一个日新月异的国度，并因此成为巴西历史上的名人。⁶勒考克在引言中提到，他写作的目的是"对巴西的民风民俗、政治事件与社会全貌给予公正评价，让读者了解这个庞大而陌生的国家"。

勒考克在书中写道，他刚一上岸，便听说里约热内卢拥有 8 万人口。他觉得这一数字有所夸张，于是亲自重新计算。据他所述，那时全城共有 4000 座房屋，每户家庭平均 15 人，因此共计有 6 万居民。大多数历史学家都认为这一数字十分准确。一丝不苟的勒考克将人口分为如下部分：[1]

> 16000 名外国人
>
> 1000 名与堂·若昂宫廷相关的成员
>
> 1000 名公务员
>
> 1000 名居民在市内居住，但在周边区域或船舶上谋生
>
> 700 名神父
>
> 500 名律师
>
> 200 名医务工作者
>
> 40 名常驻商人
>
> 2000 名零售商
>
> 4000 名鞋匠、学徒和商店佣人
>
> 1250 名技工
>
> 100 名酒馆老板，"俗称掌柜的"
>
> 300 名渔夫

143

---

[1]　将下列数字加在一起共计 7 万有余，因此可以推测，勒考克所称的 6 万人口并不包括 1 万多名奴隶。

1000 名职业军人

1000 名港口水手

1000 名获释黑人

12000 名奴隶

4000 名家庭主妇

最后，儿童的数量约为 29000 名，几乎达到总人口的一半。[7]

  法军占据里斯本后，里约热内卢便成为帝国最重要的海军基地和商业中心。里约港的货物吞吐量占殖民地进出口总量的三分之一以上，远超萨尔瓦多。尽管后者是东北部重要的产糖城市，但它那时的出口只占巴西外贸总量的四分之一。里约还是美洲最大的奴隶市场，从非洲出发、跨越大西洋而来的运奴船挤满了港口。据历史学家马诺罗·加尔西亚·弗洛伦蒂诺计算，18 世纪至少有 85 万非洲奴隶流经里约港，该数字几乎达到同时期运至巴西黑奴数量的一半。[8]

  当船只靠近港口时，人们从海上所见的里约是一座田园般的宁静小城，它与四周绚丽的大自然浑然一体。而在近处，人们的感受立刻大相径庭。城市的问题在于潮湿、肮脏和居民缺乏教养。"从外面看，这些房屋非常干净，像英国顶级村庄里的住宅一样"，1803 年，英国海军军官詹姆斯·塔奇（James Tuckey）说道，"但当我们走近时，好印象便消失了。我们一进屋就发现，这种干净不过是外墙刷了石灰的效果，而室内则是肮脏和懒惰的栖所，街道脏乱不堪，尽管笔直整齐，但十分狭窄，以至于前后两座房屋的阳台几乎贴在一起"[9]。

144

  "城市的清洁工作全部由秃鹫完成"，历史学家奥利维拉·利马写道。[10] 外国游客亚历山大·卡尔德克勒（Alexander Caldcleugh）于 1819—1821 年间在巴西旅行，他对里约市及周边地区泛滥成灾的老鼠印象深刻。"许多一流的房屋里满是老鼠，晚餐时甚至经常看见它们在饭厅乱窜"，他说道。[11] 由于地下水层埋藏深度较浅，政府禁止民众修建化粪池。[12] 居民在夜间收集尿液和粪便，早晨，背着大排污桶的奴隶将污物装运并倒入大海。在搬运途中，部分充满氨和尿素的排泄物会从桶里洒在皮肤上，久而久之，奴隶黑色的脊背上便留下了白色条纹。因此，人们将这些奴隶称作"老虎"。由于缺少污水采集系统，"老虎"的工作在里约热内卢一直延续到 1860 年，在累西腓则到 1882 年。社会学家吉尔贝托·弗雷雷（Gilberto Freyre）认为，人们可以用低廉的成本轻易雇佣到"老虎"，这令巴西沿海城市的卫生网络建设严重滞后。[13]

居民的生活习惯丝毫无法改善上述状况。在热带湿热的环境中，懒惰粗俗的风气主导着人们的衣着和行为方式。陪同莱奥波尔迪娜公主前往巴西的博物学家伊曼纽尔·波尔（Emanuel Pohl）注意到，男人们平常趿拉着拖鞋，穿轻便长裤和棉质夹克；女人们则佩戴玫瑰念珠，念珠上挂着小圣徒，她们一天大部分时间都穿着简朴的衬衫和短裙。"在无所事事的幸福时光里，她们一般会盘着腿，在窗边的草席上坐一整天"，波尔记录道。[14] 詹姆斯·塔奇对里约妇女的描述十分有趣："她们的眼睛微微眯着，黑色的眼珠大而饱满、炯炯有神，为褐色的皮肤增添不少活力，也让她们显得容光焕发。她们大多表现出动物般的生命力，并以一点纯真的敏感特质来缓和。"但是，塔奇提到了一点例外："在巴西妇女的陋习中，最粗俗的便是当众吐痰，且不分时间、地点和场合。这种陋习……严重阻碍了女性魅力的提升。"[15]

英国人勒考克生动有趣地描述了里约民众的生活习惯。据他说，一家人通常待在屋子深处的房间里，妇女围坐成一圈织袜子、花边、做刺绣或者其他手工活。众人也会将木板放在房间中央的架子上搭成餐桌，并聚在这里吃饭。"正餐的时间是在中午，房主和妻子儿女偶尔围在餐桌旁吃饭，更多时候坐在地上吃。此时，女主人坐的草席是神圣的，除了公认的宠儿，众人都不能靠近她"，勒考克写道，"只有男人用刀，妇女和小孩都用手指吃饭，女奴隶分散在房间各处，和大家一同吃饭，女主人偶尔会用手递给她们一点食物。餐后甜点包括橙子、香蕉和一点其他水果"[16]。

勒考克曾受邀与一户有钱人家共进正餐，他惊讶地发现，各人需要自带餐刀出席。"餐刀大多又长又尖，带有银质手柄"。他注意到，人们在餐桌上"用手指和用叉子的频率一样高"。而且，时常有人从邻座的盘子里抓食物吃。"人们认为吃邻座的食物是双方友谊的明证，因此，两人将指头同时伸进一只盘子的情况并不少见"，他记录道。佐餐的饮料是"一种低度红酒"，人们不用高脚杯，而是用水杯饮用。因为喝了酒，客人最后全都开始吵嚷起来。"人们的手势十分夸张……他们攥着刀或叉向空中挥击，其动作幅度虽大，但眼睛、鼻子和脸却都安然无恙，这令外国人惊诧不已"，这位英国人记录道。"当停止挥舞时，人们两手握着刀叉并竖立在桌上，用柄尾撑着桌面。用完刀具后，人们会自豪地用桌布将它擦净，然后收回背后的刀鞘中。"[17]

1816 年，画家让·巴蒂斯特·德布雷（Jean Baptiste Debret）随法国艺术使团来到巴西，他同样对富人用餐时的粗鲁行为感到厌恶："这家的主人吃饭时把手肘撑在桌上；他的妻子坐在扶手椅上，像亚洲人那样，把盘子放在膝盖上吃饭；小孩则蹲或躺在草席上，把手中的糊状食物弄得浑身都是。假如这位商人再富裕一些，他会在饭菜中加一盘鱼身肉。鱼可以烤，也可以用水煮，水里要加一根香芹、四分之一个洋葱和三四个番茄调味。但如果每一口都蘸上辣酱，鱼肉会更加美味。他们最后会吃香蕉和橙子，并且只喝水。女人和小孩全部用手吃饭，既不用勺也不用叉子。"[18]

人们很少能吃到鲜肉，因为鲜肉要从远处运来，运输距离甚至可达1000公里。牛队从米纳斯吉拉斯或帕拉伊巴谷地南下，沿着破旧的道路行进，许多牛因饥饿或疲惫而死于途中。"人们将撑到最后的牛牵到公共屠宰场，它们的样子悲惨可怜"，勒考克叙述道。屠宰场位于里约市中心附近，据他所言，这里"脏得无以复加"。牲畜的状况很差，屠宰和运输的方式也不卫生，这导致肉质十分低劣，"即便是最粗俗的人，也只有当饥不择食、或对这种肮脏的场景司空见惯时，才可能吃这种肉"。市场出售的猪肉同样"对健康十分不利"。因此，人们将肉用盐腌制并晾晒，然后长途运送至里约，这种肉干要常见得多。[19]

尽管缺少新鲜畜肉，里约人民的饮食仍然丰富多样，由多种水果（如香蕉、橙子、百香果、菠萝和番石榴）、鱼肉、禽肉以及绿叶和块茎蔬菜组成。小麦粉做的面包非常少见且价格昂贵，而木薯或玉米粉则是整个殖民地的常见食物，它和肉干、豆角共同组成了巴西饮食中的基础三件套。

1808年，里约市仅有75处公共区域（logradouro público），包括46条街道，4条小路，6条窄巷以及19处空地和广场。[20] 街道名有助于解释人们从事的活动：如鞋匠海滩街（今弗拉门戈海滩）、铁匠街（今里约海关）、渔夫街（今伊纳乌玛子爵大街）和锡匠街（今贡萨维斯·迪亚士大街）。主干道是迪雷塔路，即如今的三月一日大街。省长宫殿、海关以及后来的卡尔莫修道院、铸币厂乃至皇宫都位于这条街道上。

工作日期间，这座城市繁忙喧闹，街道上满是骡子和吱呀作响的牛车。牛车由4头牛牵引，用来运送建筑材料，车轮和轮轴相互摩擦，发出锯石锯铁的声音。历史学家朱兰迪·马勒巴提到，人们

148 的生活节奏由钟声调控。敲钟 9 下表示一名男婴出生，7 下则表示女婴出生。外国人注意到，守卫城市的无数堡垒和船只鸣炮不止。"每艘进入港口的船只都要鸣炮 21 下向国王致敬，入口处的堡垒也会鸣炮回应——这种习惯在世界上其他任何地方都没有"，马勒巴说道。[21] 1808 年共有 855 艘船驶入里约港口，平均每天近 3 艘。[22] 如果每艘船鸣炮 21 次，堡垒以相等的次数回应，那么里约民众从早到晚至少会听到 126 声炮响。

然而，鸣炮次数可能依据船只的类型而增加许多。1818 年 1 月，美国海军军官亨利·玛丽·布拉肯里奇（Henry Marie Brackenridge）来此执行政府公务。他乘坐"国会"号三桅帆船驶入瓜纳巴拉海湾，双方在礼节性致意中至少交替鸣炮 72 次！首先，美国船只鸣炮 21 下向国王致意，把守海湾口的一座堡垒立刻回应。随后，堡垒又鸣炮 15 下向美国旗舰致意，旗舰以相同数目回应。在这之后，船只才能在港口下锚。"显然，葡萄牙人很喜欢浪费火药"，布拉肯里奇对此感到十分惊讶，"炮声从四面八方传来，白天几乎每个小时都能听到"[23]。

街道上为数众多的黑人、穆拉托人和梅斯蒂索人同样令游客十分好奇。奴隶几乎包揽了一切手工劳动，其职业包括理发师、鞋匠、传信童、编筐工以及售卖龙爪茅、冷饮、甜品、海绵蛋糕、玉米糊和咖啡的小贩等，抬轿子和搬货的工作也由奴隶负责。[24] 早晨，数百名奴隶前往卡里奥卡高架渠[1] 的出水口用桶取水，这种桶和他们傍晚用来将排泄物运到海滩的桶类似。[25]

"奴隶的喧闹声不绝于耳"，德国游客恩斯特·埃贝尔（Ernst
149 Ebel）抱怨道。他这样描述走街串巷、负责搬运各种商品的奴隶：

---

[1]　卡里奥卡高架渠建于 18 世纪中叶，它将淡水从卡里奥卡河引入里约居民区。

"一大群半裸的黑人头顶着咖啡袋，领头的奴隶跟随沙铃的节拍唱歌跳舞，或用两块铁片敲出单调的节奏，众人都应和着。还有两个奴隶用肩扛着长杆，杆上挂着沉重的红酒桶，他们每走一步都哼着忧郁的小曲。远处有另一队搬运盐袋的奴隶，他们身上只裹了一件腰布，并且高声喊叫着赛跑，丝毫不顾重担与炎热的天气。那里又走出 6 个头顶水桶的奴隶，由锁链拴成一列——他们是受雇进行公共劳动的罪犯。"[26]

在节日和周末的景象中，奴隶依然是主角。他们身穿彩衣，佩戴饰品和头巾，聚集在市郊的桑塔纳公园，并在那里围成许多大圈，拍着手载歌载舞。"每逢周六和节日（他们将这些日子称作联欢日），便有大批黑人涌向那里，总数甚至达到10000 人或15000 人"，两名游客描述道。"这种消遣方式十分有趣，它像一场与众不同的演出，集欢乐、喧嚣和混乱于一体。在非洲本土外的其他国家，几乎不可能见到如此规模的黑人集会。"[27]

高温及卫生条件的缺乏引发了严重的健康问题。"人们非常容易发热，经常恶心（民众称为肝病），易感痢疾、象皮病及其他功能紊乱病……有时病情剧烈发作，甚至致命"，英国人勒考克诊断道，"天花也是这样，它爆发时令许多人染病，但其危害因疫苗接种而最终得到抑制"[28]。1798 年，即王室抵达的 10 年前，里约市政厅曾向一批医生下达任务，要求他们抗击传染病并根除市内的地方性疾病。任务方案包括一项疾病调查，海军医生贝尔纳迪诺·安东尼奥·戈麦斯（Bernardino Antônio Gomes）列出的清单令人惊愕不已："在里约当实习医生时，我做了近两年的观察，发现城市中的地方性疾病如下：疥疮、丹毒、疱疹、热带肉芽肿、硬斑病、象皮病、瘙痒、沙蚤病、腿部水肿、阴囊水肿、睾丸肉瘤、蛔虫病、疝气、白带异常、痛经、痔疮、消化不良、多种痉挛、肝炎以及各种间歇性和弛

150

张性发热。"[29]

基于医生的意见，议员怀疑刚从非洲运来的黑人是某些地方性疾病（尤其是疥疮、丹毒、天花和肺结核）的传染源。他们建议将奴隶市场从如今的十一月十五日广场迁至更偏远的地区。奴隶贩子认为自己的利益将受损害，因此反对搬迁并起诉市政厅。接下来双方打了一场官司，副王拉夫拉迪奥侯爵最终表态支持议员，并决定将奴隶市场搬迁到瓦隆戈（堂·若昂抵达巴西时，奴隶市场就位于此处），纠纷这才平息。[30]

相比诊断病源，同疾病作斗争更加困难。里约那时没有大学毕业的医生，整个殖民地都是如此。基础的医务工作由理发师完成。英国海军上尉托马斯·奥尼尔曾陪同堂·若昂来到巴西，他对于数目众多、功能五花八门的理发店十分好奇："这里的理发店非常独特。店铺的标志是一只盆子，其中的从业人员身兼理发师、牙医和外科医生三职。"[31]

里约学者尼雷·卡瓦尔坎蒂在国家档案馆中找到了两名已故医生的遗物清单，这些文件可以让我们对堂·若昂六世统治时期里约的卫生和医疗条件有所认识。外科主任医师安东尼奥·若泽·平托（Antônio José Pinto）于 1798 年去世，其遗物清单罗列的"外科器械"令人惊惧：大、小锯子各一把，两把牙科扳手，两把直刀，两把铁钳，一把鹰爪刀，两根止血带，一把活动扳手和一把大剪刀。药剂师安东尼奥·佩雷拉·费雷拉（Antônio Pereira Ferreira）也死于1798 年，他的清单让我们对那时的药房库存有所了解。清单中的物品有：果皮干、膏药、真菌植物、矿石、油、草根、种子，以及一项名为"动物及其部位"的条目，其中包含"人油""蜥蜴皮""生螃蟹眼""鹿角屑"和"野猪牙"[32]。

王室的到来在里约掀起了一场革命。至少对经常出入宫廷的白人精英来说，卫生医疗条件、建筑、文艺和风俗——这一切都有所改善。1808—1822 年间，里约新建了许多村镇和堂区 [1]，市区面积扩大了 3 倍。[33] 在此期间，人口增长了 30%，但奴隶的数量翻了 3 倍，从 12000 名增至 36182 名。[34] 道路上车水马龙，以至于需要出台法律规章来进行管理。从 1824 年起，迪雷塔路成为全市首条拥有编号且规定双向行驶的街道。

尽管发展迅速，1817 年（即王室抵达 9 年后）奥地利博物学家托马斯·恩德仍在圣洛伦索镇记录下了一支印第安部落。它位于瓜纳巴拉海湾的一个入口处，离堂·若昂六世居住的圣克里斯托弗宫不算太远。这大概是那个身处腹地、偏僻而原始的巴西在首府附近的最后一片阵地了。

---

[1]　堂区是天主教会下辖地区最小的区划单位，数个堂区可以组成一个教区。

第十三章

堂·若昂

1816 年登基并成为葡萄牙和巴西国王的摄政王堂·若昂害怕甲壳动物、螃蟹和雷声。热带风暴在里约频频发生，每当这时，堂·若昂便会躲进房间，并叫他最宠爱的掌衣官马蒂亚斯·安东尼奥·洛巴托（Matias Antônio Lobato）陪同。两人在屋里点亮蜡烛，共同向圣巴巴拉和圣杰罗姆祷告，直到雷声平息。[1]有一次，堂·若昂在圣克鲁斯庄园避暑时被蜱虫叮咬，伤口发炎并引起发热。医生建议他洗海水浴，但由于害怕虾蟹的袭击，他命人建了一只木箱，并在其中泡海水浴。这只木箱是一个带有两根横杆的便携浴缸，四周有孔供海水流入。在圣克里斯托旺宫附近的卡茹海滩上，奴隶抬着木箱把它浸入海水，国王在里面待了几分钟，让海水中的碘促进伤口愈合。[2]

在堂·若昂停留巴西的 13 年间，这种按医生建议、在卡茹海滩边临时安排的海水浴是有关他洗澡的唯一记录。几乎所有历史学家都将他描述为一名不讲个人卫生且厌恶洗澡的男子。"他非常脏，而且整个王室、整个民族都有不讲卫生的恶习"，奥利维拉·马丁斯说道，"尽管他和堂娜·卡洛塔彼此憎恨，但两人在不洗澡这条原则上却没有分歧"³。葡萄牙王室厌恶洗澡，这与巴西殖民地的习俗形成鲜明反差。那时，几乎所有途经这里的游客都注意到，民众非常讲究个人卫生。"尽管巴西下层民众的某些生活习惯近乎野蛮，但值得注意的是，不论属于哪一种族，他们都非常重视身体清洁"，1809—1820 年住在累西腓的英国人亨利·科斯特（Henry Koster）写道。⁴

　　堂·若昂六世的全名是若昂·玛丽亚·若泽·弗朗西斯科·沙维尔·德保拉·路易斯·安东尼奥·多明戈斯·拉斐尔·德布拉干萨。堂·若昂是葡萄牙最后一位专制君主 [1]，他统治葡萄牙、巴西及阿尔加维联合王国不到 5 年 [2]，是葡萄牙历史上第一位，也是唯一一位统治王国时间如此之短的君主。堂·若昂出生于 1767 年 5 月 13 日，逝世于 1826 年 3 月 10 日，他去世时离 59 岁生日还有两个月。在当时的画作中，堂·若昂的形象体现出他的性格，正如历史学家安热洛·佩雷拉的描述："他额头很高，长度和脸不成比例，眉毛清晰，有双下巴，脸颊下垂，眼睛略微凸出，鼻子尖细，厚厚的嘴唇半张着，双腿短粗，脚很小，腹部隆起，双手胖乎乎的，指关节处有小凹陷，塌肩，短脖子。他的小眼睛呈深色，眼神透露出惊慌、

---

[1]　返回葡萄牙后，堂·若昂于 1822 年被迫签署了第一部宪法，这标志着葡萄牙君主专制制度的终结。

[2]　1815 年，摄政王堂·若昂将巴西的地位从殖民地提升为王国，与原来的葡萄牙、阿尔加维（阿尔加维位于葡萄牙国土最南端，是一个名义上的王国，并无自治权）合并，组成"葡萄牙、巴西及阿尔加维联合王国"。玛丽亚一世 1816 年逝世后，堂·若昂虽已即位，但直到 1818 年才举行拥立仪式正式登基。1822 年，巴西独立，葡萄牙、巴西及阿尔加维联合王国名存实亡。1825 年，葡萄牙终于承认巴西独立，将国名恢复为原来的"葡萄牙及阿尔加维联合王国"。因此，若按 1818 年正式登基到 1822 年巴西独立计算，堂·若昂统治该王国的时间不足 5 年。

疑虑和不安，仿佛在为自己的一举一动请求许可。"[5]

历史学家对堂·若昂的描述一般是贬损的。

路易斯·诺尔顿："他拥有滑稽的外貌，病态的肥胖让他显得性情温和、头脑简单。"[6]

154   潘迪亚·卡洛杰拉斯："他受人爱戴，但也因懦弱而遭到亲昵和宽容的藐视。没有人在意他的想法，因此，他时常掩饰自己的情感，并挑起谋士间的矛盾，让某位大臣与同僚意见相左，利用拖延决策的方法取胜。他常以惊人的淡漠和拖延力得偿所愿。他令对手不堪疲惫，从而占得上风。"[7]

莉利亚·施瓦茨："他萎靡不振，说话有气无力。"[8]

奥利维拉·马丁斯："由于患有痔疮，他深受眩晕和忧郁发作的折磨。他松弛的脸部因体弱多病而泛黄，标志性的嘴唇有着波旁家族的特质，毫无生气地挂在脸上。"[9]

奥利维拉·利马："他又矮又胖……有着贵族般的小手和小脚，但大小腿却十分平庸——即使和肥胖的身躯相比，他的腿依然十分粗壮。他胖乎乎的脸更是毫无威严，甚至都算不上尊贵，肥厚而下垂的下嘴唇具有哈布斯堡家族的特征，在面部尤显突出。"[10]

正如本书第一章所介绍的，堂·若昂的母亲玛丽亚一世女王精神失常，王位的法定继承人——长兄堂·若泽又死于天花，他因此偶然地接管了权力。1792 年，当医生确定母亲的精神病已无药可救时，堂·若昂临时接管王权并得到国务委员会的拥护，委员会由贵族、军人和教会代表组成。7 年后的 1799 年，堂·若昂出任摄政王，事实上已成为尚未加冕的国王。1818 年，即母亲玛丽亚一世去世 2 年后，他被拥立为堂·若昂六世，此时他已在里约度过了 10 个年头。统治葡萄牙期间，性格犹豫怯懦的堂·若昂经历了欧洲君主国历史上最动荡的时期之一。

　　间歇性重度发作的抑郁症令堂·若昂深受折磨。据记载，1805年疾病初次严重发作时，堂·若昂完全远离了公共生活，也不与王室成员共处。他甚至以为自己像母亲一样疯了。"堂·若昂不再愿意　　155打猎，连骑马也不想，他转而过上了完全深居的生活"，安热洛·佩雷拉写道，"他神经系统的构造容易诱发神经性疾病发作，那时人们对这种疾病知之甚少，因此将它与精神错乱相混淆，他患有眩晕症，重度焦虑也时常发作"。堂·若昂曾和家人住在克鲁什宫，后来搬到了马夫拉宫，开始和修士共同生活。随后，他变得更加孤僻，并前往阿连特茹区维索萨镇的一处宅院居住。卡洛塔·若阿基娜认为丈夫已经疯了，于是试图使他远离权力，由自己接管葡萄牙摄政王的职位。经医生多明戈斯·范德利（Domingos Vandelli）提醒，堂·若昂及时返回里斯本并粉碎了政变。从此，夫妻二人便彼此分居。[11]

　　从那之后，摄政王又回到马夫拉宫，和年幼时教育过他的众神父一同居住。堂·若昂迷恋圣歌，厌恶体育活动。"在成长过程中，他身边没有活泼快乐、强壮而有血气的人，而这类人会更加热爱生活"，佩德罗·卡尔蒙写道。[12]摄政王极度虔诚，每天都去做弥撒，而且深受教会影响。在给外交大臣查尔斯·莫里斯·德塔利朗的信件中，入侵葡萄牙的法军指挥官朱诺将军这样描述堂·若昂："他是个软弱的男人，怀疑一切人与事。他珍视自己的权力，却又无法树立威望。他受神父操纵，只能在恐惧的裹挟下行动。"[13]

　　堂·若昂的感情生活十分平庸。他被迫娶了卡洛塔·若阿基娜，两人养育了9名孩子，却没有在同一个屋檐下生活太久。他唯一一场真正的恋爱，成为史册中令人费解的一出悲剧。25岁时，堂·若昂已经结婚并在葡萄牙生活，他爱上了卡洛塔的伴娘欧热尼亚·若泽·德梅内塞斯（Eugênio José de Menezes）。[14]欧热尼亚是马里亚瓦　　156

侯爵四世堂·佩德罗（D. Pedro, quarto marquês de Marialva）的孙女、卡瓦莱罗斯伯爵一世堂·罗德里格·若泽·安东尼奥·德梅内塞斯（D. Rodrigo José Antônio de Menezes）之女，后者是卡洛塔家的大总管。欧热尼亚1781年生于巴西，此时她的父亲正担任米纳斯吉拉斯省长。1803年5月，人们发现尚未出嫁的欧热尼亚怀有身孕，于是怀疑堂·若昂在一位宫廷神父以及医生若昂·弗朗西斯科·德奥利维拉（João Francisco de Oliveira）的协助下多次与她幽会。奥利维拉已经娶妻生子，在陆军中担任主任医师。

据说，人们刚一发现欧热尼亚怀孕，奥利维拉便决定牺牲自己的名誉来保全摄政王的声望：他将妻儿留在里斯本，并和欧热尼亚逃往西班牙；然而在越过边境后不久，奥利维拉便将欧热尼亚抛弃在加的斯城。圣玛丽亚港孔塞桑修道院的修女收留了她，她在那里生下了女儿。之后，她搬到另外两座修道院居住，其中一座位于波塔莱格雷市。1818年1月21日，她在这座修道院逝世，此时堂·若昂已经在里约加冕为王。这位国王承担了她这段时期的全部开支。将欧热尼亚抛弃在西班牙之后，奥利维拉逃往美国，接着又去了英国。据葡萄牙历史学家阿尔贝托·皮门特尔（Alberto Pimentel）称，他与之前留在葡萄牙的家人在英国重聚。1820年，堂·若昂六世决定授予奥利维拉基督骑士团荣誉勋章，并提名他担任葡萄牙驻伦敦代办。[15]

这应当是堂·若昂唯一已知的婚外情。在巴西时，国王表现得比在葡萄牙还要孤僻。他与卡洛塔·若阿基娜的婚姻自1805年政变后便已渐趋破裂，在里约则变成了明确的分居关系。堂·若昂前往美景花园居住，而卡洛塔则选择住在博塔弗戈附近的一座农庄里。在公共庆典或者皇家小教堂的弥撒和音乐会上，两人仍保持礼节性交往。

少有历史学家冒险探究堂·若昂六世的私生活，托比亚斯·蒙　　157
泰罗和帕特里克·威尔肯便是其中两位。他们援引证据称，当妻子
不在身边时，堂·若昂与一名皇家侍从弗朗西斯科·鲁菲诺·德索
萨·洛巴托（Francisco Rufino de Sousa Lobato）保持同性恋关系，他
这样做更多是出于需求而非情感。蒙泰罗表示，弗朗西斯科·鲁菲
诺的一项任务是定期为国王手淫。里约王室的夏宫位于圣克鲁斯庄
园，一名修士（人们只知道他叫米格尔神父）在此无意间目睹了国
王与侍从亲密接触的场面。此事过后，这名神父被派往安哥拉，但
在出发前，他写下证词记录了目击的事件。[16] 虽说这一切可能是许多
宫廷阴谋的产物，但弗朗西斯科·鲁菲诺确实因工作得力而屡次得
到堂·若昂的奖励和提拔。葡萄牙王室在巴西留居了 13 年，当王室
离开时，他拥有的头衔包括女王新镇子爵、王室顾问、掌衣官、国
王专职司库、皇家及王子封地事务秘书、巴西良知与指令委员会 [1]
代理秘书以及圣克鲁斯堡垒司令。他于 1830 年 5 月 6 日去世。[17]

1808 年，索萨·洛巴托家族兄弟四人陪同堂·若昂来到巴西，
弗朗西斯科·若泽·鲁菲诺在其中排行第三。另外三人是马蒂亚
斯·安东尼奥、若阿金·若泽（Joaquim José）和贝尔纳多·安东尼
奥（Bernardo Antônio），他们四位都是摄政王的掌衣官和私人助理。
其中两人还在国王的最高助理机构——国务委员会中任职。他们与
堂·若昂的关系在里约引发了许多流言蜚语。据卡洛塔·若阿基娜
的秘书若泽·普雷萨斯（José Presas）称，她将丈夫执政期间"葡萄
牙的厄运"归咎于他们。"摄政王始终听任宠臣与侍从的支配，此举
只会助长其权势而损害王国利益，并招致广大人民的不满。如今的

---

[1]　原文为 Mesa de Consciência e Ordens，由葡萄牙国王堂·若昂三世于 1532 年设立。国王
　　称，设立该委员会是为了处理与"良知上的责任"相关的事务，这一机构因此而得名。
　　它实质上是加强君主集权的工具。

洛巴托家族便是这样"，据称，卡洛塔曾对普雷萨斯这样说道。[18]

158　　　历史学家维埃拉·法曾达（Vieira Fazenda）称，马蒂亚斯·安东尼奥曾先后受封马热男爵与子爵，他在圣若泽教堂旁边的皇宫居住，其房间与堂·若昂的卧室相连。马蒂亚斯帮助国王脱衣，并在睡前陪他念诵祈祷经。正是他在电闪雷鸣的夜晚为国王加油鼓劲。[19] 1819年抵达巴西的普鲁士游客西奥多·冯·莱特霍尔德证实了堂·若昂对打雷的恐惧。"当国王感觉不适、正在入眠或风暴忽然来临时，他便将自己关在卧室里，不接待任何人，他对风暴的反应十分强烈"，在解释圣克里斯托旺宫的一场庆典取消的原因时，西奥多这样写道。[20]

　　堂·若昂总以第三人称称呼自己，如"陛下想吃饭了""陛下想散步了""陛下想睡觉了"[21]。他为人还十分有条理，执着于严格重复每日常规。"堂·若昂六世是个有习惯的人"，画家曼努埃尔·波尔图·阿莱格雷（Manuel Porto Alegre）说道，"他如果某次睡在一个地方，以后便绝不愿睡在别处，甚至不许床铺离旁边的墙壁近或者远一点。无论遇到何种变动，他都会心生疑虑，并对带来改变的人感到厌烦"[22]。

　　堂·若昂对于变化的极端厌恶也体现在衣着方面。他的衣着十分邋遢，与从前身穿闪亮服饰的法、西国王恰好相反。他每天都穿同一身衣服，即使它已经肮脏破损，堂·若昂也拒绝更换。"他习惯穿一件宽大的外套，衣服的镶边老旧、肘部磨损，上面满是油污"，佩德罗·卡尔蒙讲述道。国王将著名的黄油烤无骨仔鸡块装在外套的衣兜里，并在一日三餐的间隙大口吞食。[23]"害怕新衣服的国王每天都穿同一套衣服，它已日渐承受不住惊人肥胖的臀部和大腿的

159　　压力"，托比亚斯·蒙泰罗补充道，"仆人们发现了衣服上的口子，却完全不敢告诉他，只能趁他午睡时给他缝补身上的短裤"[24]。

在堂·若昂六世的经历中，有三人起到了至关重要的作用。在他人生的不同时刻，正是这三人帮助他战胜恐惧、怯懦、不安和抑郁发作，并引导他做出决策，这些决策为他统治时期打上了深刻烙印。第一位是利尼亚雷斯伯爵堂·罗德里戈·德索萨·库蒂尼奥，他是庞巴尔侯爵的继承人和教子，也是宫廷中"亲英派"的领导，后来成为王室迁往巴西计划的主负责人。在美国历史学家克尔斯滕·舒尔茨看来，正是他"接续了庞巴尔侯爵的方案，即推动葡属美洲的发展来弥补葡萄牙在欧洲的弱势"[25]。1814年，他的逝世在政府中留下了一处堂·若昂再也无法填补的空缺。第二位是巴尔卡伯爵安东尼奥·德阿劳若–阿泽维多，他在堂·若昂的内阁中接续堂·罗德里戈的职位。作为国务活动家，安东尼奥并不像前任那样出色，但在巴西宫廷中，他也是公认最杰出的知识分子之一。1807年，正是他在行李中携带了数台英国印刷机，巴西的新闻业由此发端。他还主导了文化与科学领域的重要变革，包括组织1816年的法国艺术使团来访。他逝世于1817年，即堂·若昂加冕的前一年。

堂·若昂人生中第三位决定性人物是托马斯·安东尼奥·维拉·诺瓦·波图加尔（Thomaz Antônio Villa Nova Portugal）。在内阁中，他是上述两人的继任者。在统治巴西的后期，已经衰老疲倦的堂·若昂盲目信赖维拉·诺瓦·波图加尔。"堂·若昂不进行思考"，托比亚斯·蒙泰罗说道，"无论多么微不足道的决定，他都交给托马斯·安东尼奥处理"[26]。两人的往来书信揭示了堂·若昂行使权力时的怯懦与不安。国王在写给这位大臣的便条中请求建议，如1821年1月24日，国王向大臣询问"O.C.今天要来，告诉我应该对他说什么"，他指的是定于那天举行的一场接见会。即使和儿子堂·佩德罗王子交流时，堂·若昂也离不开维拉·诺瓦·波图加尔的指导。"目前我还没有和儿子说，我希望你告诉我，你的想法与我是否一致；

160

告诉我应该对他说什么，还有，如果他反驳我，我该如何回应"，国
王于 1821 年 1 月 31 日写道，他正面临留在巴西或返回葡萄牙的抉
择。"目前我刚刚得知我儿子表示赞同，告诉我你的看法"，2 月 4 日，
国王就同一主题再次询问道。[27]

　　正是这三人帮助堂·若昂六世保全声望，若仅凭自身的性格特
征，他显然会背负失败者的罪名。[28]得益于他们的帮助，堂·若昂
在历史上是一名相对成功的君主，相比同时代的其他国王尤其如此。
在法国大革命的浪潮下，后者全部遭到废黜、流放、监禁，甚至处
决。"事实上，尽管堂·若昂统治的时期无比动荡，他仍像国王那样
生活、死去，而欧洲大部分君主都向拿破仑屈服"，朱兰迪·马勒巴
评论道。[29]佩德罗·卡尔蒙将他描述为"一位机智而烦恼的君主"，
"尽管与西、法两国为敌，面临恶毒的妻子、拿破仑、战争、革命和
阴谋，他仍然维持统治直到去世"[30]。奥利维拉·利马认为，虽然
堂·若昂不是一位伟大的君主，无法建立军事功绩或在治理方面展
开大胆行动，但他懂得将仁慈、智慧与求实感相结合，以此成为一
名行有实效的国王。"他温柔而敏锐，忠厚而执拗，懂说服而有戒
心"[31]，在奥利维拉·利马看来，由于拥有这些品质，"堂·若昂六
世在巴西无疑是一位得民心的国王，他曾经如此，现今亦然"[32]。

第十四章

卡洛塔·若阿基娜

在以卡洛塔·若阿基娜为创作灵感的书籍、短文和电影中，她的形象是一位不忠的妻子，丑陋、奸诈和不幸的女人。虽然有人怀疑，但并无任何证据表明她确有不忠。至于丑陋、奸诈和不幸，那是肯定的。少有女性像卡洛塔·若阿基娜这样，在所处时代中烙下如此深刻的印记。在堂·若昂六世统治时期，没有任何其他人物在史书中拥有如此滑稽而富有争议的形象。她聪明、好斗、喜欢报复，不同历史学家对她的描述截然相反。在卡拉·卡穆拉蒂导演的电影《巴西王妃——卡洛塔·若阿基娜》中，她是一位放荡淫乱的王后；在葡萄牙的正史中，她却虔诚而极端保守。[1] 不容否认的是，她拥有追逐权力和野心勃勃的禀性。出于这种禀性，她无数次参与密谋、企图发动政变，有时甚至与自己的丈夫为敌。然而，她的尝试无一成功。

卡洛塔·若阿基娜拥有黑色的大眼睛，嘴宽而倔强，双唇纤细，嘴唇上方清晰可辨的黑色汗毛格外醒目。她的脸棱角分明，颇有男子气概。她身材瘦小，有着深色头发和褐色皮肤，儿时染上的天花在她身上留下了疤痕。[2] 阿布兰特公爵夫人（即入侵葡萄牙的法军指挥官朱诺将军之妻）对她的描述是："身材矮小，瘸着一条腿走路，歪眼睛、紫鼻子，她极度令人反感的外貌和围绕她而起的爱情传说毫不相称。"[3] 小时候她从马上跌落，因此成了瘸腿。[4] "男性般粗犷的脸部特征、多虑的属性以及她本人不知羞耻的性格都表明，堂娜·卡洛塔的女性特质仅仅表现在服饰上"，历史学家奥利维拉·利马评论道。他还将她描述为"堂·若昂六世一生中最大的阻碍，甚至没有之一"[5]。

162

　　卡洛塔·若阿基娜是西班牙国王卡洛斯四世（Carlos IV）之女、费尔南多七世（Fernando VII）的姐姐。她生于 1775 年，死于 1830 年，享年 54 岁。据史书记载，她至少参与过五次密谋。在 1805 年的第一次密谋中，她企图废黜丈夫，自己接任葡萄牙摄政王。堂·若昂及时识破了政变的企图，惩处了涉案人员，并开始与妻子分居。后来，其弟西班牙国王费尔南多七世被拿破仑·波拿巴废黜，此时卡洛塔已经来到巴西，她试图接管西属美洲殖民地并自立为王。卡洛塔想在布宜诺斯艾利斯受拥戴为摄政女王，接管弟弟的王位，但堂·若昂不准她前往，她的计划因此破产。1821 年，在返回葡萄牙途中，她违背宫廷会议 [1] 的要求和丈夫的指示，拒绝签署葡萄牙自由派宪法。因此，她在拉马里奥宫遭到监禁，远离里斯本，与权力隔绝。虽然孤身一人，但卡洛塔在 1824 年依然参与了史称"四月暴动"的运动，密谋拥立其宠子堂·米格尔为葡萄牙国王。堂·米格尔是守旧派领袖，他带领一队士兵囚禁了父亲堂·若昂六世，企图接管王位。这次政变再度失败，最终堂·米格尔和其母都遭到流

---

[1]　又称 1820 年宫廷制宪会议，是葡萄牙首个现代意义上的议会，产生于 1820 年波尔图自
　　　由派革命期间。

放。甚至还有人怀疑卡洛塔·若阿基娜与丈夫的死亡有关。1826 年，堂·若昂六世在恶心与呕吐发作中死去。那时的流言称，是王后派人毒杀了他。堂·若昂死后，她参与了最后一场密谋，试图拥立堂·米格尔而非摄政王伊莎贝尔·玛丽亚。但她的企图再次落空。[6]

王后和她的丈夫如有天壤之别。佩德罗·卡尔蒙称，"对于性情平和的堂·若昂来说，19 世纪的其他任何一位公主都比卡洛塔更适合为妻"[7]。除他们两人之外，在喜好和行为方面差异如此悬殊的夫妻非常少见。堂·若昂肥胖、萎靡，菩萨心肠。他懒惰成性，厌恶骑马，仅仅一次短暂的步行便让他精疲力尽。他经常在官方庆典和接待会上打哈欠。他最喜爱的消遣，是在神父和僧侣的陪伴下举行宗教仪式、唱格里高利圣咏 [1]。[8] 卡洛塔·若阿基娜则活泼、亢奋而健谈，与他恰好相反。虽然瘸了一条腿，但那时少有男性像她那样精通骑术。她在里约近郊骑马游览的活动远近闻名。她酷爱庆典，并且能熟练操控大炮。[9]

当卡洛塔走上里约街道时，她以威胁的姿态要求人们向她致敬。按照礼节，民众须在王室成员面前脱帽下跪以示尊敬。由于大部分外国代表拒绝行礼，她的举动引发了一系列外交事端，其中最著名的事件与美国公使托马斯·森普特（Thomas Sumpter）有关。森普特是坚定的共和派，他在博塔弗戈区与卡洛塔比邻而居。有一次，森普特在骑马时，王后及其随从迎面骑马而来。这位公使向她礼貌致意，但没有脱帽或者下跪。卡洛塔颇感不满，派卫兵强迫他下马行礼。士兵将外交官团团围住，威胁称要鞭打他。愤怒的森普特掏出一对手枪并警告士兵称，若他们敢用鞭子抽他，他会做好将其射杀的准备。随后，他去找堂·若昂控告此事。在另一次事端中，据说

---

[1] 一种天主教宗教音乐，以教皇格里高利一世命名。

卡洛塔·若阿基娜的马官打了英国代表斯特朗福德子爵几鞭。由于收到的抗议太多，堂·若昂下令称，一切外国人均无须以任何举动向葡萄牙王室表示尊重。[10]

卡洛塔·若阿基娜和堂·若昂缔结的是代理婚姻，这与欧洲王室的习俗相符。直到结婚一个月后，她才去和丈夫见面，那时她10岁，他17岁。因此，两人还都是孩子，他们的命运在彼时大国的利益角逐中早已注定。几世纪以来，无数的战争令西葡两国损失惨重。为试图保持伊比利亚半岛局势的相对稳定，避免战争再度爆发，缔结这场婚姻是最实用的举措之一。1785年5月，小女孩卡洛塔来到葡萄牙。出于礼貌，男孩堂·若昂前往边境迎接。然而，由于卡洛塔桀骜不驯的性格，婚姻中的乱象不久便显露出来。6月9日晚，在维索萨镇宫殿的一场宴会中，据说卡洛塔咬了丈夫的耳朵，还用一座烛台砸向他的额头。[11]那时他们才结婚两个月。

由于卡洛塔和堂·若昂未成年，两人直到6年后才同房，那时女孩刚满15岁。在获准与丈夫同床共枕之前，卡洛塔由女王玛丽亚一世照顾，她在克鲁什宫玩转圈游戏消磨时光。那时，女王疯癫的症状已经开始显现。[12]

在13年间，夫妻二人共生育9名子女：

- 玛丽亚·特蕾莎，1793年4月29日生，此时堂·若昂已出任葡萄牙摄政王一年；
- 安东尼奥，1795年3月25日生，6岁夭折，死于1801年6月11日；
- 玛丽亚·伊莎贝尔，1797年5月10日生，与西班牙国王费尔南多七世结婚，不久后去世，死于1818年12月2日；
- 佩德罗，1798年10月12日生，他是巴西未来首任皇帝佩德罗一世和葡萄牙国王佩德罗四世 [1]；

- 玛丽亚·弗朗西斯卡，1800 年 4 月 22 日生，与西班牙王子堂·卡洛斯（费尔南多七世的弟弟）结婚；

- 伊莎贝尔·玛丽亚，1801 年 6 月 4 日生，1826—1828 年间担任葡萄牙摄政王；

- 米格尔，1802 年 10 月 22 日生，1828—1834 年间曾为葡萄牙国王，后将王位输给哥哥佩德罗（佩德罗此前已放弃巴西的帝位）。米格尔乘一艘英国船只逃往德国，1866 年在那里去世，享年 64 岁；

- 玛丽亚·达阿松桑，1805 年 6 月 25 日生，1834 年 1 月去世；

- 安娜·玛丽亚·德热苏斯，1806 年 12 月 23 日生，曾获洛雷公爵夫人头衔。

有些历史学家怀疑，上述某些子女并非堂·若昂的后代，而是卡洛塔因婚外情所生。奥利维拉·利马称，堂·若昂"并不十分确定后几位子女是亲生的"。他还称，卡洛塔·若阿基娜"身为配偶出轨背叛，身为王妃策划阴谋，她一向不忠，未曾间断" [13]。然而，从来没有确凿的证据表明她不忠，人们对此仅有怀疑。最为扑朔迷离的案件发生于 1820 年。当时，住在里约卡特特区的热特鲁

---

[1] 1822 年，堂·若昂六世的长子佩德罗宣告巴西独立，史称巴西皇帝佩德罗一世。1826 年堂·若昂去世，在他生前，曾任命女儿伊莎贝尔·玛丽亚为摄政王，以待合法继承人接管王位。身为长子的佩德罗有权继承葡萄牙王位，他因此成为葡萄牙国王佩德罗四世。但葡萄牙民众不同意他同时出任巴西皇帝和葡萄牙国王，佩德罗因此将葡萄牙王位让给 7 岁的长女玛丽亚（即葡萄牙的玛丽亚二世），由自己的妹妹伊莎贝尔·玛丽亚继续摄政。1828 年，流亡在外的米格尔返回葡萄牙，伊莎贝尔·玛丽亚遂将摄政王之位让给弟弟。然而不久后，米格尔发动政变，罢黜玛丽亚二世并自立为王。1831 年，佩德罗一世放弃巴西帝位，前往葡萄牙与弟弟争夺王位，最终在 1834 年将米格尔逐出国境，把王位还给了女儿玛丽亚。

德斯·佩德拉·卡内罗·莱昂（Gertrudes Pedra Carneiro Leão）在家
门口下马车时遭火铳射杀。她是圣萨尔瓦多·德坎普斯戈伊塔卡济
斯男爵堂娜·安娜·弗朗西斯卡·罗莎·马西埃尔·达科斯塔（D.

166　Ana Francisca Rosa Maciel da Costa）的儿媳。此案发生于葡萄牙王室
返回里斯本前一年，并引发了众多流言蜚语。传闻称，卡洛塔·若
阿基娜是罪案的幕后指使，她和热特鲁德斯的丈夫费尔南多·卡内
罗·莱昂（Fernando Carneiro Leão）有染。费尔南多是圣若泽新镇伯
爵，担任巴西银行行长。[14] 卡拉·卡穆拉蒂曾在电影剧本中呈现这桩
罪案，但真相从未浮出水面。

　　对于卡洛塔不忠的另一重影射与英国驻里约船队指挥官——海
军上将西德尼·史密斯相关。加泰罗尼亚人若泽·普雷萨斯是卡洛
塔·若阿基娜的前私人秘书，他在一部饱受争议的书中声称，王妃
曾在里约市郊的一座别墅与这位上将会面。普雷萨斯并未指明此次
会面的性质。那时，在名为"普拉塔争端"[1] 的事件中，卡洛塔和史
密斯互为政治盟友。王妃违背堂·若昂和英方代表斯特朗福德子爵
的意愿，一心想在争端中攫取西属殖民地的摄政王位。据普雷萨斯
称，她还曾赠给海军上将一把镶钻剑，并附一张字条："巴西王妃对
西德尼·史密斯爵士的帮助表示感谢。"[15]

　　问题在于，这个故事中最大的嫌疑人是若泽·普雷萨斯本人，
而非卡洛塔·若阿基娜。普雷萨斯是堂·若昂时代最有趣的人物之
一，他因制造一桩赤裸裸的文学敲诈案而为人所知。他的出生地成
谜，据说生于西班牙的加泰罗尼亚。尚是孩童时，他便移民至阿根
廷，在一位叔叔的照顾下生活，并从法律专业毕业。1806 年，当英
国入侵布宜诺斯艾利斯时，普雷萨斯立刻加入了"亲英派"，以报复

―――――――――

[1]　指 19 世纪发生于普拉塔河（西班牙语称拉普拉塔河）区域的外交冲突，涉及阿根廷、
　　巴西、乌拉圭、巴拉圭四国，最终引发巴拉圭战争。

西班牙与拿破仑的结盟行为。他以为英方必然会取胜，但他估计错了。英国人战败并被逐出了普拉塔区域。作为叛徒遭到通缉的普雷萨斯逃往里约热内卢，经西德尼·史密斯本人指派，他开始为卡洛塔·若阿基娜效力，并担任她的私人秘书。在布宜诺斯艾利斯时，西德尼·史密斯便与普雷萨斯相识。在秘书之外，他成为了卡洛塔的亲信、知己和同谋，还有人怀疑他可能是王妃的情人。[16]

王室返回葡萄牙后，凭借卡洛塔·若阿基娜的势力，普雷萨斯 167 在西班牙宫廷中谋得了一份官职。他因撰写反对君主专制的抨击文章而倒了大霉。面临监禁威胁的普雷萨斯逃往法国，在那里撰写了一本名为《堂娜·卡洛塔·若阿基娜秘密回忆录》的书籍，其中充满诡计、影射与流言。这是对若阿基娜的报复，因为她曾许诺给他一笔终身津贴，但却没有支付。普雷萨斯在书中暗示称，他手里有卡洛塔·若阿基娜本人的信件（他将这些信件称作"供词"），其中包含有关她生活举止的信息，这些信息对她十分不利。他还暗示称，如果收不到许诺的钱款，他可能对信息加以利用。"出于疏忽，她曾无意间将供词交给我，倘若这一整套供词落在摄政王（堂·若昂）本人手里，请好好衡量一下她将承担的灾难性后果"，普雷萨斯意指卡洛塔·若阿基娜写道。他在书末直陈意图："一条简短的回应，附以一张数额不多的汇票，应该就足以让我保持缄默了。"

普雷萨斯花费的纸墨和钱财全打了水漂。卡洛塔·若阿基娜于1830年初去世，此时他的书籍还在法国波尔多进行印刷。她没能读到这位背信弃义、不知感恩的秘书所透露的秘密。即便她读到了，他的敲诈也很难成功。当普雷萨斯撰写此书时，卡洛塔已经成了孀居王后，她在葡萄牙遭到排挤且负债累累。

卡洛塔·若阿基娜厌恶巴西。1807 年，她极力抗拒离开葡萄牙。"在这个国家什么都无法持久保存"，她到达里约后写道，"即使是腌肉也根本不能存放，很快就会腐烂"[17]。1821 年登船返回葡萄牙时，她脱下凉鞋，用鞋在船舷的一架大炮上敲击。"我将最后一颗巴西的灰尘从脚上掸去 [1]"，据称她曾这样说道[18]，"我终于要回人住的地方了！"[19]

168   返回葡萄牙后，卡洛塔拒绝按照宫廷会议的要求宣誓宪法。最终，她的一切政治权利及王后头衔都遭到剥夺。她被囚禁于辛特拉城附近的拉马里奥庄园（即上文提到的拉马里奥宫，这是一座带宫殿的庄园），并在此度完余生。她在一封写给堂·若昂的信中解释称，她之所以不宣誓遵守宪法，只是因为曾经承诺过不会宣誓。卡洛塔表示，她的态度并非出于傲慢或对宫廷会议的憎恨，那样做仅仅是因为"一个诚实的人绝不反悔"。她还补充道："我虽被放逐至此，但却比你们在宫殿里更无拘束。至少，我的自由将与我作伴。那些叛乱的臣子，胆敢强迫你们遵守法律，并极力驱使我宣告违心的誓言；然而，我的灵魂不曾为叛臣所奴役，也从未向他们屈服。"[20]卡洛塔·若阿基娜固执、强硬、倔强、从不动摇，这便是她一生所扮演的角色。

        卡洛塔甚至连死亡也饱受争议。官方叙述表明，她死于某种子宫疾病，很可能是子宫癌。而当时的传言则称，她将砒霜混入茶中饮用，提前终结了自己的性命。据历史学家阿尔贝托·皮门特尔描述，晚年的卡洛塔是一块"人形破布"，已经完全不修边幅。"卡洛塔衣冠不整、蓬头垢面，她身穿一件棉夹克，戴着平纹细布头巾。"[21]在去世两年前，她立下了一份遗嘱。她那时贫困穷乏，但财产仍够预定 1200 场弥撒。其中 100 场是为 4 年前死去的丈夫——国王堂·若昂六世的灵魂祈祷。在历史学家小马加良斯（Magalhães Jr.）看来，这是两人"最后时刻的和解"。

---

[1] 据《圣经·马可福音》记载，耶稣曾教导门徒说："何处的人不接待你们，不听你们，你们离开那里的时候，就把脚上的尘土跺下去，对他们作见证。"卡洛塔·若阿基娜此举表明了断然离开、决不回头之意。

第十五章

搜刮国库

王室抵达巴西时贫穷、困乏，急需一切给养。早在离开里斯本时，王室就已囊中羞涩，而来到里约后，情况变得愈发严峻。需要指出的是，陪同堂·若昂跨越大西洋的葡萄牙人有 10000—15000 之数。1800 年，当美国将政府由费城迁至新建的华盛顿时，总统约翰·亚当斯（John Adams）仅向新首都调动了约 1000 名官员。考虑到这一点，便足以对堂·若昂一行人的数目有所概念。换言之，位于巴西的葡萄牙宫廷比那时美国的官僚机器庞大 10—15 倍。这些人全靠皇家金库生活，或者期望摄政王因他们旅途中的"牺牲"而施舍一点恩惠。[1]"王室由一群贫乏且毫无原则的投机分子陪同"，历史学家约翰·阿米蒂奇（John Armitage）记录道，"这些新客人对巴西的繁荣发展漠不关心，他们觉得自己只是暂时离开葡萄牙，相比伸张正义、普惠于民，他们更愿意牺牲国家利益而饱其私囊"[2]。

170　　据历史学家路易斯·费利佩·阿伦卡斯特罗（Luiz Felipe Alencastro）称，除王室成员之外，还有 276 名贵族及王室要人享有包括开支及交际费用的年金，里约皇家金库以金银货币的形式支付这笔款项。基于英国人约翰·勒考克的叙述，阿伦卡斯特罗又在原数基础上计入了 2000 名皇家官员及职员、700 名神父、500 名律师、200 名从医者和 4000—5000 名军人。[3] 一位神父仅靠聆听王后忏悔，每年便可固定获得 25 万雷斯（相当于如今 14000 雷亚尔）的薪资。[4]"与巴西王室相关的贵族、教士和官员为数众多，少有欧洲王室能够企及"，英国领事詹姆斯·亨德森（James Henderson）写道。[5] 当亨德森前往堂·若昂所住的美景花园参观马厩时，牲畜之多令他颇感惊讶，其中受雇的仆人数目更让他瞠目结舌。那里有 300 匹骡和马，而"照看它们的仆人比在英国所需的数目多出一倍"[6]。

　　葡萄牙王室开销昂贵、挥霍贪食。1820 年，即返回葡萄牙的前一年，王室每天要吃 513 只母鸡、仔鸡、鸽子和火鸡以及 90 打鸡蛋。这样，王室每年消耗约 20 万只禽类和 33000 打鸡蛋，花费约 900 康托雷斯[1]，即如今的 5000 万雷亚尔左右。王室的需求巨大，以至于皇家粮仓（负责储存王室食物的部门）官员下令称，里约所售的全部母鸡须优先由国王委托人购买。此举造成市场上母鸡紧缺，并引发了市民的不满。在一封写给堂·若昂六世的信中，民众抱怨母鸡供应的缺乏，并且抗议皇家粮仓官员将母鸡在灰色市场[2]中高价转卖的行为。[7]

　　在堂·若昂留居巴西的 13 年间，管理不善、贪腐横行的皇家粮

---

[1]　1 康托雷斯（conto de réis）等于 100 万雷斯。

[2]　灰色市场是一种非正式、未获授权而尚不构成违法的市场，介于正常市场与黑市之间。

仓支出翻了 3 倍以上，赤字不断增长。到最后一年（即 1821 年），
预算的赤字翻了 20 倍以上，从 10 康托雷斯增至 239 康托雷斯。[8]
尽管如此，王室仍继续支付全体人员的薪资，却毫不关心钱财的来
源。"众人依据职位和声望获得口粮，并无一人例外"，历史学家朱兰
迪·马勒巴解释道，"除贵族之外，皇家粮仓还为每位受聘的艺术家
（如意大利歌手和音乐家、法国画家和建筑师、奥地利博物学家）以
及大使和各机构官员发放相应份额的食物，直到节俭的堂·佩德罗
一世执政后，这种做法才得以废除"[9]。

　　王室用来接济这么多人的钱从哪里来？第一个办法是向英国贷
款 60 万英镑。1809 年，王室将这笔钱用于支付旅费和初到里约时
的开销。在独立之后，巴西从葡萄牙那里接手了 200 万英镑的债务，
这 60 万便是其中一笔。[10] 另一项措施是设立国家银行以发行钱币，
从长远来看，这项措施同样难以维系。自 1808 年起，国家与一批享
有特权的商人、庄园主和贩奴商相互串通。在抵达里约 7 个月后，
摄政王设立了第一座巴西银行，这座银行短暂而悲惨的历史，正是
双方勾结关系的例证。

　　摄政王在 1808 年 10 月的诏令中规定，巴西银行的资本将由
1200 股组成，每股单位金额为 1 康托雷斯。为刺激股份销售，国家
制定了一项利益交换的政策。除以贵族头衔、荣誉勋章和皇家贸易
委员会代表职位作为回报之外，国家还向新入伙的股东许诺远高于
银行利润的股息。作为交换，摄政王拥有了一座可以随意印刷钞票
的银行，它可以满足初来巴西的王室一切需求。[11] 因此，富有的平民
变成了贵族，那些本就有钱的贵族则富上加富。[12] 巴西银行的魔力仅
仅持续了 10 年多一点。

　　1820 年，这座新银行已濒临破产。为发行货币作担保的黄金储
备仅占流通货币总量的 20%[13]，换言之，其中有 80% 都是没有担保

的、"腐烂"的货币。王室开具的汇票数占总汇票数的90%。1821年
返回葡萄牙时，堂·若昂六世将银行保险库中的所有金条和钻石全
部带走，彻底动摇了银行的信度，令形势雪上加霜。在巴西独立7
年后的1829年，这间破产且无力重整的机构只能进行清算。24年
后的1853年，巴西银行得以重建，此时已是皇帝佩德罗二世执政时
期。因此，如今的巴西银行正历经它的第二次生命。它曾在没有担
保的情况下，为破产的政客、糖厂主和庄园主提供资金，这种境遇
与最初的巴西银行十分相似。

　　公用事业单位在竞争和付款中的行贿现象是堂·若昂时代的另
一笔遗产。历史学家奥利维拉·利马援引英国人勒考克的叙述称，
向国库支付或从中取出的每一笔款项，都要加收17%的手续费。这
是一种隐蔽的敲诈：若相关方不缴纳这17%的手续费，要走的程序
将完全停滞不前。[14]"就行政方面而言，堂·若昂六世的时代注定因
贪腐横行而载入巴西史册"，奥利维拉·利马评论道[15]，"腐败现象肆
无忌惮地孳生，它令王室的支出增加，正如走私活动令国家收入缩
减一样"[16]。

　　在里约，葡萄牙王室由六大行政部门组成，这些部门又称机关。[17]
皇家桌务部负责与国王及其家属饭桌相关的一切事务，包括洗涤并
提供餐具和餐巾。掌衣部负责保管堂·若昂和全体王室成员的衣物。
厩舍部负责照看供人骑乘、用于牵引皇家单座和多座马车的牲畜，
以及用于货运服务的骡子。粮仓及御膳部负责提供饮食。皇家围场
部负责管理王室的森林和疏林。最后，总管部负责调用资金以组织
和管理各部，资金由皇家金库及其财政臂膀巴西银行提供。

　　在历史上，上述机关的负责人成了秘密勾当和非法致富的代表。
王室的采购和仓储工作由若阿金·若泽·德阿泽维多负责，1807
年11月，被紧急召往克鲁什宫组织贵族登船的官员正是此人。本

托·马里亚·塔吉尼（Bento Maria Targini）掌管皇家金库。两人与堂·若昂和卡洛塔·若阿基娜十分亲近，并同王室成员亲密共处，这赋予了他们远超正常职权范围的权势与影响力。食物、交通工具和舒适条件都由两人的部门提供，一切恩惠也由他们施舍，这些恩惠供养着成千上万依赖王室过活的人。他们的朋友盆丰钵满，他们的敌人两手空空。

阿泽维多在巴西敛财太快，其形象也与贪污紧密相连，因此，当他 1821 年随堂·若昂六世返程时，葡萄牙宫廷会议禁止他在里斯本登岸。这一禁令丝毫没有影响阿泽维多成功的生涯，甚至起到了相反的作用。巴西独立后，阿泽维多一家仍旧发达兴旺。1823 年 5 月，英国游客玛丽亚·格雷厄姆受邀参加一场纪念巴西独立后首届制宪会议召开的联欢晚会。来到剧院后，她前往阿泽维多妻子（两人是好友）的包厢，所见的景象令她大吃一惊。女主人的服饰镶满了钻石，据格雷厄姆估计，这些钻石价值约 15 万英镑，相当于如今的 3400 万雷亚尔。这位英国游客称，当时她还炫耀道，自己存放在家里的珠宝和身上戴的一样值钱。[18]

拥有意大利血统的塔吉尼出身于圣卡塔琳娜的一户贫贱家庭。刚进入公用事业单位时，他的职务是簿记员，这是殖民地政府官僚体系中的最低职位。由于性格聪慧、安分守己，他先当上了国库书记员，并很快成为该机关的最高领导人。王室来到巴西后，他转而开始积攒权力和名誉。塔吉尼负责管理国家财政，其职务包括处理王室的一切契约和账单，他很快发了财。在堂·若昂留居巴西的末期，塔吉尼家是里约最大的豪宅之一，那是一座带阁楼的双层楼房，位于因瓦利多街和里亚舒埃洛街的交叉口。[19] 塔吉尼在 1821 年 3 月的立宪革命中被捕，其财产遭到没收，但他在两周后获释。宫廷会议也禁止塔吉尼陪同堂·若昂六世返回葡萄牙，但他在巴西仍旧过

174

着宁静舒适的生活。[20]

在堂·若昂六世统治时期，阿泽维多和塔吉尼的权势甚大，两人都从男爵晋升为子爵，这是对其工作的表彰。前者成为里奥塞科子爵，后者成为圣洛伦索子爵。由于两名贪官得以晋升，即使面对自身不幸也不忘讽刺禀赋的里约人民写下歌谣，让他们的贪腐行为家喻户晓：

> 偷小钱者是为窃，
> 吞巨款者加进爵。
> 贪赃无数掩行径，
> 扶摇直上升青云。[21]

175　　皇家档案管理员路易斯·若阿金·多斯桑托斯·马罗科斯也曾在信件中仿写了一首关于他们的民间诗歌：

> 阿泽维多宫中贼，
> 塔吉尼把库银窥。
> 背负沉重十字架，
> 苦民走向各各他[1]。[22]

---

[1]　又称各各他山，据《圣经》记载，这是耶稣被钉十字架的地方。

第十六章

新宫廷

　　1808 年在里约热内卢相遇的两个世界有着互补的优势与不足。一边是王室，自认为拥有天赐权力来统治管理、施恩降惠，却苦于囊中羞涩；另一边是殖民地，虽然已比宗主国更加富裕，但却缺乏教养品味，没有丝毫贵族特质可言。在"发现"巴西 300 年后，这里仍是一片蕴含无限机遇的土地，如同美国蛮荒的西部地区一样，人们白手起家，一夜之间便可发财致富。

　　历史学家若昂·路易斯·里贝罗·弗拉戈索曾讲述一位移民的故事，此人名叫布拉兹·卡内罗·莱昂（Braz Carneiro Leão），离开葡萄牙时穷困潦倒，来到里约后开始经商，王室来到巴西那年，他积攒的财富已令堂·若昂身边的大部分贵族歆羡不已。1723 年 9 月 3 日，布拉兹出生于波尔图一户农民家庭。他 16 岁时移民里约，开始在一名葡萄牙人家中当出纳员以换取食宿。不久后，他自立门户，开办了一家进出口物资经销所。1799 年，时任副王雷森德伯爵列出了一张商界巨擘的名单，布拉兹榜上有名。1808 年逝世时，他在冈波斯区拥有 6 座甘蔗种植园，净资产达 1500 康托雷斯，比巴西银行的初始资本还要高出 25%。[1]

堂·若昂需要精英阶层的财政支持，他们腰缠万贯，却缺乏声望和修养。为博取支持，堂·若昂开始大量授予荣誉及贵族头衔，此举一直持续到他返回葡萄牙的 1821 年。仅在留居巴西的前 8 年，堂·若昂授予的贵族头衔便超出了葡萄牙王国此前 300 年历史中所授头衔的总数。从 12 世纪独立开始，到 18 世纪末为止，葡萄牙共计加封 16 名侯爵、26 名伯爵、8 名子爵和 4 名男爵。而来到巴西后，堂·若昂加封了 28 名侯爵、8 名伯爵、16 名子爵和 4 名男爵。据塞尔吉奥·布阿尔克·德奥兰达称，除上述贵族头衔之外，堂·若昂还分授了 4048 枚基督骑士团骑士、封地骑士和大十字勋章，1422 枚圣本笃·德阿维什骑士团勋章，以及 590 枚圣地亚哥骑士团勋章。[2]"在葡萄牙，当上伯爵需要 500 年；在巴西，只要 500 康托雷斯"，佩德罗·卡尔蒙写道[3]，"一些从没用马刺踢过马的人受封成了骑士，另一些连福音书中妇孺皆知的教义都不懂，却当上了基督骑士团的封地骑士"，约翰·阿米蒂奇补充道。[4]

以钱财换取头衔和勋章的例子数不胜数。1809 年，富镇（即如今的黑金市）一位居民向摄政王捐献 100 枚克鲁扎多，作为报偿，摄政王授予他基督骑士团封地骑士及皇家贵族称号，他的两个儿子立刻从骑兵团学员晋升为少尉。[5]1818 年，圣保罗商人曼努埃尔·罗德里格斯·若尔当（Manuel Rodrigues Jordão）获基督骑士团勋章。堂·若昂六世签署的授勋令表明，他的功绩是"以大笔款项协助巴西银行补充资金，让国家能从这间有益且重要的机构中收获最丰厚而宝贵的利润"[6]。

178

　　这批新贵族负责帮助堂·若昂摆脱财政困境。一部分贵族成为巴西银行的股东，另一些则签署了无数份"自愿认捐名单"。这些捐赠名单自王室抵达后不久便在里约流传，用于募集资金以负担王室开支。据历史学家朱兰迪·马勒巴计算，共有约 1500 人签名认捐，其中 160 人的个体捐赠金额超过 15 万雷斯，这笔钱足以购买一名 10—15 岁的奴隶。"帮助国王的大人物谋求荣誉、身份和社会声望，并且得偿所愿。除了贵族头衔、爵位、特权、豁免权、自由权、经销权之外，国王的恩惠还包括物质回报，例如政府或税务机关中的职位。"[7]

　　在 1808 年的第一份认捐名单中，一半捐款者都是贩奴商。[8]其中一位名叫若泽·伊纳西奥·瓦斯·维埃拉（José Inácio Vaz Vieira），1813—1822 年间的数据显示，仅他一人贩运的奴隶数量便达到同期总数的 33%。1811 年，他获得基督骑士团勋章。贩奴商阿马罗·老达席尔瓦也在这份大出资人的名单之中，他曾于 1808 年堂·若昂抵达里约码头时，负责撑起绯红色华盖的一角。他的工作得到了王室的嘉奖。1812 年 8 月 28 日，摄政王签署诏令，任命阿马罗及其弟曼努埃尔为御前参谋，委任理由如下："在国家危急之际，他们慷慨解囊，充盈国库，屡次证明自己的爱国热忱，又于近日无偿捐赠 5 万克鲁扎多，所以我在此欣然任命他们，以示敬意和对皇家部门及公共利益的关怀之情。"[9]除了御前参谋一职，阿马罗还获得马卡埃子爵一世、基督骑士团僧侣骑士、皇家贵族和纹章贵族的头衔。[10]

　　堂·若昂在巴西分封的新贵族拥有金钱、头衔和权力，却毫无涵养品味。当时，所有游客和专栏作家都将里约描述为一座繁荣富庶却无雅致可言的城市。"炫富的行为随处可见，这或许是新贵族自我肯定的一种方式"，历史学家朱兰迪·马勒巴指出。1817 年，担任外交及战争事务大臣的帕尔梅拉侯爵（conde de Palmeira）来到巴西，

179

他觉得一切都很奇怪。"这里缺少白人、奢侈品和舒适的马路，总之缺乏很多东西，要等时间来填补"，他给留在葡萄牙的妻子写信说道。[11] "开销虽然庞大，却不显得庄严或者优雅"，当谈及王室的挥霍无度时，英国领事詹姆斯·亨德森这样写道。[12]

美国海军军官亨利·玛丽·布拉肯里奇注意到，里约街道上有许多人披着绶带、打着结饰、戴着奖牌和勋章，试图在人群中显得出众，这令他十分好奇。贵族、商人和公务员都是如此，连奴隶也会戴着绶带和其他彩色饰品炫耀："在这个国度，没人会把任何荣誉勋章留到阅兵或庆典日佩戴。我看到许多人平日在街上也戴着勋章，没什么比这更令我惊讶了。勋章的使用过于普遍，因而对于佩戴者来说，它已不再是任何高贵或显要身份的象征。"[13]

在里约王室举行的无数典礼中，富裕的新贵族与贫乏的旧贵族齐聚一堂。这些典礼包括音乐会、游行、弥撒和其他宗教仪式，然而其中无一能与吻手礼相比。举行吻手礼时，君王在整个王室的陪同下敞开宫门，让臣民能够亲吻他的双手、献上敬意，并直接向他提出任何请求或者控诉。欧洲其他王室早已废除了这项古老的礼节，但它在葡萄牙仍然存在，殖民地巴西的民众也向副王献吻手礼。

对吻手礼最细致的描述之一出自一位神秘的匿名作者之手，他在文章和插画下的署名是首字母缩写"APDG"。这位作者的身份从未浮出水面。从表面上看，他应该是在里斯本和里约与贵族共处过的一位英国官员。在绘画和叙述中，他用滑稽的形式与腔调讽刺了堂·若昂六世统治时期葡萄牙陈旧而过分虔诚的习俗——这也解释了他匿名写作的原因。APDG对吻手礼的描述如下：

> 当开放皇宫大厅的指令下达后，王室乐队按照自古以来的习惯开始演奏乐曲，整个场面显得庄严无比。贵族排成队列，

一位接一位缓步走入大厅。当走到距王座几步远处时，他们深鞠一躬，接着再稍稍靠近，下跪并亲吻君王的手；君王将手伸向每一位臣民，仿佛真正的慈父一般。随后，众贵族向王后和每位王室成员献上同样的敬意。最终，他们按照进入的顺序，列队从另一扇门离开。[14]

APDG 称，有些典礼甚至长达 7 小时，"这让保持站立的王子和公主疲惫不堪"。另一位见证人英国领事詹姆斯·亨德森称，每晚 8 点左右，圣克里斯托旺宫中都会举行吻手礼，只有节日和星期日例外。"官员和平民挤满了从新城、卡通比和马塔波尔科来的道路，他们乘坐轻便马车、骑马或者徒步前往，众人都希求得到国王的一点恩惠"，亨德森说道，"当大门敞开时，众人混作一团，争先恐后地向前奔跑，一个混血儿可能踩到一位将军的脚跟。国王陛下在贵族的陪同下坐在二楼，众人以相同的队形向楼上涌去"[15]。

无论是否拥有贵族身份，所有人都有权亲吻国王的手。"这是一项让君臣二人直接接触的礼节，臣民向君主献上应有的敬意，并向他乞求一点恩惠"，历史学家马勒巴解释道，"护国之君的父权在吻手礼中得以巩固"[16]。1816 年，警长保罗·费尔南德斯·维亚纳（Paulo Fernandes Viana）曾在公文中提及一群想要献吻手礼的印第安人。维亚纳请求皇家卫队司令"派遣一名下级骑兵前来我署，使其从陆路穿过冈波斯镇和圣埃斯皮里图省[1]，前往里奥多斯，陪同这些印第安人回来，他们也想感受亲吻国王陛下之手的荣幸"。维亚纳还嘱咐这名士兵，要"以人道和关切的态度将他们带来"[17]。

181

---

[1]　圣埃斯皮里图省（现为圣埃斯皮里图州）位于巴西东南部，首府维多利亚。

第十七章

海上霸主

　　1808年6月25日，即开放巴西港口的皇家特许状签署5个月后，113名英国商人受邀在伦敦一间酒馆齐聚一堂。邀请者是葡萄牙驻英国大使堂·多明戈斯·德索萨·库蒂尼奥，其兄长堂·罗德里戈·德索萨·库蒂尼奥——未来的利尼亚雷斯伯爵——是堂·若昂在里约新内阁中的一名政治强人。3周前，堂·多明戈斯命人在伦敦报纸上刊登了一则消息，号召一切可能有意的商人组织起来，来开拓这片此前从未对外开放的巴西市场。[1] 堂·多明戈斯保证，机遇无可估量。在长达300年的时间里，巴西一直是禁止外国人踏足的神秘土地；而如今它向世界敞开大门，此前仅允许葡萄牙船只驶入的港口也终于获准向他国船只开放。

　　实际上，对英国人来说，局面比大使许诺的更为有利。由于拿破仑的军队占据了欧洲大陆，那时其他任何欧洲国家都不具备同巴

西进行贸易的条件。1805 年，纳尔逊勋爵的船队在特拉法加海战中 183
全歼法西联军，作为此役的胜者，英国是那时唯一一个能在海上自
由通行的强国。因此，它也是港口开放的重要受益者，这一事实将
在随后数月中得到印证。对于齐聚在伦敦酒馆中的商人来说，此次
机会不容错过，必须立即抓住。这场会面得到了《巴西邮报》的报
道，与会的 113 名商人创立了"英国对巴贸易商人社"，由约翰·普
林塞普（John Princep）担任主席。[2] 从此以后，大量英国商品堆满了
巴西的港口，规模之大前人无从想象。

　　各式各样的商品纷至沓来。有许多实用的物件，如棉布、绳线、
钉子、锤子、锯子、马具搭扣和各种铁器。但也有一些稀奇古怪的
东西——比如冰鞋和厚毛毯，在热带潮湿闷热的气候下，它们实在
令人大跌眼镜。得益于 18 世纪末工业革命中新生产技术的发展，英
国工厂以低价大量倾销这些货物。由于拿破仑实施大陆封锁令，英
国商品无法销往欧洲市场，它便将货物运往巴西和南美洲其他国家。
那里的民众本已习惯了量少质劣的简陋手工制品，因此以极低价格
登岸销售的英国商品引发了轰动。

　　1808 年，英国的疆域正逐步延伸至地球的各个角落，如此庞大
的帝国在人类历史上前所未有。在维多利亚女王统治的 60 年鼎盛时
期 [1]，英国人自豪地声称，在他们的领土上太阳永远不会落下。大 184
英帝国始于最东边新发现的大洋洲，跨越亚洲、非洲和加勒比群岛，
直到加拿大广袤的冰天雪地为止。美国独立后，加拿大仍向不列颠
王国保持忠诚。凭借强大的贸易和猛烈的炮火，英国令最古老的文
明之一——印度俯首称臣，后者直至 20 世纪中叶才恢复独立。英国
还曾踏足千年中国的土地，香港直到 1997 年才交还中国。

---

[1]　1837—1901 年，英国历史上第二长的在位期，只输给了如今依然健在的伊丽莎白二世。

这个新兴大国的实力与影响力震动了全世界。那时，人口略超百万的伦敦是世界上最大的城市。[3]烟囱排出的煤烟云笼罩着屋顶，诸如蒸汽机车等革命性发明的出现令财富成倍增长。在活跃而富有创造力的环境中，各种思想得以自由流通，这与法国民众盲目服从的爱国热情大相径庭。在拿破仑统治下，书籍与文化的流通必须顺遂皇帝的心意。19世纪初，共有278家报纸在伦敦发行，其中既包含英文期刊——如已经万众瞩目的《泰晤士报》，也包含众多外文报纸，它们在伦敦发行以逃避本国的审查与惩处，伊波利托·达科斯塔的《巴西邮报》便是如此。这座城市是辩论、研究和创新的中心，吸引众多科学家、思想家、作家与诗人前往。拜伦、雪莱、简·奥斯汀等英国文学史上的巨擘正在伦敦完成他们的代表作。在致力于地理、地质、天文和人类学等科学领域研究的诸多学社中，众人聚集参加讲座、展览和辩论活动。[4]

185　　　在工业革命、海上霸权与贸易扩张的推动下，英国的财富在1712—1792年间增长了1倍。[5]伦敦各港口的贸易量在100年内翻了3倍。1800年，首都附近的泰晤士河是一片桅杆组成的森林，每天有2000—3000艘商船在河中下锚等待装卸货物。中国的茶叶和丝绸，美国的烟草、玉米和小麦，巴西的糖、木材、咖啡和矿石以及非洲的象牙和矿物不断运送至此。[6]1800—1830年间，利物浦纺织业的棉花消耗量从500万磅激增至2.2亿磅，短短30年内翻了44倍。[7]

　　　在庞大的贸易量背后，有880艘遍布世界的英国皇家海军战舰保驾护航。当时，它是世界上最强大和高效的海军，规模达到美国海军的147倍——独立之初的美国仅拥有一支由6艘船组成的舰队而已。[8]英国海军曾在200年中四处征战而未尝一败。[9]船只装备精良，如教科书般整齐有序；船员能熟练地升降船帆、装弹开炮，迅捷程度在当时其他任何海军之上。他们还保持船只干净整洁，降低船上滋生疾病和传染病的风险。

1808 年，这个繁荣的世界强国自然将目光投向了刚刚开放的巴西市场。堂·若昂曾在英国海军保护下逃离拿破仑，欠下英国一大笔人情债。堂·若昂对英国人十分依赖，在从萨尔瓦多到里约的行程中，他甚至将 84 只钱柜交给英国"贝德福德"号船长詹姆斯·沃克保管，钱柜里装着一部分他从里斯本带走的王室财宝。[10] 后来抵达里约之后，为表谢意，堂·若昂赠送给英国舰队司令西德尼·史密斯上将一座位于圣卢西亚海滩的农庄。这片地产包括一座漂亮的别墅、田地和许多负责耕作的奴隶。[11]

186

显然，英国政府明白那时的葡萄牙有多么脆弱，也懂得如何从这种情况中获利。1807 年，在组织堂·若昂的船队启程前往巴西后，斯特朗福德子爵回到英国待了 4 个月。1808 年 4 月 17 日，他带着有关协定谈判的详尽指令抵达里约热内卢，这场谈判将在英国和遭到流放的王室之间展开。在研究斯特朗福德子爵与外交大臣坎宁勋爵之间的往来信件时，美国历史学家阿伦·曼彻斯特发现了上述指令。它们表明，当葡萄牙王室逃往里约以求保全自身时，英国已经完全掌控了局面，它清楚应当如何谈判、谈什么内容来确保自己在巴西的政治和商业利益。坎宁向斯特朗福德下达的其中一条指令称，谈判的协定应"鼓励英国商人将巴西变成一座贸易枢纽，并经此把商品销往整个南美洲"。可见，英国有一项将利益扩张至整片大陆的宏大贸易战略，而巴西则是其中一环。[12]

英国的计划收效显著。在堂·若昂统治下的巴西，英国获得的商界特权甚至在宗主国葡萄牙之上。早先在巴伊亚宣布的港口开放仅仅是个开始。英国享受的优待在两年后的一项协定中再度升级，该协定将英国确定为殖民地的首要贸易伙伴，而殖民地已经成为王国的总部。自 1810 年起，英国所受的优待太过丰厚，连葡萄牙商品

187　都无力与之抗衡。这份新协定将英国商品输入巴西港口的关税下调至进口商品额的 15%，而葡萄牙商品的关税则是 16%。[13] 这样，从关税角度来说，巴西成了英国商品的自由领地。

除了贸易优势，1810 年条约还给了英国人特殊优待，包括随意进出巴西、定居、购置地产以及拥有平行司法系统的权利。条约中最受争议的第十条规定，英国将在巴西延续一项自 1654 年便在葡萄牙拥有的特权：任命特别法官来审理涉及英国公民的一切案件。巴西境内的英国居民将选举出自己的法官，他们只能由葡萄牙政府罢免，而此举须有英国驻巴西代表的预先许可。实际上，在巴西出现了两套司法系统：一套适用于葡萄牙和巴西人，另一套仅适用于英国人，当地法律对后者毫无约束力。[14]

英国人还获得了宗教自由权。根据一项葡属美洲领地前所未有的规定，英国新教徒获准建立宗教礼拜堂，只要这些大小教堂的外观与私人住所相似，且不敲钟预告宗教礼拜即可。[15] 里约圣座大使堂·洛伦索·卡莱皮对条约的这一款极力反对，甚至威胁称，如果堂·若昂答应英国人的要求，他的教籍将遭到革除，但英国人的利益终究占了上风。英国舰队曾在前往巴西的行程中提供保护，作为回报，堂·若昂还赋予英国人在巴西树林中开采木材以打造战舰的特权。此外，无论战争或和平时期，英国战舰均可驶入葡萄牙领土的任一港口，不受数量上的限制。末尾几项条款规定，该条约无有

188　效期限，且其中规定的义务及条款"永久生效、不可更改"[16]。12 年后，当堂·佩德罗一世寻求英国对巴西独立的承认时，英国政府的条件之一便是要求这个新国家认可 1810 年条约。[17]

这项条约有着互利互惠的虚伪外表，实际上却远非如此。在巴西的英国人拥有选举法官、成立特别法庭的特权，而在英国的葡萄牙居民却没有这些权利，条约仅认可"公认卓越的英国法律"所给

予他们的好处。因此，这不过是向英国权势简单纯粹的妥协。英国凭借军队、武器、弹药和船舰的力量保全葡萄牙王国的存续，"如果没有这些慷慨而必要的恩惠，葡萄牙王国甚至将不复存在"，阿兰·曼彻斯特写道。[18]

港口开放和 1810 年条约的结果可以用数字来衡量。1808 年共有90 艘外国船只进入里约港，占总数的 10%，其余 90% 均为葡萄牙船只。两年后，外国船只的数量增长了 5 倍，达到 422 艘，其中几乎全是英国船只，葡萄牙船只数量反而减少。[19] 1809 年，即港口开放一年后，已有超过 100 家英国贸易公司在里约运转。[20] 1812 年，巴西向英国销售了不足 70 万英镑的货物，而反过来，英国人向巴西出口了将近 3 倍的货物，金额约 200 万英镑。[21] 英国向巴西的出口量比销往亚洲的商品总量多 25%，达到向前殖民地美国（1776 年宣布独立）出口总量的一半。英国向南美出口的每 10 英镑货物中便有 8 英镑运至巴西。[22]

相比货物和船只的数量，流入巴西的商品种类之繁多更令人震撼。"集市完全塞满"，英国矿物学家约翰·马威记录道。"英国产品忽然间大量涌入……用于储存商品的库房租金急速攀升。船只挤满了海湾，不久后，巨量的商品连海关也无法容纳。大量铁器和钉子、腌鱼、堆成山的奶酪、帽子、成箱的玻璃、陶瓷、绳子、啤酒桶、染料、树胶、树脂、沥青——这一切货物不仅经受日晒雨淋，还遭人肆意偷窃……紧身背心、棺材、马鞍甚至冰鞋充满市场，但这些商品无人问津，它们根本不该运到这里。"[23] 作为时代的另一位见证者，一名法国游客表示，他确实看到船只在里约卸下冰鞋及其他"古怪的货物"，其中包括厚毛毯和用来加热床铺的铜质暖炉。[24]

这些商品虽与当地的气候和需求毫不相关，却以近乎为零的关税进口至此，它们最后的用途匪夷所思。上面这位法国游客称，人们在黄金矿井下用毛毯代替牛皮来淘洗冲积土，这样做能大幅提高效率。打孔后的铜质火盆成了糖厂里的大撇沫漏勺，冰鞋变成了刀具、铁器和其他金属物件。法国游客称，他曾在米纳斯吉拉斯见过一只由冰鞋改造成的门把手。

若有人觉得只有英国人从中获益的话，那就想错了。许多葡萄牙人和巴西人也大发其财，其中一些手段并不正当。在游客的叙述中，本地商贩欺骗外国人的故事随处可见，他们打着其他商品的招牌，销售劣质产品和货物。"商贩将电气石当作绿宝石，将石英当作黄水晶，将普通石子和玻璃仿制品当作钻石售卖"，约翰·马威说，"他们把英国人卖的铜碗锉光，并将铜粉以 5%—10% 的比例混在金粉中"[25]。里约森林中的廉价红木被当作价值连城的巴西木出售——这种硬木的贸易在伯南布哥受到严格监督。这是巴西式诡计花招在国家历史书页上的又一场盛演。

第十八章

改变

> 这个城市里全都是来自法国的布匹和小物件，我没法跟你说清楚究竟有多少。英国布匹被弃如敝屣，已经不见踪影。所有人都照法国品味穿衣打扮，只有我例外。我是个忠心耿耿的人，谁也不能叫我舍弃这份执念。
>
> ——1816年，皇家档案管理员路易斯·若阿金·多斯桑托斯·马罗科斯给身在里斯本的姐姐写信，讲述里约热内卢法国产品的大量涌入[1]

王室抵达时的混乱已经平息，是时候着手实干了。计划宏伟无比，巴西的一切都尚待完成。这片殖民地需要道路、学校、法庭、工厂、银行、货币、商贸、书刊、图书馆、医院和高效通信手段等，尤其需要一个有序的政府来肩负这一切重任。"这个国家广袤无垠、未经开发，而来自异乡的新政府困顿不堪，一切都只能临时安排、设立"，历史学家佩德罗·卡尔蒙写道。[2] 堂·若昂没有浪费时间。1808年3月10日，在里约登岸48小时后，他便组建了新的内阁。巴西第一任内阁成员如下：

- 外交与战争事务大臣：堂·罗德里格斯·德索萨·库蒂尼奥，未来的利尼亚雷斯伯爵
- 王国事务大臣：堂·费尔南多·若泽·德波图加尔，未来的

阿吉亚尔侯爵

● 海军与海外事务大臣：堂·若昂·罗德里格斯·德萨-梅内塞

斯（D. João Rodrigues de Sá e Menezes），阿纳迪亚子爵

内阁肩负了从零起步建设国家的任务，并从两方面着手行动。首先是国内方面，堂·若昂抵达后迅速作出了许多行政决定，意在加强行省间沟通、鼓励定居和对殖民地财富的开发利用。其次是对外方面，目的是扩展巴西疆域，以加强葡萄牙在美洲的影响力。这也是惩罚欧洲对手的一种方式，葡萄牙占据他们的领土，威胁其在美洲的利益。然而，这方面的进展并不稳定，也未取得长久的成效。

1808 年底，在一小队海军的护卫下，500 名巴西和葡萄牙士兵入侵了法属圭亚那，包围了首府卡宴。次年 1 月 12 日，首府总督不战而降。[3] 这是对拿破仑军队入侵葡萄牙的报复。巴西发动的第二次进攻是吞并"普拉塔河东岸"（即如今乌拉圭领土）的行动，这是为了报复西班牙同拿破仑统治下的法国结盟。这两次占领都很短暂。《维也纳条约》[1] 将法属圭亚那归还法国——在拿破仑倒台后，这份条约重塑了欧洲版图。1817 年被堂·若昂派兵占领的乌拉圭则于1828 年取得独立。

193　　　扩张领土的计划失败后，堂·若昂只能将精力集中于雄心勃勃的第一项任务：改变巴西，在热带重建梦寐以求的葡萄牙美洲帝国。在此过程中，新事物开始以疯狂的节奏涌现，并将深刻影响国家的未来。停靠萨尔瓦多时，最重要的决定是开放港口；到达里约

---

[1]　维也纳会议是从 1814 年 9 月 18 日到 1815 年 6 月 9 日在奥地利维也纳举行的外交会议，目的在于解决由法国大革命战争和拿破仑战争导致的一系列问题，其中最重要的便是恢复欧洲战前的国界。会议的最终结果是 1815 年的《维也纳条约》。

后，则是授予商业和制造业机构在巴西的运营权。这项举措于 4 月
1 日宣布，废除了 1785 年禁止殖民地生产任何产品的敕令。此举与
港口开放相结合，实际上宣告了殖民制度的终结。巴西从葡萄牙长
达 300 年的垄断中解脱，并以自主国家的身份加入国际生产和贸易
体系之中。[4]

　　禁令解除后，无数工厂开始在巴西领土上涌现。1811 年，时任
米纳斯吉拉斯省长、帕尔玛伯爵堂·弗朗西斯科·德阿西斯·马什
卡雷尼亚什（D. Francisco de Assis Mascarenhas）在孔戈尼亚斯多冈
波建立了第一座炼铁厂。3 年后，已转任圣保罗省长的堂·弗朗西斯
科为另一座钢铁冶炼厂——位于索罗卡巴的圣若昂·德伊帕内玛皇
家制造厂提供建设援助。[5] 其他地区还修建了小麦磨坊以及制造船只、
火药、绳线和布料的工厂。

　　早在停留萨尔瓦多时，堂·若昂便授予了开辟新道路的许可，
这有助于打破此前各省间相互隔绝的局面。1733 年，政府以打击黄
金和宝石走私为由，正式立法禁止修建道路。葡萄牙军队占领卡宴
后，为加强同法属圭亚那的通信，人们于 1809 年开辟了一条长 121
里格（约 800 公里）的道路，从戈亚斯省通往巴西北部。它的路线
与如今的贝伦–巴西利亚公路相似。人们还在米纳斯吉拉斯、巴伊
亚、圣埃斯皮里图和如今里约热内卢州北部之间修筑了新路。对于
从圣保罗前往米纳斯南部的驮畜队商人来说，连通帕拉伊巴谷地诸
城的"商贸之路"将他们的必经路程缩短了一半。[6]

　　人们探索最偏远的地区并绘制了地图。帕拉和马拉尼昂省拥有
了新的航海图，戈亚斯省成立了第一家航运公司。探险队踏遍亚马
孙河的各条支流，直至河流的源头，并开辟了马托格罗索至圣保罗
的河上通道。[7] 1818 年，费利斯贝托·卡尔代拉·布兰特（Felisberto
Caldeira Brant）开办了蒸汽航运业务，此人是未来的巴巴塞纳侯爵，

194

以及巴西独立后首任驻伦敦大使。堂·若昂授予布兰特该业务的 14
年专有经营权，此举遭到记者伊波利托·达科斯塔的批评，他认为
缺乏竞争对手将阻碍这一新交通方式的发展。[8]

　　同样新鲜的还有世俗及高等教育的引入。王室到来以前，殖民
地巴西的全部教育仅限于基础层面，由宗教人员负责传授。考试大
多在教堂中举行，并有观众考察学生的表现。[9]相邻的西属殖民地
已经拥有了最初几所大学，巴西则截然相反，连一座学院也没有。
堂·若昂改变了这种局面。他开办了一所高等医学院校、一所农业
技术院校、一间化学研究分析实验室和皇家军事学院，该学院的教
学内容包括土木工程和采矿。他还设立了最高军事司法委员会、宫
廷警务总部（市政府与公安部的结合体）、皇家金库、财务委员会和
禁卫兵团，后来又建立了国家图书馆、国家博物馆、里约植物园和
圣若昂皇家剧院。[10]

195　　在本国出版的首家报纸《里约小报》于 1808 年 9 月 10 日开始发
行，用于印刷的机器是从英国原封不动运来的那一批。这份报纸有
个例外：它只刊登对政府有利的新闻。"若以这份国内唯一的报纸
作为评判依据，巴西简直是个人间天堂，那里从未有任何批评或抱
怨的声音"，历史学家约翰·阿米蒂奇指出。[11]在《里约小报》发行
3 个月之前，伊波利托·达科斯塔在伦敦发行了《巴西邮报》，他抱
怨前者"用这么好的纸张来印这么差的内容"，并称"还不如用来包
黄油"[12]。

　　1815 年 12 月 16 日，女王玛丽亚一世 81 岁诞辰前夕，巴西迎
来了变革的至高点。这一天，堂·若昂将巴西的地位提升，将其与
葡萄牙和阿尔加维组成联合王国，并把里约升为君主国的正式总部。
这一举措有两个目的。首先，堂·若昂在向 1808 年接待他的巴西人
民表达敬意。另外，这是为了提高葡萄牙王国在维也纳会议谈判中

的地位，战胜拿破仑的几大强国在其中商讨欧洲的未来。[1] 此前，里斯本才是欧洲其他政府认可的葡萄牙总部；而将巴西升为王国并与葡萄牙联合之后，尽管与里斯本相隔数千公里，身处里约的王室依然在会议中获得了发言和表决权。

　　除上述重大举措之外，摄政王还采取了堂区层面的措施，如下令改造里约民居的外墙。王室到来时，里约大部分民居的窗户都按摩尔人的风格修建。这种窗户叫作"格板窗"，墙上的窗口有木质格状结构遮蔽，下部设有开口，居民可以从中观察街上过往的行人而不被发现。木质格栅阻挡阳光射入，让房屋内部昏暗压抑，堂·若昂非常厌恶这一处设计。1809 年 6 月 11 日，他签发通告，命令民众立即卸下所有格栅并换成玻璃板，"限期 8 日完成"13。

　　堂·若昂采取的另一项"有趣"的决定是向博托库多族印第安人宣战，后者令圣埃斯皮里图省的庄园主和殖民者烦扰不堪。据英国人约翰·马威的叙述，"摄政王发表声明邀请这些印第安人在村庄定居并皈依基督教，他许诺称，若他们能与葡萄牙人和睦共处，其权利将得到承认，他们将如其他臣民一样享受国家保护；但是，若他们执意要过野蛮残暴的生活，摄政王的军队将奉命开战并将其歼灭"14。在一篇《巴西邮报》的社论中，身处伦敦的伊波利托·达科斯塔对此举讥讽道："我已经很久没读过如此出色的声明了；一旦收到博托库多王国外交与战争事务大臣的回复，我就立刻将此文件刊登出来。"15

　　改变巴西的努力不只局限于行政方面。在下令开辟道路、修建

196

---

[1]　这种说法并不准确。事实上，维也纳会议在 1815 年 6 月就结束了，而将巴西提升至王国是 12 月的事情。维也纳会议决定，此前被拿破仑废黜的欧洲王室可以恢复地位，但此时摄政王堂·若昂不在里斯本，重登葡萄牙王位不够名正言顺；因此，他于年末将巴西提升为王国，组成葡萄牙、巴西及阿尔加维联合王国，这样便可以顺理成章地恢复王位了。

工厂和学校并调整政府结构的同时，堂·若昂还致力于历史学家朱兰迪·马勒巴所说的"开化事业"。在这方面，他的目标是推动文艺发展，以求在殖民地落后的习俗中注入一些考究高雅的特质。其中最重要的举措是从巴黎聘请著名的"法国艺术使团"。这一使团于1816年来到巴西，由法兰西艺术院终身秘书若阿基姆·勒布勒东（Joaquim Lebreton）领导，并由当时大名鼎鼎的几位艺术家组成：师从拿破仑·波拿巴最青睐的画家——雅克-路易·大卫（Jacques-Louis David）的让·巴蒂斯特·德布雷；风景画家尼古拉·陶奈（Nicolas Taunay）及其弟雕塑家奥古斯特·陶奈（Auguste Taunay）；建筑师格朗让·德蒙蒂尼（Grandjean de Montigny）；雕刻家、木雕师西蒙·普拉迪耶（Simon Pradier）；工程力学教授弗朗西斯科·奥维德（Francisco Ovide）；雕塑家助理弗朗西斯科·邦勒波（Francisco Bonrepos）；师从奥地利作曲家弗朗茨·约瑟夫·海顿（Franz Joseph Haydn）的音乐家塞吉斯蒙德·纽科姆（Segismund Neukomm）。除上述艺术家之外，使团成员还包括2名鞣皮工、1名五金工、3名车匠和1名铁匠。[16]堂·若昂支付了旅费，并许诺给予他们丰厚的报酬，条件是在巴西至少居住6年。[17]

按照官方说法，法国艺术使团的主要任务是在巴西设立一座艺术科学院。但这项方案始终是一纸空谈。[18]实际上，法国人的工作是取悦国王和王室，因为艺术家在热带的生活全靠他们保障。在王室返回葡萄牙之前的4年间，君主国在巴西举办大型庆典，其中包括堂·佩德罗与莱奥波尔迪娜公主的婚礼，以及堂·若昂的生日庆典、拥立仪式和加冕典礼。庆典的组织和装饰工作都由法国人负责。为此，他们在里约街道上修筑纪念拱门，组织戏剧演出和音乐会，并绘制了许多著名的画作。因此，使团在这方面确实派上了用场，但典礼期一过，它便成了一盘散沙。巴尔卡伯爵安东尼奥·德阿劳若-

阿泽维多是使团的主要庇护者及项目策划人，1817 年，他的逝世亦对使团造成严重冲击。勒布勒东遭到排挤，后来隐居在弗拉门戈海滩的一间房子里，于 1819 年去世。[19]"艺术家们失望透顶"，历史学家托比亚斯·蒙泰罗说，"除了音乐之外，王室对艺术毫无兴趣，无论贵族还是富豪都不收藏画作"。

尽管困难重重，德布雷仍在巴西留居了 15 年。他是整个法国使团最知名的艺术家，为那个时代创作了最出色和丰富的画像。他的绘画、版画和注解详尽地记录了里约及周边的风景与民俗习惯、王室成员的相貌（包括堂·若昂本人最著名的几幅肖像画）、宫廷中的种种礼仪，以及堂·佩德罗一世的加冕典礼。这些画作试图模仿欧洲君主国的华丽与考究，实际展现的却是一群没有文化的乡村贵族。德布雷还记录了巴西城市和庄园中的奴隶制度。在这方面，他描绘的场景依旧正统古板、一尘不染，其中的黑人男女有着古希腊式的身形，曲线优美，衣衫洁净，安然端坐。但有时，这些场景也能露骨地展现奴隶所受的残忍责打和虐待。

音乐是在里约的葡萄牙王室最钟爱的艺术，其他艺术形式都远不能及。据德布雷 1815 年的估算，堂·若昂每年花费 30 万法郎用于管理皇家小教堂及聘请艺术团，该团体包括"50 名歌手——其中有杰出的意大利唱将，有些还是著名的阉伶 [1]，100 位优秀的演奏家，由 2 位乐长 [2] 担任指挥"[20]。1811 年，葡萄牙最知名的音乐家、作曲家马科斯·安东尼奥·波图加尔（Marcos Antônio Portugal）来到里约热内卢。他创作了无数乐曲和圣歌来纪念王国的重要事件，直

---

[1] 阉伶（意大利语：castrato）也叫去势男高音、阉人歌手，是 16—18 世纪在欧洲出现的一种独特男歌手，他们在童年时接受阉割手术以保持童声。那时，妇女被禁止在教堂诗班和舞台上演唱，因而由阉伶代替女性演唱某些高音歌曲。

[2] 原文为 mestre de capela，来自德语 Kapellmeister，字面义为"小教堂的大师"。原指小教堂中音乐事务的总管，后来也指合唱团的作曲家或指挥。

至 1821 年王室离开。

音乐会在皇家小教堂和新建的圣若昂剧院上演，剧院拥有 112 间包厢，池座可容纳 1020 位听众。1819 年来到里约的普鲁士骑兵上尉西奥多·冯·莱特霍尔德（Theodor von Leithold）对这些演出的描述如下：

199

> 每周有 4—5 场演出，形式在葡语喜剧、话剧、悲剧和意大利芭蕾舞歌剧之间变换。意大利歌剧的演出方式十分特殊。在我逗留期间，歌剧《坦克雷迪》[1] 上演了很多次，但糟糕透顶的管弦乐团将它删删减减、乱弹一气，叫我几乎认不出来。皇家小教堂一名阉伶的妹妹法西奥蒂小姐和萨比尼夫人唱得还可以，这非常得益于她们的身体天赋。管弦乐团人数很少，用一个词形容便是少得可怜：只有一位法国长笛手和一位大提琴手引起了我的注意，而那些小提琴手简直不值一评。[21]

显然，里约还远不能与伦敦或巴黎相比，但王室引入的新习惯和新礼节很快影响了民众的行为举止。"港口的开放，以及里约作为整个葡萄牙帝国首都的新贵地位吸引了大批商人、冒险家和艺术家前往"，历史学家朱兰迪·马勒巴说道。[22] 曾加入普鲁士陆军与拿破仑作战的维德-新维德亲王、博物学家亚历山大·菲利普·马克西米利安（Alexander Philipp Maximiliano）于 1815 年抵达里约，希望找寻一座沉睡在热带密林中的宁静殖民村落，所见的景象却令他大为震惊。"首都各方面的条件均有改善"，这位亲王写道，"它丧失了许

---

[1] 《坦克雷迪》（*Tancredi*），意大利作曲家焦阿基诺·罗西尼（Gioachino Rossini）的代表作，首演于 1813 年。

多原始特质，如今变得和欧洲城市更像了"[23]。

3 年后，美国海军军官亨利·玛丽·布拉肯里奇乘坐"国会"号三桅帆船进入瓜纳巴拉海湾，他也同样感到惊讶。"不断出入港口的船只数量表明，我们将要造访的这座城市有着重要的贸易地位"，他在日记中写道，"进入海湾时，一幕壮观的景象映入眼帘……丘陵与谷地掩藏在巍峨的群山中，修道院、教堂和美丽的花园遍布其上，而海边沙滩则由雅致的乡间别墅占据，其中大部分是葡萄牙贵族或港口开放后发财致富的英国商人所建"[24]。

想要观察里约社会愈发高雅的习惯，最有趣的方法便是阅读1808 年起刊登在《里约小报》上的广告语。最初，上面仅提供简单的产品和服务，这反映了与世隔绝的殖民地社会状况，它进口的货物很少，几乎能自给自足。这些广告涉及车马租赁、土地房屋买卖以及一些基础服务，比如教授宗教教义、葡语、历史和地理课程。[25]

1808 年登报的两则广告如下：

> 若欲购买一套面朝圣里塔的多栋复式住宅，请找安娜·若阿基娜·达席尔瓦询问，她就住在这几栋房子里，或者找弗朗西斯科·佩雷拉·德梅斯基塔上尉，他受命出售房屋。

> 现有一匹会拉小车的良马出售。欲购请找弗朗西斯科·博尔热斯·门德斯，他住在施洗约翰巷拐角处一间商店的上层。[26]

1810 年后，广告的格调和内容彻底变了。它们不再出售房屋、马匹和奴隶，而开始售卖钢琴、书籍、亚麻布、丝巾、香槟、古龙水、扇子、手套、瓷器、画作、钟表和其他无数进口商品。在 1816 年 3 月 2 日的《里约小报》中，法国人吉拉尔德（Girard）登广告自

称"巴西王妃堂娜·卡洛塔殿下、威尔士公主殿下及阿尔古莱姆公
爵夫人殿下的理发师"。接着，他提供如下服务："为女士梳巴黎和
伦敦的新潮发型；为男士女士剪发、制作假发；染头发、眉毛和颊
须，技艺炉火纯青，不会对皮肤和衣物造成任何损伤；还有一种香
脂可让头发生长和蓬松。"同年11月13日，欧维多街8号的贝拉德
（Bellard）登广告称，刚刚进了"新一批真、仿珠宝，女士帽，法国
书籍，摩登女郎服饰，各种香水，摆锤，步枪和扇子"。

　　法国的影响十分显著。里约的商店摆满了从巴黎运来的新产
品。在1817年6月26日的《里约小报》上，商人卡洛斯·杜兰特
（Carlos Durante）告知顾客称，他从欧维多街28号搬到了迪雷塔路
9号的底层，并在那里售卖如下产品："香水，古龙水，香脂，各种
用于梳妆台、餐桌的香精和醋，手套，背带，肥皂，各种扇子，各
种品质的刷子和梳子，鞋子，男、女用拖鞋，丝绸和山羊皮制的衣
服（全部从巴黎进口），男士必备的各类烟草盒，女士用针线盒，蜡
烛和用于照明的精炼橄榄油，男士及儿童用稻草帽、河狸皮帽，女
士用稻草帽（带装饰和无装饰款均有），丝绸帽，羽饰，丝带，金、
银刺绣网眼纱，人造花，羊绒，手套，薄纱，面纱，丝线，生丝
等；桌子，梳妆镜，各种尺寸的镜子（带框无框均有），版画和珍贵
绘画，真、仿珠宝——如项链、耳环、戒指和装饰品；摆锤，男士、
女士用报时钟和音乐钟，480毫升一瓶的香槟酒，一只用于碾谷物的
便携磨（一个黑人就能推得动），一批法国书籍，还有很多其他商品
出售，价格相宜。"[27]

　　1824年，王室离开3年后，德国专栏作家恩斯特·埃贝尔走进
欧维多街一家名叫"维维安"的商店，他在其中仿佛置身巴黎："女
士或小姐优雅地坐在一张光洁的桌子后，6名黑人女孩为她服务，这
些按体型挑选出来的女孩衣着考究，正忙着缝纫……即使最优雅的

女士希求的最难寻的商品，那里也有售卖，自然价格不菲。在首席理发师的美容厅中，想要剪发的顾客会进入一间配有镜子的精致内室，有法式和英式发型及按摩油可随意挑选，价格亦随意支付；但付的钱若少于1000雷斯，便会遭人厌恶。"[28]

在圣若昂剧院演出之夜和周日的弥撒中，王室引进的穿衣方式与新习惯得以呈现。在上述场合中，跟随主人走在里约街道上的奴隶和仆从数量乃是无可争辩的地位象征。富豪权贵的随行人员最多，他们故意炫耀仆从，以示自己显要的社会地位。普鲁士人冯·莱特霍尔德称，就连高级妓女也在街上骄傲地炫耀自己的随从，"这种妓女还不在少数"。没有家仆的人便租赁仆役参加圣徒日庆典和弥撒。"带着众多仆人露面，这是事关荣誉的问题。他们迈着计算好的步伐，在街上庄严行进。"

"每逢周日和节庆日，巴西家庭的财富与奢华展现得淋漓尽致"，1819—1821年在里约居住的英国游客亚历山大·卡尔德克勒说道。"家主一大早便准备前往教堂，各家几乎无一例外地按如下顺序行进：男主人走在队首，戴着高帽、穿白裤子、蓝色亚麻夹克、搭扣鞋，拿着一根镀金手杖。接着是女主人，她身穿白色细棉布，佩戴首饰，手拿一把大白扇，穿白袜白鞋，深色的头发上缀有花朵。接着是儿女们，然后是女主人最喜爱的两三名混血女孩，也穿着白袜白鞋；后面是一位黑人管家，戴着高帽、穿长裤、系搭扣；黑人男女走在最后，一些有鞋但没有袜子，还有很多两样都没有。两三个衣不蔽体的黑人男孩走在队伍末端。"[29]

显然，这只是欺骗性的外表。尽管堂·若昂带来的变化有力而迅速，葡萄牙王室新总部的街巷中可以见到形形色色的商铺、富室豪家的排场，但改变巴西却比想象之中难得多。

第十九章

警长

在葡萄牙王室留居巴西的 13 年间，一颗人口炸弹撼动了里约热内卢。1808 年 6 万的居民数，到 1821 年翻了一番。只有在 20 世纪上半叶，当工业化阶段的圣保罗一跃成为拉丁美洲最大都市时，才有如此快的人口增速。而在里约，奴隶占了人口的一半，这让情况更加糟糕。[1]1808 年，这座城市已经拥挤不堪，没有服务和基础设施迎接从里斯本来的新居民。可以想见，人口激增将会带来怎样的后果。

里约的犯罪率攀升至极，抢劫和凶杀案时刻都在发生。港口的船只成为劫持目标，闹事者拉帮结派在街上游荡，用刀和匕首袭击路人。人们在光天化日下从事官方禁止的卖淫和赌博活动。"在这座城市和郊外，我们经常遭遇强盗袭击"，皇家档案管理员路易斯·若阿金·多斯桑托斯·马罗科斯给留在里斯本的父亲写信说道[2]，

"5 天中，这一小片区域发生了 22 起凶杀案。有天晚上，就在我家门口，一名强盗杀死两人，让另一人身受重伤"。马罗科斯抱怨称，里约街头的黑人和穷人太多，而且大多衣衫不整。

堂·若昂将匡乱反正的任务交给了律师保罗·费尔南德斯·维亚纳。维亚纳是高等法院法官、王室特派执法官，生在里约，毕业于科英布拉大学。1808 年 5 月 10 日的敕令任命其为警署总长，他担任这一职务直至 1821 年去世。维亚纳的角色相当于如今的市长加公安部秘书，此外，他还是里约民俗的"开化者"[3]。他负责将这座落后、粗鄙、肮脏、危险的殖民村落变得更像欧洲首都，让它配得上葡萄牙总部的地位。他的任务包括填平沼泽，组织水和食物供给，清理垃圾和下水道，铺设街道并用鲸油灯照明，修建马路、桥梁、沟渠、喷泉、人行道和公共广场。他的职责还包括维持街道治安、发放签证、监视外国人员、检查奴隶仓房的卫生条件，并为随王室而来的城市新居民提供住所。[4]

维亚纳是摄政王最得力的副手之一，堂·若昂每两天都要接见一次。[5] 在维亚纳看来，"警察的一项任务是让民众轻松安宁，同时强化臣民对君主与王朝的敬重和热爱之心"[6]。维亚纳拥有"超能力"，几乎所有事情他都要干涉。家庭邻里的争斗，主人奴隶间的纠纷，庆典和公共演出的举办，外国书籍期刊的发行，人们在家里家外的行为———一切都逃不过他的法眼。1816 年 1 月，他在给警察局长的公文中下令扑杀流浪狗，称"它们在这座城市已令人忍无可忍，值此酷热之季，容许其存在可能招致疾病，流浪狗袭击、撕咬民众的情况也时常发生"[7]。在另一封公文中，他命令军警卫队在剧院演出期间惩处"民众吹口哨、喊叫、跺脚及其他不文明行为"[8]。

在里约开化者这个吃力不讨好的新职位上，维亚纳的首要任务之一便是改造殖民时期的城市建筑。堂·若昂曾下令将房屋窗户简陋的木格栅换成玻璃板，而维亚纳则负责执行这项命令。"如今作为宫廷所在地，里约需要其他样式的房屋，让城市显得高贵美丽"，他在一封公文中写道。[9] 采取这项措施不仅是出于审美原因，也是为了安全考虑：政府担心有人在格栅遮挡的窗户后面伏击葡萄牙王室。

城市街道上的大量奴隶成了这场移风易俗运动的阻碍。奴隶向来是社会张力的来源，在圣多明各岛的黑奴发动暴乱、血洗白人殖民者之后尤其如此。[1] 圣多明各岛是如今多米尼加共和国和海地的所在岛，后者被认为是世界上最贫困的国家。"奴隶永远是主人的天敌，因为主人用暴力将他们控制"，若泽·安东尼奥·米兰达（José Antônio Miranda）指出。1821 年，米兰达撰写了一本分析葡萄牙和巴西政治局势的小册子，它在里约广为流传。"在任何白人数量远少于奴隶、社会阶级繁杂的地方，分散行动……可能会宣告白人的死期，乃至引发大屠杀，像圣多明各岛的事件一样。在任何奴隶的力量和数目超过自由人的地方，这种事件都可能发生。"[10]

207   维亚纳支持奴隶制，但他认为，在一座欧洲王室居住的城市，公然展露奴隶制并不妥当。每逢周日和节日，衣不蔽体的黑人经常聚集在街道和广场上玩耍，跳战舞 [2] 和巴图克舞 [3]。奴隶违法时，主人有权命人在公共广场鞭打他们。1821 年的警长报告显示，在当年入狱的全部奴隶中，三分之一犯了"扰乱公共秩序罪"，在警方通告中统称为"骚乱"。[11] 这类罪行包括斗殴、醉酒、违禁运动（如战舞）和人身攻击。小偷小摸、携带武器（如折叠刀等）将受严惩。奴隶如被发现带折叠刀或跳战舞，将受 200—300 下鞭刑。[12]

---

[1] 指 1791—1804 年的海地革命，是西半球第一次成功的奴隶反叛。

[2] 巴西战舞（capoeira），又称卡波耶拉，是由巴西黑奴发展出的一种文化艺术，介于舞蹈和武术之间。这种舞蹈起源于非洲，又融入了巴西原住民的文化特性，因此是巴西重要的本土文化象征与国技之一。

[3] 巴图克舞，是一种源于非洲佛得角的音乐与舞蹈形式。

"奴隶在里约街头自豪地表演战舞，这是非洲文化的一种象征"，历史学家莱拉·梅赞·阿尔格兰蒂说道。战舞也是一种防卫手段，它令城市中巡逻的警卫队深感忌惮。黑人哪怕只用口哨吹出战舞的节奏，或者戴有红黄饰带的帽子（这是战舞者的象征）都可能遭到逮捕，连携带战舞用的乐器也不例外。1818 年 4 月 15 日的警务记录写道："若泽·雷博洛，亚历山大·皮内罗的奴隶，因戴有红黄饰带的帽子被捕。"他还持有一把尖刀。他受的惩罚是：鞭刑 300 下，监禁 3 个月！ [13]

在维亚纳看来，王室到来后的里约应当展现出优雅和考究的新高度，而上述一切都与之不符。警长认为，在一座王室居住的城市，在公共广场鞭打黑人"实在有失体面"，还可能引发不必要的骚乱。[14] 因此，他采取的一项措施就是禁止黑人在公共场所集会。鞭刑依旧存在，但远离了街上贵族和外国人的视线，改在封闭场所进行，并由警署长官监督。

在王室留居的里约，大部分民众携带武器。许多人把刀藏在长大衣的袖子里，"并能熟练地抽出和使用"，英国领事詹姆斯·亨德森对此十分惊讶。[15] 入夜后，很少有人冒险独自上街。扔石头是一种很常见的袭击手段，许多奴隶因为向无关的路人扔石头而入狱。1817 年 10 月，美国大使托马斯·森普特的夫人在欧维多街被一块石头砸中了眼睛，那时她正坐在自己的轿厢里。另一次，在圣若昂剧院一场音乐会上，一颗石头精准地砸中了演员曼努埃尔·阿尔维斯，导致演出中断，警长为此将王室卫队的指挥官训斥了一番。

颠覆活动和对现行社会秩序的威胁始终令维亚纳忧心忡忡。1816年，加勒比地区巴巴多斯奴隶起义的消息和法国思想在南美大陆的传播惊动了维亚纳，他于是决定在警署开展一项"反间谍"工作。维亚纳认为有必要提防外国人，尤其是法国人——"事实证明，这群

208

人贻害无穷"。在一份备忘录中，他建议由可靠的特务"对外国人施加无压迫的监视"，特务需"精通语言，参加外国人的晚宴，并在剧院、人行道和大众娱乐场所进行跟踪"[16]。他还命人制作了一份城市各区居民及其职业的清单，"来找出无业的可疑人员"[17]。

里约习俗的迅速改变同样令维亚纳感到不安。1820 年，一名刚到里约的作曲家向他请求在四旬斋 [1] 期间上演一出戏剧的许可。维亚纳婉拒了他，称这一请求尽管看起来并无恶意，但却是与殖民时期四旬斋期间静修、虔诚和祈祷传统的强势决裂。"除了十四处苦路图 [2] 之外，巴西民众并不习惯看任何其他演出，因此不能给人落下话柄，说是因为王室的到来才废除了（四旬斋期间）肃穆节制的习俗。"[18]

警长抱怨称，匮乏的资源不足以打击犯罪和执行他负责的各项重大任务。他的警署本应拥有 218 名警员，实际只有 75 名。[19] 这些人不像如今的警察那样耀武扬威。他们着便衣巡逻，躲在街巷的暗处以伺歹徒作案。警署章程规定，监视员必须"悄无声息地藏在隐蔽处，以便探听到任何暴动和骚乱的风声，并在混乱现场出其不意地现身"[20]。由于这种神出鬼没的行动方式，维亚纳带领的警察得了"蝙蝠"的绰号。

维亚纳手下的警员凶狠无情，其中最著名的当属米格尔·努内斯·维迪加尔（Miguel Nunes Vidigal）少校。担任新王室卫队副官的维迪加尔成了里约游民的噩梦。他总在街角窥视，或在跳战舞和巴

---

[1] 四旬斋，又称大斋期，教会时间是复活节之前的 40 天（不计算周日）。在此期间，教徒一日只吃一餐正餐，以斋戒、施舍、克己等方式补赎自己的罪恶，准备迎接复活节的到来。

[2] 苦路（拉丁语：Via Crucis）是天主教为重现和纪念耶稣被钉上十字架的过程而在耶路撒冷设立的多个地点，从耶稣被鞭打的地方开始，到埋葬圣尸的坟墓为止，共有十四处。看"十四处苦路图"（亦即追思苦路的内容）主要进行于四旬斋期间。

图克舞的人群中突然现身，奴隶常常在那里聚集，喝甘蔗酒并联欢到深夜。他不顾任何法律程序，命令士兵逮捕并殴打此类活动的一切参与者——无论他们是罪犯还是仅为寻求消遣的普通公民。维迪加尔手下的士兵不用警棍，而使用沉重的长柄鞭，前端由生皮条制成。少校还亲自指挥军队，向里约周边森林里的逃奴堡发动进攻。21

1820 年，为了报答维迪加尔的工作，本笃会修士将两兄弟山 [1] 脚下的一片土地赠送给他。1940 年后，棚屋占据了这片土地，如今这里是维迪加尔贫民窟，有着欣赏伊帕内玛和莱布伦海滩 [2] 的绝佳视角。

　　维亚纳实施的城市改革受到了两名医生兼皇室顾问的启发。第一位名叫多明戈斯·里贝罗·多斯吉马良斯·佩肖托（Domingos Ribeiro dos Guimarães Peixoto），担任御用外科医生，他支持对城市进行彻底的卫生清洁。他不仅提议修建下水道和自来水网，还提出要拆毁部分贫民窟、填平沼泽、改变原来的风貌——在他看来，这种风貌固然美丽，却不利于公共卫生。佩肖托认为，在高温、气流流通不畅和沼泽泥区死水的共同作用下，里约的空气对人体呼吸有害，因为它导致"血氧不足"，有利于疾病传播。22

　　第二位医生名叫曼努埃尔·维埃拉·达席尔瓦，他担任御前参谋，巴西首部医学专著便出自他的手笔。维埃拉·达席尔瓦也支持填平沼泽、修建排水系统、拓宽街道、规范肉类等食品的销售。他尤其对在教堂内下葬的古老习俗表示担忧，认为这是疾病传播的源头。"所有开明的社会都谴责在教堂内下葬，而由于空气原因，此举在里约更应受到谴责"，维埃拉·达席尔瓦表示，"将遗体葬在怜悯

210

[1]　两兄弟山是里约一座拥有一高一矮两处山峰的小山，如同两兄弟一般，因而得名。最高海拔 533 米。

[2]　伊帕内玛和莱布伦海滩位于里约城南部，是两条彼此相连的海滩，长度分别为 2.6 公里和 1.3 公里。其中，伊帕内玛海滩是巴西最著名的海滩之一，为巴西音乐史上脍炙人口的歌曲《伊帕内玛姑娘》（Garota de Ipanema）提供了填词灵感。

教堂，几乎是将其暴露在炎热和空气中，接着便会释放扼杀生命的气体"。这位医生提议修建公墓，"无论穷富都葬在那里，并设立必要措施以区分社会地位"[23]。

在两位医生改善公共卫生的计划中有一块绊脚石——或者说一座211 大山更为恰当，这便是卡斯特洛山。这座山位于市中心皇宫附近，由于阻碍空气流通、阻断水的自由流动，两人都认为它对里约人民的健康有害。在提及里约诸山时，佩肖托称"卡斯特洛山是最大的麻烦"。"它不仅破坏里约的优美风光，还阻止恒久而健康的微风沐浴这座城市，并在山脚下长时间积蓄雨水"，他补充道。[24] 维埃拉·达席尔瓦则向维亚纳警长询问："里约警署是否应把夷平此山列入计划之中？"[25]

从那时起，人们在城市中平丘、填壑、伐木、凿孔、修整。因此，与王室来到巴西时的地图相比，它如今的海岸线几乎无法辨识。可怜的卡斯特洛山受到长久不断的攻击，但仍坚持了 100 年。1922年，时任联邦特区区长、建筑师卡洛斯·桑帕约（Carlos Sampaio）下令将它夷平，圆了吉马良斯·佩肖托和维埃拉·达席尔瓦的心愿。这部分泥土被用来填盖部分乌尔卡区、罗德里戈·弗雷塔斯潟湖、里约植物园和瓜纳巴拉海湾周围的其他低地。

1821 年卸任时，维亚纳记下了自己的业绩："我填平了城中的巨大沼泽，让城市变得更加卫生……我为萨邦街、圣佩德罗街和新城的因瓦利多街修建了人行道……我建造了瓦隆戈码头……由于城中的水资源不够民众使用，我将饮用水输送了一里格的距离……我修建了照明设施，并一直在提高城市的照明度。"[26]

可以看出，这些都是看得见、摸得着的外部工程，易于规划和执行。然而，改变人民的风俗习惯则是另一项难得多的任务——即便是拥有"超级维亚纳"超能力的超人，也无法在这么短的时间内完成。

第二十章

奴隶制

"我花 93600 雷斯买了一名黑人。"

——1811 年，来到里约一周后，档案管理员路易斯·若阿金·多斯桑托斯·马罗科斯在给父亲的信件中写道

在里约热内卢，堂·若昂六世时期的许多历史地点和标志性建筑都遭到废弃或缺少标识，但没有一处的遭遇能与瓦隆戈市场相比。这座美洲最大的黑奴仓库从地图上消失得无影无踪，仿佛从未存在过。街道地图和旅游指南略去了它的位置。原来的瓦隆戈街位于冈博亚、萨乌德和圣基督镇之间，如今就连名字也改成了卡梅里诺路。在路的尽头，有一条朝向毛阿海滩的坡道叫作瓦隆戈坡，没有任何标牌、纪念碑或解释语，这便是瓦隆戈市场唯一留下的地理参照。这座城市仿佛想用某种方式忘却曾经的黑奴市场，洗刷它在巴西历史上留下的污迹。这番努力只 213是徒劳，因为桑巴场就在附近，每年的狂欢节，那里总有一所桑巴学校不断提醒着，奴隶制乃是里约和巴西人记忆的一部分。[1]

---

[1] 桑巴场（Sambódromo）是位于里约的一座游行广场，由巴西著名建筑师奥斯卡·尼迈耶设计，于 1984 年落成。桑巴场形似长街，全长约 700 米，两侧设有看台。每年的狂欢节，里约的许多桑巴学校（一种桑巴俱乐部）都会在此举行游行庆典。

1996 年，瓦隆戈的历史忽然浮出水面。家住冈博亚镇佩德罗·埃内斯托街 36 号的一对夫妇打算修缮 18 世纪初建造的房屋。挖掘过程中，他们在瓦砾堆里发现了混在陶瓷和玻璃碎渣中的数百块碎骨。那里是此前尚未发现的"新黑人墓"遗址。200 年前，在从非洲运来的奴隶中，未售出便已死亡的奴隶就葬在其中。截至 2007 年初，考古学家已经收集了 5563 块碎骨，分属于 28 具年龄在 18—25 岁之间的青年男性遗体。所有碎骨都显示有火葬的痕迹。原因很简单：在堂·若昂六世时期的里约，只有白人能在教堂里下葬——那时的人们相信，葬在教堂离上帝和天堂最近。奴隶的尸体则抛在荒地或乱葬坑中，扔上一把火，然后再盖一层石灰。[1]

葡萄牙王室来到巴西时，从非洲海岸来的运奴船每年向瓦隆戈市场输送 18000—22000 名奴隶，包括成人男女和儿童。[2] 奴隶在那里接受隔离以便增重和治病，待外表更加康健后卖出，就像如今巴西内陆的放牛人、饲牧员买卖肉畜一样。两者的区别在于，1808 年的"商品"是用来为黄金钻石矿井、蔗糖厂以及棉花、咖啡和烟草等作物种植园提供劳动力，这些都是巴西经济的支柱。

在将近 300 年的时间里，从船上卸奴、进行买卖是巴西殖民地的日常活动之一。王室抵达后，外国人首次获准来巴西旅游，这些景象总令他们感到不适。1823 年参观瓦隆戈市场的英国游客玛丽亚·格雷厄姆（佩德罗一世的皇后莱奥波尔迪娜的好友）在日记中写道：

> 1823 年 5 月 1 日：我今天见到了瓦隆戈，这里是里约的奴隶市场。在这条长长的街道上，几乎所有房屋都是黑奴仓库。晚上从库房门前经过时，我看到大部分屋子的墙边都摆着长凳，一排排头发剃光、身躯瘦削的青年人坐在上面，身上有刚长过

疥疮的印记。有些屋子里的可怜人躺在地毯上，他们显然过于虚弱而无法坐起。[3]

另一名外国人——英国领事詹姆斯·亨德森这样描述人们在里约港口卸下奴隶的过程：

> 来到巴西的运奴船是人类苦难的骇人写照。甲板上人满为患，拥挤到了极点。奴隶忧郁的面庞、赤裸肮脏的身躯足以令任何尚未习惯这种场景的人胆战心惊。在从船只走向库房以供挑选出售的途中，许多奴隶仿佛行走的骷髅，小孩尤其如此。他们的皮肤好像脆弱得包不住骨头，上面还染了惹人生厌的疾病，葡萄牙人称为疥疮。[4]

第三份叙述来自英国外交官亨利·张伯伦（Henry Chamberlain）。215
他讲述了在瓦隆戈市场中购买一名奴隶的过程：

> 若有人想购买奴隶，他会货比三家，从一间库房走到另一间，直至找到喜爱的奴隶。顾客把奴隶叫到跟前，用手触摸其身体各个部位，和在市场上买牛一模一样。顾客要求奴隶行走、跑动，快速伸手、蹬腿，还要他讲话，展示牙齿和舌头。一般认为，这是判断奴隶年龄和健康状况的正确方式。[5]

16—19世纪，约有1000万非洲奴隶被卖往美洲。作为美洲大陆最大的奴隶进口国，巴西吸纳的奴隶数量在360万到400万之间，几乎占总数的40%，这一估值得到了多数研究者的认可。[6]据历史学家马诺罗·加尔西亚·弗洛伦蒂诺估计，18世纪共有85万奴隶流入里约港口，占同期运至巴西黑奴总数的一半。王室到来后，殖民地的商业日渐活跃，奴隶贸易也呈指数式增长。1807 年运至里约的奴隶共有 9689 名，1811 年激增至 23230 名，4 年内翻了 2.5 倍。年均入港的运奴船数也从 1805 年前的 21 艘增至 1809 年后的 51 艘。[7]"1807 年前后，奴隶劳动力成了巴西经济的主宰神，贩奴贸易则是其强大右臂。试图遏制奴隶贸易……只会徒劳无功"，历史学家阿兰·曼彻斯特评论道。[8]

216　　　贩奴是一项规模巨大的贸易，它调动千百艘船只，让大西洋两岸成千上万人参与其中。这些人包括非洲海岸的代理商、出口商、船主、运输商、承保人、进口商和批发商，批发商在里约将奴隶转卖给数百名区域小贩，小贩负责把奴隶卖到巴西内陆的城市、庄园和矿井。人们将这些零售式的小奴隶贩子称作"赶奴人"。1812 年，在里约前 30 名富商之中，一半都是奴隶贩子。[9]奴隶贸易的利润如同天文数字。1810 年，一名奴隶在罗安达的购入价是 7 万雷斯，而在米纳斯吉拉斯的钻石区 [1]，转手价格高达 24 万雷斯，比从非洲收购的价格高了 3.5 倍。最理想的买家一般还拥有另一名奴隶，万一买方还不清赊账，这名奴隶可以用作抵押 [2]。[10]国家仅靠对贩奴贸易征税，每年便有 8 万英镑的收入，相当于如今的 1800 万雷亚尔。[11]

奴隶贸易虽然利润丰厚，但也有着巨大的风险。80% 的奴隶来自刚果、安哥拉和莫桑比克，在运往巴西的路程中，奴隶的死亡率极高。在非洲，奴隶一般是战俘或献给部落首领的贡品。他们首先落入当地商人的手中，商人将奴隶带到沿海，然后卖给葡萄牙贩子的代理商。直到 18 世纪初，代理商都用走私的金条购买奴隶。1703

---

[1]　钻石区是由葡萄牙王室垄断的一处钻石采矿区，建立于 18 世纪上半叶。

[2]　在当时的里约，购买奴隶可以当面付清钱款，也可以分两次支付，因此存在买家赖账的风险。

年，国王下达了一项敕令，禁止将贵金属用于交易，违者将被没收财产并流放圣多美岛 6 年。此后，代理商开始用殖民地产品购买奴隶，产品主要有布料、烟草、糖、甘蔗酒，还有火药和火器。[12]

在非洲，大约40%的黑奴在从捕获地到沿海的路程中死亡。由于运奴船货舱中的卫生条件极为恶劣，另有15%的黑奴死在横渡大西洋途中。在从莫桑比克和其他东非地区出发的船只上，奴隶的死亡率更高。从非洲的大西洋沿岸出发，到巴西需要 33—43 天；而从印度洋沿岸的莫桑比克出发，最长需要 76 天。[13] 在抵达里约并下船后，还有最后 10%—12% 的奴隶尚未卖出便死在仓库里（如瓦隆戈市场的仓库）。总之，在从非洲捕获的每 100 名黑人中，只有 45 名到达目的地。这意味着，当 1000 万奴隶在美洲被卖出的同时，还有几乎同样多的奴隶死在了途中，这是人类历史上最大的种族灭绝之一。[14]

奴隶贸易的另一重风险来自海难和肆虐大西洋的海盗。18 世纪后半叶，在为格朗帕拉-马拉尼昂特许公司运送奴隶的 43 艘船只中，多达 14 艘遇难沉没，占总数的三分之一。19 世纪 20 年代，里约的报纸刊登了 16 起海盗袭击运奴船事件，这些海盗大部分来自北美。其中一艘名叫"海洋之星"的船只在马伦博港口 [1] 停泊时便遭劫掠，甚至没有启程渡海。船上 213 名奴隶尽数丧失。[15]

在运奴船上，奴隶和其他货物没有什么不同。下面的例子说明了这一点。1781 年 9 月 6 日，来自英国利物浦的"宗"号船离开非洲向牙买加航行，船上运载的奴隶超过了定额。11 月 29 日，船只在大西洋上行驶，此时已有 70 名黑人因疾病、缺水和饥饿而死。"奴隶两两拴在一起，一人的右腿和右手连着另一人的左腿和左手，每

217

---

[1]　位于如今安哥拉的卡宾达飞地。

个奴隶拥有的空间比在棺材里还小",《英国黑奴》(*Black Slaves in Britain*) 的作者夏伊伦 (F. O. Shyllon) 写道。船长卢克·科林伍德 (Luke Collingwood) 害怕奴隶在抵达目的地之前全部死亡,于是决
218 定将所有患病和营养不良的奴隶扔进海里。在 3 天时间里,船员将 133 名黑人从船舷上活活扔下,只有一人成功逃脱并再次爬上了船。船主詹姆斯·格雷格森 (James Gregson) 向保险公司索要奴隶损失的赔偿,公司向司法机关提出上诉。按照英国法律,如果船上的黑人因虐待、饥饿或干渴而死,责任由船长承担;如果黑人落入海中,则按保险赔偿。在此案中,司法部门认定保险公司胜诉,船长要为奴隶的死亡负责。此案让英国人看清了奴隶贸易的残酷,成为全世界废奴运动的标志性事件。[16]

奴隶贩子是里约最富有的商人,受人尊重和敬仰。他们有能力影响社会以及政府活动。贩奴商在堂·若昂宫廷的慷慨捐赠者中跻身前列,并获得荣誉职位和贵族头衔作为回报。最具说服力的例子是贩奴商埃利亚斯·安东尼奥·洛佩斯 (Elias Antônio Lopes),他在圣克里斯托旺农庄修建了一座宫殿,并在 1808 年献给摄政王作为礼物。埃利亚斯是波尔图人,18 世纪末来到里约。他将自己的房子赠予堂·若昂,这是一笔绝佳的投资。摄政王当年便授予他基督骑士团勋章,并任命他为帕拉提镇公证员兼书记官。摄政王称,埃利亚斯"不断向我进贡",此举是为了回报其"广为人知的无私和仆从忠心的表现"。同年,摄政王又任命他为皇家贸易委员会代表。1810 年,埃利亚斯获皇家骑士头衔,并永久受封圣若泽德尔雷镇领主及大法官。他还被任命为皇家保险所经纪人和董事长,并负责许多地区的征税工作。1815 年去世时,埃利亚斯拥有 110 名奴隶,财产包括宫殿、庄园、巴西银行股份和运奴船,共计 236 康托雷斯。[17]

219 运奴船向里约港口输送了成千上万的奴隶。即使对堂·若昂宫

廷中的中产家庭而言，奴隶都是一件相对便宜、能够负担的商品。英国海军军官詹姆斯·塔奇称，1803 年，一名成年男性黑人在里约卖 40 英镑。这大约是如今的 1 万雷亚尔，不到经济型轿车价格的一半。[18] 女性黑人的售价略低一些，大约 32 英镑，黑人男孩卖 20 英镑。染过天花并存活下来的黑人卖得更贵，因为他已经对这种疾病免疫，寿命可能更长。[19] "我花 93600 雷斯买了一名黑人"，档案管理员路易斯·若阿金·多斯桑托斯·马罗科斯在信中向父亲讲道。信件写于 1811 年 7 月 21 日，这一年他刚到里约。[20] 那时，这笔钱相当于 20 英镑出头，是一名青年奴隶的价格。在另一封信中，马罗科斯将他的奴隶称作"我的男孩"[21]。

在里约，确定奴隶售价的常见方法是将其与驮畜对比。从主人的角度出发，这种比较完全合理，因为两者都用于同一活动。在里约，一头经过训练的牲畜大约卖 28000 雷斯；据历史学家阿尔梅达·普拉多（Almeida Prado）称，1817 年，奥地利植物学家卡尔·弗里德里希·菲利普·冯·马齐乌斯正是以这个价格买下了一头牲畜。[22] 也就是说，档案管理员马罗科斯购买的奴隶与三头运货骡子的价格相同。有趣的是，在 100 年前耶稣会神父若昂·安东尼奥·安德烈奥尼（João Antônio Andreoni）的叙述中，奴隶和牲畜的价格也是三比一。1711 年，安德烈奥尼以笔名安德烈·若昂·安东尼尔（André João Antonil）撰写了一部关于巴西历史的经典作品——《巴西的丰饶与文化：药材和矿产》。据他说，1711 年，"一名成熟、勇敢和精明的黑人"在米纳斯吉拉斯卖 300 奥伊塔瓦 [1] 黄金，价格相当于"一匹精壮小马"的 3 倍。[23]

奴隶是一种可计算的财富，一种需要尽可能利用以寻求回报的　220

---

[1]　一奥伊塔瓦为八分之一盎司。

资产。在里约，凡有一定社会地位的人都拥有奴隶。1782 年，西班牙游客胡安·弗朗西斯卡·阿吉雷（Juan Francisco de Aguirre）记录称，在那时巴西最富有的圣本笃修道院，30 名僧侣依靠"雇佣 1200 名奴隶的 4 座糖厂和城中几套出租房"的收入生活。阿吉雷称，那时的本笃会修士和耶稣会神父都蓄养奴隶。[24] 一些庄园主的奴隶超过了劳动所需的数目，剩余奴隶则出租给他人。这样，主人还能获得一笔额外的收入。甚至有专门介绍这种生意的掮客——他们和如今的房地产公司、机器车辆出租商的运作模式类似。租金全部归奴隶主所有，奴隶没有分成。"凡是能有六七个奴隶的人，都过着无比闲散的生活，在街上庄严而高傲地游逛——他们只需要榨取黑人劳动的收入"，1803 年，英国人詹姆斯·塔奇描述道。[25] "这样，任何贵族般神气的人都可以从最卑微的劳动中牟取利润，既不用丧失体面，又不会双手生茧"，历史学家塞尔吉奥·布阿尔克·德奥兰达指出。[26]

德国游客恩斯特·埃贝尔称，1824 年来到里约时，他租了一名每日 700 雷斯（略少于现在的 30 雷亚尔）的男性黑奴。埃贝尔不满意他的工作，于是将其解雇，之后在《里约日报》上刊登了一则启事，寻找"一名会洗衣、熨衣的女黑人"。按他自己的说法，他雇到了一名"黑妞子"，此人名叫德尔菲娜（Delfina），年纪 16 岁。他每月花费 11000 雷斯，其中月租 6000 雷斯，剩下的是奴隶饮食及其他日常费用。这笔钱大概是如今最低工资的一半，靠这笔钱，"我拥有了一名不仅帮我洗衣、缝补，需要的时候还会一点烹饪的奴隶，而且她在家里，我总是很有安全感"，埃贝尔写道。[27]

与租赁劳动并行的另一种奴隶制形式是"外快制"。这指的是那些在为自己家主人干完活之后，到街上寻找额外工作的奴隶。他们向不同顾客零散地出售劳动力，工作时长可能是一天，有时甚至只有几个小时。这种制度非常流行，因此甚至有专门短租奴隶的交易所。挣外快的奴隶什么都干：购物、打水、扔垃圾、传接消息，还有陪同妇女前往教堂。英国人约翰·勒考克称，甚至有主人雇佣这些奴隶，在遍布城中的圣像龛前念诵《圣母经》[1]。28

　　一天结束时，挣外快的奴隶会将部分收入转交给主人。这一数额是预先设定的，超额的收入归奴隶所有，而未能足数上交的奴隶将受惩罚。"无论对于主人还是奴隶来说，这种工作方式都很合适"，研究该问题的权威历史学家莱拉·梅赞·阿尔格兰蒂写道，"主人不必操心仆人的工作，连管也不用管，黑人则在街上自由自在地生活，享受着耕地里的同辈做梦也想不到的自由"。她表示，这种制度收益不菲，因为有一些"主人"仅靠一两名"外快黑奴"的工作便可以过活。同时，在外快制下，有奴隶不仅能上交与主人约定数额的收入，最终还攒够了赎买自由的钱财。29

222

　　殖民地博物馆中满是惩罚奴隶的骇人刑具。按照历史学家阿图尔·拉莫斯（Artur Ramos）1938 年作出的分类，在巴西共有三种类型的刑罚。第一种是运用捕获及束缚工具的惩罚，刑具包括铁链、铁颈圈、手铐、脚镣、套索（手脚均可用）和枷锁———一种分为两半的木质刑具，中间带孔，可用于固定头部、双手和双脚，还有"维拉蒙多"[2]，一种小型铁质枷锁。人们用锡箔铁面具防止奴隶偷吃甘蔗、糖块或吞食黄金宝石，用"小天使"———一种挤压拇指的铁戒———来获取口供，用戒尺和短柄鞭抽打奴隶，鞭柄由黄金或木头制成，并有 5 根卷曲的皮革尖。人们还用带有主人姓名缩写或字母 F

---

[1]　《圣母经》是基督教传统祈祷文之一，用于赞颂耶稣的母亲玛利亚，在天主教祈祷中十分常见。

[2]　原文为 viramundo，由 vira 和 mundo 两个词合成，直译过来是"翻转世界"。这是一种拥有 4 个孔的铁枷，可以同时固定双手双脚。

（代表逃犯）的烙铁在奴隶身上烙印，并将"利班布"[1]——一种铁颈圈套在奴隶脖子上，颈圈上有一根铁杆向上伸出，直到奴隶的头顶，有的铁杆尖端还系有铃铛。

在实际使用中，有三种最常见的工具：鞭子、枷锁和镣铐。当奴隶逃跑、犯罪或在工作中严重失职时，最常见的刑罚是鞭刑，打在脊背或臀部上。17世纪初，意大利修士豪尔赫·本奇（Jorge Benci）建议，每日施加的鞭刑数目不应超过40下，以免对奴隶造成肢体伤害。30 但不少游客和专栏作家都提到过200下、300下乃至600下鞭刑的惩罚。如此荒唐的鞭刑数目令奴隶的脊背或臀部皮开肉绽。在没有抗生素的年代，因坏疽或全身性感染死亡的风险很高。因此，奴隶会将盐、醋和辣椒混合用来浸洗身体，以避免伤口发炎。31

223　　画家让·巴蒂斯特·德布雷称，在里约，因严重过失（如逃跑或偷窃）受到指控的奴隶将被处以50—200下鞭刑。其主人需携带警署许可证前往监狱，证上写明"罪犯姓名及应受鞭刑数目"。每执行100下鞭刑，行刑官便可获得1帕塔卡[2]。"每天早晨9点到10点，都能看到将要受刑的黑人排成长队"，德布雷写道。"他们手臂两两捆在一起，在警察押送下走到指定的行刑点。城中所有行人如织的广场都设有鞭刑柱，以当众惩罚罪犯……（从鞭刑柱上）解开捆绑后，人们让黑奴头朝下趴在地上以防失血。在衬衫下摆的遮蔽下，伤口得以免于成群苍蝇的叮咬，它们一等行刑结束便来寻觅这可怖的盛宴。最终刑罚结束时，犯人整理好裤子，然后全体人员两两一组，在同一批警察的押送下返回监狱……回到监狱后，受刑者还要经受第二道考验——用醋和辣椒浸洗伤口，痛苦程度不在第一道之下。

---

[1]　原文为 libambo，来自金邦杜语的"libambu"，意为"铁链"。

[2]　一种旧银币，1帕塔卡等于320雷斯。

这项卫生措施是为了避免伤口感染。"[32]

城市和农村的奴隶制在刑罚管理方面有所区别。在庄园和黄金钻石矿井中，奴隶由监工或者奴隶主直接惩罚；而在城市里，这项任务归警察负责。不想惩罚奴隶的主人可向警察机关付款申请免罚。有的黑人在监狱受罚，也有的在遍布城市各处的鞭刑柱上受罚。英国领事詹姆斯·亨德森便在里约目睹了一次行刑场面，他的叙述如下：

224

> 主人取得了许可，让他的一名逃奴受鞭刑200下。当名字被叫到好几次之后，奴隶才出现在监狱门口，狱中的黑人杂乱地关押在一起。警察用一根绳子套在奴隶脖子上，将他带到竖立在广场中央的一根粗桩边，把手臂和腿捆在上面。还有一根绳子用来固定身体，让奴隶丝毫无法动弹。行刑官是一名遭到流放的黑人，他机械般地开始工作，每打一鞭都要吹一下音调独特的口哨，每一鞭都像要剜掉奴隶一块肉似的。鞭子总打在同一个位置，黑人坚决地撑过了前100下。打第一和第二鞭时，他大喊"耶稣啊"，但接下来，他便把头靠向木桩的一侧，然后一声不吭，也没有求饶。[33]

除凶杀罪之外，奴隶所能犯下最严重的过失便是逃跑。1808—1822年间，在宫廷警察设立的所有监狱中，近16%用于关押逃奴。奴隶逃跑的问题由来已久。近一个世纪前的1741年3月，为满足米纳斯吉拉斯省矿场主的请求，葡萄牙国王下令称，凡是"自愿"[1]进入逃奴堡的被捕黑人，都要在肩背上烙印一个"F"（指逃奴）。若第

---

[1] 这里强调"自愿"，主要是为了将那些出生在逃奴堡的黑奴后代排除在外。

二次逃跑，再犯者将被割掉一只耳朵，第三次则判处死刑。尽管如
225 此，逃奴数量仍居高不下。1755 年，米纳斯吉拉斯省马里亚纳市政
厅甚至提议将捕获逃奴的跟腱砍断，令其无法奔跑，但仍能跛着脚
继续劳作。王室认为该措施太不人道，有悖基督教教义，因而拒绝
了这一请求。[34]

里约宫廷周围山林丛生，为成百上千名逃奴提供了藏身之所。
蒂茹卡森林、圣特雷莎山、尼特罗伊及如今的罗德里戈·弗雷塔斯
潟湖地区因逃奴堡众多而闻名。其中的居民靠森林的出产维生，他
们采集水果、草根，并捕杀小型野兽和啮齿动物。逃奴堡中的生活
物资则主要来自邻近的种植园和农庄，他们经常前去劫掠。有时，
逃奴甚至能将掳掠的货物在城市里售卖。[35]

与许多人的设想相反，逃奴的主要藏身处并非森林或乡村荒野，
反而是在城市中。由于城中有许多获释黑人和混血儿，这里成了奴
隶混入人群的绝佳场所。警察若想通过查验里约街道上每名黑人的
身份来辨别奴隶和获释者，几乎是不可能完成的任务。因此，那时
的报纸登满了各种寻奴启事，描述逃跑黑人的特征并向寻获者提供
报酬。此举持续了数十年，直到废奴前夕仍可见到。那时的一条寻
奴启事如下：

两个月前，一名叫做洛伦索的奴隶从圣保罗省容迪亚伊市
226   贝伦区弗朗西斯科·德莫拉伊斯冈波斯庄园逃走……其特征如
下：年龄 30 岁上下，中等身高，长脸，相貌英俊，头发蓬乱，
鼻子精致，嘴唇十分普通，其中下唇更厚、更鲜红，牙口好，
肤色黝黑，胡须稀疏，体瘦；头因为经常搬运货物而秃顶，留
下了一圈冠发，腿细，脚薄且走外八字，性格十分狡猾。他是
种地的，也很会赶牲畜。凡抓获该奴隶者必有重谢，且交付前

的一切开销由我承担。[36]

重新抓回逃奴的任务由"丛林队长"负责，其工作和美国旧西部的赏金猎手类似。他们带着套索和步枪，骑马跑遍森林和乡村搜寻逃奴。他们将刊登在报纸上的启事、钉在路边木桩或木牌上的告示当作线索。"丛林队长"将抓获的逃奴用绳子拴好，令其在马后徒步跟随。一些"丛林队长"家中有枷锁，当与主人议定赎金时，他们会将捕获的奴隶用枷锁套住。"他们随身携带武器，但只有遇到抵抗时才会使用"，普鲁士游客西奥多·冯·莱特霍尔德说道，"警察会将交火中击毙黑人的头颅割下交给司法部门，后者将头颅钉入木杆，将木杆插在主干道的街角以示警诫"[37]。一般来说，"丛林队长"获得的报酬在奴隶估价的 15%—20% 之间，这包括抓获奴隶的赏金，还有交给主人之前奴隶的餐食费和看守费。[38]

里约有数百名"前奴隶"，他们又叫作获释黑人。1808 年，勒考克估计获释黑人的数目约有 1000 名。奴隶获得自由的方法有很多种。其中一种是支付预先商定的赎金，赎金一般与主人购买奴隶的价格相等。奴隶可以为他人打零工，自行积攒赎金，也可以在家人甚至教友会的帮助下取得赎金。仁慈的主人还会赐予奴隶自由，有些是在特定时期之后获得解放。例如，主人在世时，奴隶应该为奴并服侍主人，而主人死后，奴隶便可获得自由——有时，主人会在遗嘱中写下这样的条款。当出现遗弃、虐待奴隶或不予治疗疾病的情况时，政府会出面干预，这是奴隶获释的第三种方式。[39]

此外，法律还规定了一些准许获释的特殊情况。比如，奴隶若找到一颗 20 克拉及以上的钻石便可获得自由，其主人会获得 40 万雷斯的补偿，这笔钱足以购买另外 4 名新奴隶。1810 年，英国人约翰·马威曾参观米纳斯吉拉斯省赛罗弗里奥镇的钻石矿场，他对这

227

种奖励获释制的描述如下："若一名黑人有幸寻得一颗 1 奥伊塔瓦（17.5 克拉）重的钻石，人们会将花环戴在他头上，列队带他到长官那里，长官会赐予他自由并给主人补偿。黑人还能得到新衣服，并获得自己工作挣钱的许可。若寻得一颗 8—10 克拉重的宝石，黑人将获得两件新衬衫、一整套新西装、一顶帽子和一把精美的刀。"[40]若奴隶检举主人走私钻石，法律也会赋予其自由。在此情况下，奴隶还能获得 20 万雷斯的赏金。[41]

228　　　一个有趣的现象是，许多获释黑人最后发家致富，自己成了奴隶主，还拥有土地等其他财产。这种情况相对罕见，但是单单其存在，就足以让人对巴西社会的奴隶制更感惊讶。最著名的例子是混血儿希卡·达席尔瓦（全名弗朗西斯卡·达席尔瓦·德奥利维拉），她来自米纳斯吉拉斯省特茹科镇的钻石区。1976 年，导演卡卡·迭格斯（Cacá Diegues）执导的电影让她为大众所熟知。[1] 希卡生来是女奴，但 1753 年 12 月，钻石承包商若昂·费尔南德斯·德奥利维拉（João Fernandes de Oliveira）将她从葡萄牙医生曼努埃尔·皮雷斯·萨尔迪尼亚手中买下，并且赋予她自由。虽然从未正式结婚，但她和若昂·费尔南德斯保持了 17 年的稳定关系，育有 13 名子女。据历史学家罗纳尔多·瓦因法斯（Ronaldo Vainfas）称，希卡拥有的财产包括"一大群奴隶"[42]。

政府机关认为奴隶制是一种应受保护的制度和经济要素，因而并不支持释放奴隶。历史学家莱拉·梅赞·阿尔格兰蒂援引克拉拉·玛丽亚·德热苏斯（Clara Maria de Jesus）的案例说明这一点。克拉拉·玛丽亚是获释黑人，她儿子若热·帕尔多是神父若昂·达

---

[1]　这部电影名叫《希卡》(Xica)，再现了女奴希卡·达席尔瓦受到葡萄牙富人青睐，并一跃进入巴西上层社会的故事。

克鲁斯·莫拉–卡马拉（João da Cruz Moura e Câmara）的奴隶，她请求堂·若昂赐予儿子自由。克拉拉·玛丽亚辩称，若热是她从前做奴隶时怀上的，但他的父亲是自由人，在安哥拉前线军队担任中校。她愿意用 20 万雷斯赎买儿子的自由，但神父拒绝交换。克拉拉·玛丽亚的请求遭到警署总长保罗·费尔南德斯·维亚纳的拒绝。维亚纳表示，"一名好奴隶是一笔宝贵的财富，可遇而不可求"，因此"不能强迫任何人变卖财物"。在公文中，维亚纳反对赋予奴隶自由，因为数量众多的自由黑人将给国家带来难以承担的风险。"我们应该预料到，与黑奴相比，自由黑人将会带来更大的祸患"，他告诫道。维亚纳最后说，不能批准克拉拉·玛丽亚的请求，因为"在这个国家，政治理由高于一切"⁴³。

自由并不意味着生活水平的提升。在奴隶制下，当时的法律对蓄养奴隶有着较为严格的规定，主人必须提供食物、住所和最低程度的照料来保证奴隶生存。法律规定，若虐待罪行成立，主人可能丧失奴隶的所有权，这意味着财产上的损失。获释黑人虽然拥有了自由，却只能听天由命，他们在一切法律和社会保障制度中完全遭到边缘化。很多时候，自由让奴隶陷入一片由获释黑人、穆拉托人和梅斯蒂索人组成的贫困海洋，没有机会获得教育、医疗、住房和安全等任何保障——这是正式废除奴隶制 120 年后 [1]，巴西仍旧无法解决的问题。

229

---

[1]　巴西于 1888 年废除奴隶制。

第二十一章

游客

　　尽管迟了3个世纪，但外国人终归发现了巴西，这要多亏堂·若昂的决定。据学者鲁本斯·博尔巴·德莫赖斯（Rubens Borba de Moraes）1949年的统计，共有266名游客描写过巴西的人民、地理和财富，其中绝大多数在港口开放后的几十年间来到巴西。[1]他们都曾在图书、信件和政府报告中记录下自己的感受，也使这段时期成为巴西历史上资料最详尽的时代之一。这些作品包含对城市、风景、各类人群和风俗习惯的描写，也囊括了大量评论与科学发现。踏足一片牧歌般纯洁又充满新事物的土地，人们惊叹于这里的美景，写下无比迷醉的叙述。"在里约，我遇见了一片崭新的世界，于是投身其中，夜以继日地描画所见的事物，直至力竭倒下"，奥地利画家托马斯·恩德说道。[2]1817年，他作为科学使团的一员，跟随莱奥波尔迪娜公主来到巴西。"在这里，一切天然事物都规模雄伟、无比壮观"，1818 年进入瓜纳巴拉海湾时，美国海军军官亨利·玛丽·布拉肯里奇写道。[3]

19 世纪初，巴西殖民地是全球最后一大片有人居住、却没有葡萄牙之外的欧洲人探索的土地。16 世纪以来，由于同非洲、中国和印度建立了紧密的贸易关系，英国、荷兰和西班牙人已对这些地方了如指掌。美洲的其他地区（包括美国、加拿大和西属殖民地）也是如此，它们并不严格限制外国人员入境。当然，确实有一些遥远的地方难以抵达，比如日本和欧洲人最晚殖民的大陆——大洋洲。但巴西直到 19 世纪初都保持封闭，同外部世界隔绝，没有其他地方能与之相比。尽管荷兰和法国人曾分别短暂地占领了伯南布哥和里约沿海的部分地区 [1]，但巴西内陆仍是一片广袤未知的土地。欧洲传闻称，巴西地下蕴藏着巨大的矿产财富，无尽的热带丛林里满是奇异的动植物，还有仍生活在石器时代的印第安人；因此，葡萄牙人设立的禁入令更让这片殖民地显得神秘莫测。不过，王室到来和港口开放迅速改变了这一切。外国人大量涌入，其规模前所未有。

英国矿物学家约翰·马威是堂·若昂六世时代的第一位游客兼记者。1812 年，他的《巴西内陆之行》在伦敦甫一出版便大获成功，引发强烈反响，因此在随后几年中以不同语言（包括俄语、德语、意大利语和瑞典语）9 次再版。[4] 马威出生于英格兰内陆的德比郡。1805 年，41 岁的马威从西班牙加的斯出发前往蒙特维的亚，登陆时被当成英国间谍，在监狱里关了一年。1806 年，英国将军威廉·卡尔·贝雷斯福德（William Carr Beresford）攻克该城，马威随即获释并前往布宜诺斯艾利斯，之后租船来到巴西。在游历圣卡塔琳娜、

231

232

---

[1]　1630 年，荷兰侵占伯南布哥，试图在这里建立"新荷兰"殖民地。16—17 世纪，法国曾试图在巴西东北部和南部建立"赤道法兰西"与"南方法兰西"。这些殖民尝试最后都失败了。

巴拉那和圣保罗省后，他在里约得到摄政王堂·若昂的接见。在两年出头的时间里，马威几乎走遍了巴西所有地区，他是第一名获准参观米纳斯吉拉斯钻石矿场的外国人。

马威拥有无尽的好奇心，他将眼前所见的一切——黄金和钻石矿井、植物、水果、昆虫、淡水螺、风景、百姓、服饰、饮食和建筑——都记录下来，事无巨细，引人入胜。他还曾在一场有趣的假钻石风波中当了主角。一位来自米纳斯吉拉斯的获释黑奴历经 28 天行程，在两名士兵护送下亲手将一颗直径 1.5 英寸、重达 1 英磅（略少于 0.5 千克）的"钻石"献给摄政王堂·若昂作为礼物。堂·若昂以为那真的是钻石，而且是世上最大的一颗，于是命人将其存放在里约一间加固的安全室内。而身为宝石研究专家的马威推翻了一切，认出这只是普通的石英石，没有任何商业价值。本期盼从堂·若昂那里得到一笔赏赐的获释奴隶只得两手空空地离开，徒步返回距里约 1500 公里的家中。

在葡萄牙王室留居期间，来到巴西的游客可以分成五类。第一类是矿场主和各类商人，英国人马威和约翰·勒考克便在此列。第二类是贵族、外交官、军人和政府官员，他们因公务在巴西居住或途经这里，美国人布拉肯里奇，英国领事詹姆斯·亨德森和亨利·张伯伦均属此类。第三类是科学家，在这段时期，他们组成无数支考察队游历巴西，其中最著名的是法国植物学家奥古斯特·圣伊莱尔、巴伐利亚植物学家卡尔·弗里德里希·菲利普·冯·马齐乌斯和约翰·巴普蒂斯特·冯·施皮克斯（Johann Baptist von Spix）。第四类是绘画家和风景画家，如法国的让·巴蒂斯特·德布雷和奥地利的约翰·莫里兹·鲁根达斯。最后，第五类人包括冒险家、好奇之人和近乎偶然至此者，有意思的是，两位女性游客——法国人罗丝·玛丽·德弗雷西内（Rose Marie de Freycinet）和英国人玛丽亚·格雷厄姆也在其中。

为了前往巴西，罗丝·玛丽·德弗雷西内历经了一段充满冒险的传奇故事，这种桥段通常只在电影里出现。罗丝·玛丽是法国海军军官、博物学家路易·克洛德·德苏瑟·德弗雷西内（Louis Claude de Soulces de Freycinet）的妻子。1817年，25岁的她得知丈夫接到命令，要指挥"乌剌尼亚"号绕世界航行，执行一项探索南美洲、南太平洋群岛、印度和非洲海岸的科学任务，需离家两年，无法接受这一消息的罗丝·玛丽做出了惊人的举动：她剪掉长发、缠紧胸部，在启程前夕扮成男人偷偷登上了船。此举的风险极高。

那时，法国海军禁止女性登船。如遇变故，罗丝·玛丽会面临监禁的风险，并在第一处港口被遣送回家。但她十分幸运，这次行动一切顺利。第二天船到达远海时，她才向丈夫亮明身份。无奈之下，丈夫只好聚集官兵，告诉他们自己的妻子也在船上。众人非但没有惩罚她，反而向她问好并表示欢迎。二人于同年12月抵达里约。罗丝·玛丽觉得一切都很美，虽然夏季酷热，气候却依旧宜人。不过在日记中，她却对葡萄牙和巴西人发表了尖刻的评论。"一个如此美丽的国度，却没有被活泼聪慧的民族殖民，实在可惜"，她如此影射葡萄牙。"巴西人最突出的是富裕，而不是举止优雅"，她在另一段日记中写道。[5]

1818年，弗雷西内夫妇离开巴西环游世界，随后于1820年返回。7月16日，在圣克里斯托旺宫的一场庆典中，二人得到堂·若昂六世和整个王室的接见。罗丝·玛丽的记述表明，王室虽尽了最大努力，但仍然显得粗俗土气。"国王和蔼可亲，但缺乏威严"，她指出，"王太子（即未来的皇帝佩德罗一世）身形健美，但举止不雅、气质平庸，在一场晚间8点的公开盛典中，他居然穿了褐色夹克和米黄色长裤，这让我觉得有点可笑"。罗丝·玛丽还批评了堂·佩德

234

罗的妻子莱奥波尔迪娜公主："从公主的举止中，我看不出一名奥地利王室女子尊贵有礼的表现。她既不注重个人卫生，也不在意身体的自然美。在这场庆典中……我们可怜的奥地利公主穿了一件面料普通的灰色骑马装，内搭一件百褶衬衫，凌乱的头发用玳瑁梳子扎了起来。她并不丑，我甚至觉得如果穿好一点，她会变得很漂亮。其他公主穿着绸缎面料的衣服，头上插着花和羽毛。"[6]

英国人玛丽亚·格雷厄姆也和丈夫同乘一艘海军舰艇来到巴西，但这场旅途却以悲剧告终。格雷厄姆出生于英格兰内陆的一座小村庄，是英国海军部特派员、海军中将乔治·邓达斯（George Dundas）之女。她受过良好教育，曾修习艺术和文学专业，绘画和写作水平都还不错。1821 年，她乘坐由丈夫托马斯·格雷厄姆（Thomas Graham）船长指挥的"多丽丝"号三桅帆船来到巴西，在此之前，她已经去过印度和意大利。格雷厄姆先到了奥林达、累西腓和萨尔瓦多，抵达里约时，葡萄牙王室刚返回里斯本不久。她恰巧见证了著名的"吾留日"（1822 年 1 月 9 日）——这一天，时任摄政王堂·佩德罗违背葡萄牙宫廷会议的命令，拒绝返回里斯本，决定留在巴西。在伯南布哥，玛丽亚·格雷厄姆遭遇了一场叛乱，她丈夫被迫与聚集在戈亚纳城中的暴动者展开谈判。后来，夫妇二人从巴西前往智利，但格雷厄姆船长在穿过麦哲伦海峡不久后逝世。36 岁丧夫的玛丽亚只身继续向前，最终抵达圣地亚哥。在那里，命运安排了她与魅力超群的海军上将托马斯·亚历山大·科克伦（Thomas Alexander Cochrane）的邂逅。

英国勋爵科克伦是国会议员之一，也是抗击拿破仑的作战英雄，49 岁的他是海上传奇般的存在。科克伦在南美洲受雇与西、葡海军作战，协助智利、秘鲁和巴西发动独立。与玛丽亚·格雷厄姆相遇时，科克伦是智利海军总司令，不久后，已经登基的皇帝佩德罗一世邀请他组建巴西海军。科克伦和玛丽亚·格雷厄姆从未公开承认恋爱关系，但这名上将的几位传记作家认为，存在有力证据表明两人确有恋情。[7] 无论如何，两人之间有着长久而深厚的友谊。玛丽亚陪同科克伦返回里约，并成为皇后莱奥波尔迪娜的好友、知己，以及公主玛丽亚·达格洛里亚（Maria da Glória）的家庭教师。回到英国后，她与著名画家奥古斯塔斯·考尔科特爵士（Augustus Calcott）结婚，并撰写了艺术史方面的书籍。她于 1842 年去世，享年 57 岁。1824 年，格雷厄姆有关巴西的叙述以《1821—1823 年部分时间航行至巴西及留居期间的日记》为题出版。在历史学家眼中，这是那段时期最宝贵的文献之一。[8]

亨利·科斯特也为理解这一时期的巴西作出重要贡献。科斯特出生于葡萄牙的一户英国家庭，1809 年末来到巴西，1820 年在累西腓去世并葬在那里。他在 11 年间走遍了东北部的城市和腹地。1816 年，他的著作《巴西之行》在伦敦出版，并由巴西最著名的民俗学家、北大河省 [1] 人路易斯·达卡马拉·卡斯库多（Luís da Câmara Cascudo）译成葡语。"从时间上说，科斯特是第一位研究东北人民群体心理和传统民族志，并在本土环境中展现腹地人民的作家"，卡马拉·卡斯库多写道，"在他之前，从没有外国人在旱季穿越东北腹地，从累西腓前往福塔雷萨，随畜队行进，用皮囊饮水，吃烤肉、睡树下，像他一样完全融入那个他选择生活的世界"[9]。

科斯特喜欢和东北人民共同生活，酷爱参加节日和宗教庆典。"我从不错过任何节日"，他在日记中自豪地写道，"在我参加的众多庆典中，有一个叫'愈疮者'圣阿马罗节，商贩在这名圣徒的小教堂中售卖用来护身的短丝带，许多民众将其系在手腕或脚踝上，一

236

---

[1]　北大河省（现为北大河州）位于巴西东北部，首府纳塔尔。

直戴到断裂损坏为止"。在游历北大河省内陆地区时，与世隔绝的腹地人民给他留下了深刻印象。神父在这片区域奔走穿行，举行弥撒、婚礼和洗礼，那里的居民则以礼品和献款作为回报，这是他们与文明世界的唯一接触。

"一些获得伯南布哥主教许可的神父在各处穿行，用马匹驮着专为此设计的便携祭坛，以及所有弥撒所需的用品"，科斯特写道。"神父一年下来可以赚 150—200 英镑，这份收入在巴西相当可观，但只要设想一下他们必须承受的艰难和痛苦，便会明白这是一笔辛苦钱。哪里能凑够付得起弥撒金的民众，他们便在哪里停下，搭建祭坛。多数情况下，弥撒金是 3—4 个先令，若有十分虔诚或以拥有神父为傲的富人，会给出 8000—10000 雷斯（约合两三英镑），甚至有人给到 10 万雷斯，但这种情况很少见。有时，他们还会送给神父一头牛或两匹马。"

科斯特还详尽地记录了东北内陆民众的生活方式。"腹地人嫉妒心极强，因嫉恨而丧命的人数是其他任何因素的 10 倍"，他说道。"这里的人有仇必报。他们很难原谅别人的冒犯，在没有法律的情况下，每个人都亲手伸张正义……抢劫罕有发生。如遇丰年，土地肥沃无比，人们不会因贫困犯罪；如遇荒年，所有人都一样穷乏……民众极为无知，很少有人懂得最基本的常识……腹地人勇敢、真诚、慷慨、好客。当有人请求帮助时，他们不懂得拒绝。然而，一旦涉及牲畜或任何其他买卖，其性格则迥然不同。他们会想方设法地欺骗你，因为在他们看来，懂得欺骗是一种本事，值得称赞。"

19 世纪初，许多外国人来巴西游览，有些形象在他们的叙述中经常出现。首先是这片殖民地懒惰成性、疏于管理的形象，它依赖于 3 个多世纪的榨取性生产模式，从而失去了劳作的意愿。英国人托马斯·林德利（Thomas Lindley）曾游历巴伊亚塞古鲁港附近的沿海地区，当看到巴西丰饶的自然资源并未给国民带来财富、发展和物质舒适时，他感到十分惊讶。"在一个拥有大自然超凡恩赐、只需借助农业和工业便可达到富裕的国度，大部分民众却在贫穷匮乏中度日，就连剩下的少数人也不懂得享受乐趣，让生活值得向往"，他写道。[10]

约翰·马威曾在米纳斯吉拉斯富镇和马里亚纳镇周边地区参观　238
奶酪的生产过程，他的反应与林德利如出一辙。"这种奶酪高度变质、味道令人作呕，乃至危害健康。因此，我认为他们制作奶酪时非常疏忽大意"，他批评道。"所有我曾去过的庄园……都印证了我的观点，因为乳酪厂是其中最疏于管理的部分……有些地方……不仅各种容器肮脏至极，凝乳也腐臭不堪，到了完全变质的程度。"马威表示，他曾不止一次尝试向庄园主讲解更卫生的奶酪和黄油生产技术，但深知这种努力只是徒劳。"庄园工人似乎对操作的出色成果十分满意，但我强烈怀疑，我走之后他们不会继续采用这种方式，因为它需要辛苦劳动、精心照管，而他们恰好与这两者为敌。"

在游客的叙述中，殖民地文盲率高、缺乏文化教养的形象也频繁出现。"文学不属于巴西"，詹姆斯·亨德森说道。"政府全面禁止书籍流通，民众缺乏认识世界和了解时事的基本途径，这事实上标志着文学彻底缺席。民众堕入深深的无知之中，而无知自然会陷入骄傲。"[11]1819 年 3 月 11 日，詹姆斯·亨德森乘坐"回声"号离开伦敦，他是堂·若昂六世留居期间较晚来到巴西的游客之一。他的旅行日志包括 1 张巴西地图和 8 张描绘巴西风貌特色的石版画。"在这个文盲国度，无人具备科学观念"，曾在 1825—1830 年间游历巴西的英国植物学家威廉·约翰·伯奇尔（William John Burchell）评论道。他来到巴西的时间要更晚几年，此时王室已经返回葡萄牙。"大　239
自然在这里做了许多工作，而人们什么也没做。大自然提供了无数值得研究和欣赏的主题，而人们却依旧在昏暗蒙昧与极端贫困中浑噩度日，这完全是懒惰的恶果。"[12]

对科学而言，港口开放和巴西禁入令的解除意味着一次质的飞跃。这个国家是一座资源丰饶、充满新事物的庞大实验室，现在向地理学、地质学、植物学和民族学家敞开大门。植物学家奥古斯特·德圣伊莱尔出生于法国奥尔良，他 10 岁那年，法国大革命爆发。圣伊莱尔于 1816—1822 年间留居巴西，游历了戈亚斯、圣保罗、南大河、米纳斯吉拉斯和圣埃斯皮里图省，总行程约 15000 公里。圣伊莱尔是巴黎自然历史博物馆的植物学教授，1816 年，他与刚上任的法国驻里约宫廷大使卢森堡公爵一同来到巴西。后续几年间，他从戈亚斯北部（即如今托坎廷斯州[1] 所在地）走到南大河，途中收集了约 15000 种动植物。他发现了两种新的植物科——加那利指甲草属[2] 和柽柳科，还发现了超过 1000 支未知物种。他回国后出版了 14 卷图书，包括旅行回忆录、植物学记录和农业报告。[13]

圣伊莱尔带了 18 个行李箱来到圣保罗，并在位于如今布拉斯区的一座农庄下榻。[14] 他觉得住在那里很舒适，但市中心商店的脏乱景象令他大受震撼。"在这些商店里，我们不该对整洁抱有期待"，他说道。"肥猪肉、谷物和肉类横七竖八地扔在那里，彼此混杂。在巴黎，即便是最生粗的食品，商贩也懂得让它看起来勾人食欲。我国商人的这项本领，巴西店主还远远没有掌握。"城市街巷中的卖淫活动也让他震惊不已："我在别处从未见过如此多的妓女。什么种族都有，在人行道上可以说是随处可见。她们在路两边来回踱步，或在街角等待客人。"他还补充道："在这里，没什么比性病传播得更加

240

---

[1]　托坎廷斯州位于巴西中部，首府帕尔马斯。

[2]　原文：paronícia，拉丁文：paronychia，为石竹科下的一个属，中文译为加那利指甲草属。文中称为"科"，可能是一处错误，或是植物分类变动的缘故。

广泛。"

1817 年，当时最著名的科学考察队随莱奥波尔迪娜公主在巴西登陆。考察队由 23 岁的巴伐利亚植物学家卡尔·弗里德里希·菲利普·冯·马蒂乌斯率领，除他之外，成员还包括画家托马斯·恩德和另一名植物学家约翰·巴普蒂斯特·冯·施皮克斯。马蒂乌斯和施皮克斯的考察队负责研究动植物、矿物和巴西印第安人，1817—1820 年间，他们在巴西内陆走了一万多公里，这是 19 世纪规模最大的科学探险之一。两位研究者从里约热内卢出发，途经圣保罗、米纳斯吉拉斯、巴伊亚、伯南布哥、皮奥伊[1]、马拉尼昂和帕拉省，最终抵达如今的亚马孙州，并在巴西与哥伦比亚边境处止步。他们的交通工具是骡队和独木舟。行程结束后，两人将 85 种哺乳动物，350 种鸟类，130 种两栖动物，116 种鱼类，2700 种昆虫，80 种蛛形纲、甲壳纲动物和 6500 种植物带回慕尼黑。[15]他们的研究成果于1823—1831 年分 3 卷在德国出版，至今依然是巴西自然科学研究的参考文献之一。

在索利蒙伊斯河支流雅普拉河上游，靠近巴西与哥伦比亚边境处，马蒂乌斯和施皮克斯遇见了一位有趣的人物——印第安丛林皇帝若昂·曼努埃尔（João Manoel）。他是米拉尼亚部落酋长，据两位研究者计算，他的部落共有 6000 名印第安人。曼努埃尔奴役了周边的部族，其权力范围达到如今塞尔希培州面积的 2.5 倍[2]。由于不会说葡语，他用通语和研究者交流——通语是那时巴西大部分印第安部落的通用语。和葡萄牙殖民者一样，曼努埃尔也穿棉质长裤和衬衫，用瓷盘进食，戴帽子，并且每天都刮胡子。

---

[1]　皮奥伊省（现为皮奥伊州）位于巴西东北部，首府特雷西纳。

[2]　塞尔西培（Sergipe）是巴西最小的州，位于东北部，面积约为 2 万平方公里。

241　　　　在那里，奥地利考察团的植物学家还观察到一种有趣的交流手段，它由索利蒙伊斯河上游的印第安人创造。这是一种名叫"特洛卡诺"的打击乐器，外形是空心或挖空的树干，印第安人通过敲击发送间断的声音信号，像一台原始发报机那样，将正在发生的事情告知邻近部落。例如，依据不同的敲击声，印第安人便可得知两名白人男性刚刚造访了这个部落，或得知他们某时正在吃饭或者睡觉。听闻乐器发出的信号，在马蒂乌斯和施皮克斯抵达米拉尼亚人村庄的第二天，又有数百名附近的印第安人前来拜访[16]，他们很好奇这些凭空出现的陌生人究竟是谁。

　　　　上述场景充分展现了巴西彼时正在经历的变化。从欧洲文明的视角看，索利蒙伊斯河上游或许是蒙昧之中心，是迷失于时空中、与世隔绝的处所。马蒂乌斯和施皮克斯来自维也纳——那时最文明和博学的城市之一，路德维希·范·贝多芬正在那里谱写《第五交响曲》。但他们踏进了亚马孙丛林，前往巴西腹地的其他游客都不曾走到这一步。他们在那里遇见的人类尽管依旧原始，却已经拥有一套基本的交流系统，来宣告堂·若昂六世时期巴西的重大新闻：外国人正在到来。

第二十二章

拿破仑的越南

　　在马德里普拉多博物馆中，画家弗朗西斯科·德戈雅（Francisco de Goya）的画作《蒙克洛亚枪决》[1] 是观赏人数最多的作品之一。它描绘了 1808 年 5 月 3 日夜晚发生在西班牙首都郊外虔诚王子山上的恐怖景象。在画作右侧漆黑压抑的背景中，一排士兵将步枪对准了左侧跪着的人群，一名身穿白色衬衫、米色长裤的男人面向枪决者举起双臂，中央地面上的灯笼将幻影似的光亮照在他身上。他在求饶吗？在试图解释什么吗？在表示最后的抗议吗？永远也不会有人知晓了。戈雅用颜料凝结的那一刻是纯粹的恐惧与绝望。三四具血淋淋的尸体堆在白衣男人脚边，他身旁的其他人正等着致命的一枪。一些人捂住了眼睛，另一些人则垂头认命。

---

[1]　原文：*Os Fuzilamentos da Moncloa*，西班牙语：*El tres de mayo de 1808*，中文多译作《1808 年 5 月 3 日夜枪杀起义者》，画作展现的事件发生于马德里西部的蒙克洛亚。

葡萄牙王室来到巴西这一年，一连串事件震动了伊比利亚半岛，
243　戈雅的画作便是它们的悲剧见证。在此次集体处决前夕，西班牙人
发起了抵抗法军入侵、反对罢黜国王卡洛斯四世的暴动，并受到残
暴无情的镇压。2 日下午至 3 日晚间，数百名起义者在马德里郊外遭
到枪决。拿破仑战争中最血腥的冲突之一就此爆发，给交战双方都
造成了深远的影响。

　　1807—1814 年间的葡萄牙和西班牙之于法国，正如同近 200 年
后的越南之于美国一样。几年后，已经流放至圣赫勒拿岛的拿破仑
在回忆录中写道："正是它（西班牙战争）击垮了我。我的一切灾祸
都源于那个命中注定的结点。"他又补充了一项理由——这句话被历
史上无数失败的领袖和执政者滥用："我在西班牙努力做的事是为了
西班牙好，可人民却不理解，所以我失败了。"[1]

　　所谓半岛战争，是指 1807—1813 年在西班牙、葡萄牙两国领土
上爆发的战争，包含一系列非传统对抗、游击和伏击战，而训练有
素的法国军队并不习惯这种作战环境。在此之前，战场霸主拿破仑
将部队的紧密集中作为军事战略基石，意在迅速占据上风，尽快迫
使敌方接受投降条款。在这些由将军指挥、部署精密的开阔地战争
中，双方的优势与弱点很快显现。而在西班牙和葡萄牙的情况恰好
相反，法军必须面对手持镰刀、三叉戟、木棍和石块的团伙，他们
喜欢在崎岖难行的地带打伏击战，而非传统战争。

　　拿破仑对伊比利亚半岛形势的错误预判始于侵葡指挥官的不
244　当人选，这些失误最终注定了他的命运。尽管身为法国皇帝的老
友，让·安多什·朱诺将军却远非一流军官，与拿破仑麾下的杰
出将军——如安德烈·马塞纳（André Masséna）、尼古拉·苏尔特
（Nicolas Soult）和路易·达武（Louis Davoust）相比，他的生涯平平
无奇。在入侵葡萄牙之前，他从未率领大军出征。"朱诺是拿破仑麾

下最为活跃和精力充沛的军官之一，但从来不是一位大战略家"，查尔斯·阿曼爵士写道，他的著作《半岛战争史》是有关伊比利亚半岛冲突的重要作品之一。"他是优秀的战士，但只是平庸的将军。"

　　表面上看，选择朱诺有三条理由。首先，他是拿破仑的老战友。早在 1793 年的土伦之围中，初入军旅的两人便彼此相识。在那场战役中，未来的法国皇帝击溃英军，以过人的胆略崭露头角。随后，朱诺在意大利、埃及、巴勒斯坦和奥斯特里茨战役中与拿破仑并肩作战，受命入侵葡萄牙时，朱诺 30 岁出头。由于性格凶暴易怒，他得了"风暴"的绰号，以往作战留下的痕迹在他脸上清晰可见。他在意大利战役中被马刀划伤，脸颊一侧留下了一条自上而下深深的伤疤。[2]

　　其次，朱诺熟悉葡萄牙政治，他曾在 1804—1805 年短暂担任法国驻里斯本大使。朱诺将军的妻子是阿布兰特公爵夫人劳拉·朱诺，她因对葡萄牙宫廷中的习惯作出尖酸无礼的评论而被载入史册。直到如今，公爵夫人在私人日记中写下的评价依然令研究那段时期的学者和史学家忍俊不禁。最后，拿破仑选择朱诺的第三条理由是葡萄牙军队显然缺乏准备。两人根本没料到葡萄牙人会进行抵抗，因此最初看来，没必要派一流将军出马。拿破仑觉得，朱诺尽管能力不足，但应该能应付这项差事。朱诺本人也这么认为，1808 年占领里斯本数周后，他在日记中写道："这群人民很容易掌控。他们又快又好地遵行我的命令，就连摄政王也从没让他们做到这一点。"[3]

　　这是一个巨大的错误。后续几年发生的事情表明，尽管贫困穷乏、资源所剩无几，葡萄牙和西班牙依旧顽强抵抗，最终注定了朱诺以及拿破仑本人的灾厄命运。在入侵葡萄牙的 29000 名士兵中[4]，只有 22000 人活着回到了家，剩下 7000 人（几乎占总数的四分之一）都在急行军途中、战场上或者葡萄牙人的伏击中丧生。[5] 由于在伊比利亚半岛作战失利，朱诺被移交军事法庭审判。虽然拿破仑最后免除了他的罪责，但他已然生涯尽毁。1813 年，在一次疯癫发作时，朱诺将军从一扇窗户纵身跃下，结束了自己的生命。

葡萄牙奋起抵抗的例子数不胜数，万人敬仰的科英布拉大学便是其中之一。这座孕育葡萄牙精英的知识殿堂变成了军火仓库，化学实验室被改造成火药工厂，一位冶金学教授开始指导师生制造弹头和弹壳、维修武器。1808 年 6 月 24 日，40 名学生带领 2000 名农民包围了菲盖拉–达福什市圣卡塔琳娜堡的法国驻军。法国士兵猝不及防，堡垒中的物资又不足以长久坚守，3 天后只好投降。胜利的学生将他们当作俘虏带回了校园。[6]

法军的镇压也十分残酷。士兵在许多城市和村镇大批执行枪决，
246 以图肃清暴动者。在阿连特茹大区历史悠久的埃沃拉城，民众徒劳地试图抵挡卢瓦宗将军（Louis Henri Loison）的部队行进，随后遭到屠戮。男女老幼全部在街上遭到残忍无情的猎杀，仅一下午便有 2000 余人在血泊中丧命。直到如今，卢瓦宗将军的暴行仍令葡萄牙人对他心怀憎恨。卢瓦宗曾在战斗中负伤，一只手臂部分截肢，人们因此称他为"断臂者"。1808 年进入波尔图城劝降时，民众把法国将军马克西米利安·塞巴斯蒂安·富瓦错认成臭名昭著的"断臂者"，差点用私刑将他处死。富瓦向民众高举双臂保住了性命，但最终仍遭囚禁数周才获释。后来，这位将军成为研究拿破仑在西葡作战的重要史学家之一。

在拿破仑调遣的 11 万名参加半岛战争的士兵中，只有 34000 名隶属法国正规陆军，其余 76000 名都是训练不足的新兵和外籍军团士兵——这是法国皇帝在内陆培养的后备军。与此同时，他派遣最杰出的士兵，在众多载入史册的战役中与奥地利、俄国和普鲁士作战。[7] 半岛战争中，法军灾难性的结局打破了拿破仑在欧洲十余年的

不败战绩，由此扭转了历史进程。它表明法军并非不可战胜，加倍增添了反法阵营的信心。

"法国皇帝在伊比利亚半岛以身涉险，事实最终证明，这是他垮台的主要原因"，《西班牙溃疡：一部半岛战争史》[1] 的作者大卫·盖茨（David Gates）写道，"这是他贪婪无度、野心勃勃而且无法正确判断局势的证据"。在葡萄牙和西班牙，法国皇帝还目睹另一人崭露头角，此人将在 1815 年的滑铁卢战役中将他彻底击败。未来的威灵顿公爵——阿瑟·韦尔斯利爵士（Arthur Wellesley）出生于爱尔兰都柏林，在摄政王和王室前往巴西后，39 岁的他奉命组织军队守卫葡萄牙。韦尔斯利是策划行军和物资供给的行家。与拿破仑相反，他在战斗中很少主动进攻，而是更喜欢研判局势、谨慎防御，做系统而周密的准备。此外，高度发达的英国工业能为战场上的军队提供武器、装备和给养，这是对他有利的另一个决定性因素。1808 年，完成第一阶段工业革命的英国工厂正处在生产力顶峰。英国火药是公认的世界一流，步枪更是天下无双。[8]

半岛战争共由两大战役组成。第一场战役始于 1807 年 10 月，此时朱诺将军已率 25000 名法国士兵越过法西之间的比利牛斯山脉，拿破仑向西班牙政府施压，要求后者协助法军攻打傲慢无礼的小国葡萄牙。尽管西班牙努力配合，但行军过程依然十分艰难，令法军付出了巨大代价。1807 年 12 月 1 日，即王室启程前往巴西两天后，朱诺率军进入里斯本。为了与法国保持联系、获取补给，他在身后留下了一条长达 644 公里且防守薄弱的后勤线，但由于线路过长，前方部队的安全和生存都无法得到保障。

247

---

[1]　"西班牙溃疡"的说法出自拿破仑本人之口，他曾在圣赫勒拿岛流放期间写道："不幸的西班牙战争使我完蛋。它是一个真正的溃疡，是法国失败的一个原因。"

在此期间，拿破仑背叛了对他俯首帖耳的西班牙王国。1808 年初，缪拉将军（Murat）率领第二批法军入侵西班牙。在短短数周内，缪拉攻占了该国北部和中部的所有堡垒，并于 3 月 14 日率领

248 82000 名士兵进入马德里。国王卡洛斯四世方才识破阴谋，只得孤注一掷：他效仿堂·若昂，命大臣曼努埃尔·德戈多伊（Manoel de Godoy）在塞维利亚港预备船只，试图将西班牙王室送往美洲，可是没有时间了。法军在登船前忽然出现，国王及储君费尔南多王子被迫逊位给拿破仑的兄长、那不勒斯国王约瑟夫·波拿巴（José Bonaparte）。[1]

最初，抵抗的力量较为微弱，但罢黜国王和法军在西班牙的暴行令百姓怀恨在心。民众的憎恨在 5 月 2 日马德里的起义中终于爆发，但起义遭到残酷镇压，正如戈雅画作所展示的那样。西班牙内陆地区的抵抗更加激烈。7 月 20 日，一支两万人的法国军队在拜伦城遭到围困，被迫投降。法军战败的消息震惊了全欧洲。在葡萄牙，英国人组织的抵抗最终也超出了预想的规模。1808 年 8 月 1 日，韦尔斯利将军率领 15000 名英国士兵在葡萄牙海岸登陆，并于 3 周后在维梅罗城击败了朱诺将军。

半岛战争的第二阶段由拿破仑本人参与，他把一流将军调遣到西葡作战前线。1808 年 12 月，法国皇帝率领 305000 人的浩荡大军进入马德里，但胜利仅是昙花一现。不久后，巴黎有人策动密谋和奥地利重整军队的消息传来，法国皇帝感到担忧，于是回国。与此同时，拿破仑在西班牙彻底垮台的态势开始显现。半岛战争第一阶段的失败动摇了法军对自身实力的信心，增添了西班牙人和葡萄牙

---

[1]　此句的表述并不准确。史实是，拥护费尔南多的民众先逼迫卡洛斯四世退位（1808 年 3 月 19 日），后拿破仑逼迫费尔南多七世让位给约瑟夫。

人的勇气。此外，它还为英国在大陆立足、重整零落的西葡军队争
取了时间。1809—1812 年间，在威廉·卡尔·贝雷斯福德将军的训 249
练和指挥下，葡萄牙正规陆军（据估算约有 4 万名士兵）愈发善战，
对法军构成了威胁。

　　1809 年 5 月，当拿破仑忙着在瓦格拉姆设法再破奥军时，第一
阶段战役结束后回国的阿瑟·韦尔斯利爵士率一支加强部队重返葡
萄牙。在后续 4 年中，他将游击战、传统战与巧妙用兵相结合，把
法国人逐出了半岛。1809 年 10 月，英国工程师和葡萄牙工人开始建
造现代战争史上的一项伟大奇迹——韦德拉斯堡垒群，它由 152 座
把守战略点位的连续堡垒组成，从特茹河岸一直延伸到大西洋，在
里斯本外围形成了几条总长 88 公里的防御带。

　　这些堡垒既是瞭望塔，也是面对进攻时的防御工事，事实证明，
敌人无法穿越这道防线。马塞纳是拿破仑麾下经验最丰富的将军之
一，1810 年 7 月，他率领 7 万士兵、携 126 门大炮试图越过防线，
但没能成功。马塞纳被迫撤退，让出道路，阿瑟·韦尔斯利则缓缓
向西法边界推进。此后，拿破仑侵俄失利，折损几十万士兵。从这
时到滑铁卢的最终兵败，就只是时间问题了。

第二十三章

伯南布哥共和国

1817 年 5 月，在美国前首都费城，一位神秘人物走在春日凉风扫过的街道上。他是商人安东尼奥·贡萨尔维斯·克鲁斯（Antônio Gonçalves Cruz），绰号"卡布加"，也是伯南布哥一场密谋行动[1] 的密探。他的行李中装着 80 万美元，这在当时是一笔惊人的数目。按购买力换算，相当于 2007 年的 1200 万美元。[1] 卡布加来美国是为了执行三项任务。第一是购买武器，与国王堂·若昂六世的军队作战。第二是说服美国政府，支持巴西东北部成立一个独立共和国。第三项目标最为惊人，他要招募一些流放至美洲的前法国革命者，并在其帮助下解救拿破仑·波拿巴——自滑铁卢战败以来，英国人一直将他囚禁在南大西洋的圣赫勒拿岛。按照卡布加的计划，他们会在

---

[1] 这场密谋即为伯南布哥革命。伯南布哥革命是 1817 年爆发的一场共和派革命，也是巴西殖民时期唯一成功夺权（尽管只是部分夺权）的革命，具有重要的历史意义。

夜深人静时将拿破仑解救出岛并带到累西腓，由他领导伯南布哥革命；接着，拿破仑返回巴黎，重登法国皇帝的宝座。[2]

在今天，"克鲁斯-卡布加"是累西腓圣阿马罗区一条公路主干道的名称。每天，成千上万的司机从那里匆匆经过，朝奥林达或伯南布哥首府[1]中心行驶，他们或许不会注意到这位人物是谁。1817年，卡布加的计划看似宏伟惊人，但尚未付诸实践便宣告破产。他从拥护共和国的庄园主、棉花厂主和商人处募集资金，而当他携款抵达美国时，忠于葡萄牙王国的军队已将伯南布哥革命者团团围住。投降在所难免。对此一无所知的卡布加招募了4名拿破仑军队中的老兵：蓬泰莱库朗伯爵、拉塔皮上校、勤务兵阿通和士兵鲁莱。4名老兵来到巴西时，革命早已终结，他们还没下船就全被抓了起来。[3]

尽管以失败告终，伯南布哥运动还是全盘打乱了葡萄牙王室在巴西的计划。革命者掌权不到3个月，但却动摇了堂·若昂六世建立梦寐以求的美洲帝国的信心。此外，革命还加快了巴西脱离葡萄牙的独立进程。"尽管1817年的危机未在巴西和葡萄牙引发直接可见的后果，但事实上，它动摇了现行制度的根基"，美国历史学家罗德里克·巴曼写道[4]，"原来对君主拥有更强认同感的社会个体转而与反叛活动积极合作，权威结构因而分崩离析"。巴曼称，有鉴于此，国王再也无法坚信臣民能免受那些颠覆欧洲旧秩序的思想毒害了。历史学家曼努埃尔·德奥利维拉·利马将1817年的叛乱称作"巴西第一场真正的共和运动"，并说"在我们无数的革命中，这是最自发、最有组织和最凝聚民心的一场"[5]。

19世纪初，伯南布哥省最大的两座城市——奥林达和累西腓总共约有4万居民。考虑到殖民地首府里约热内卢只有6万居民，

251

252

---

[1]　伯南布哥首府就是累西腓。奥林达也是伯南布哥州的重要城市，距累西腓不远。

这已经是不小的数目。累西腓港是巴西最繁忙的港口之一，马塔区（指东北部沿海自巴伊亚至北大河省的湿润地带）数百座糖厂生产的蔗糖都从这里输出，棉花则是出口第二多的货物。除了重要的经济和政治地位，伯南布哥人还以争取自由而闻名。1654 年驱逐荷兰人 [1] 是他们第一次、也是最重要的一次斗争，而在半个世纪后的"小商贩之战" [2] 中，奥林达人甚至考虑宣布独立。6 "葡萄牙与巴西土生殖民者之间的矛盾由来已久，在伯南布哥总督领地表现得最为显著和深刻"，历史学家弗朗西斯科·阿道弗·德瓦尔纳根写道。7

革命虽然在伯南布哥爆发，但却反映了所有省份对于增缴税赋以供应里约葡萄牙王室开销的不满。由于堂·若昂六世贪婪地征收重税，民众普遍牢骚满腹，在损失最大的北部和东北部省份尤其如此。"伯南布哥人为里约修建道路照明设施交税，累西腓的街道却是一片黑暗"，革命时期居住在累西腓的英国人亨利·科斯特写道。他还提到，许多公务员的薪资极低，几乎无法维持一家人的生计。"因此，贪污腐败等罪行十分普遍，且几乎都能逃脱制裁"，科斯特指出。8

253   "由于曾经历荷兰人统治，累西腓和附近城市的居民受了一些民主政府观念的熏陶"，另一名外国游客，1821 年曾去过伯南布哥的英国人玛丽亚·格雷厄姆写道。"而且不要忘记，在没有任何政府援助的情况下，他们曾靠自己的牺牲驱逐了荷兰征服者，并将丰饶国土的北部归还君王。因此，伯南布哥人对于最受偏爱的南部省份（特别是里约）尤为嫉妒。各种捐税也令民众厌烦不已，因为这些税收

---

[1] 前注提到，荷兰于 1830 年攻占伯南布哥，试图在此建立"新荷兰"殖民地。但荷兰人的统治并不长久，1645 年伯南布哥起义爆发，一些庄园主和军队起来反抗荷兰统治。最后，屡屡战败的荷兰殖民者于 1654 年撤离巴西。

[2] "小商贩之战"（Guerra dos Mascates）发生于 1710—1711 年的伯南布哥，是奥林达的大糖厂主与累西腓的葡萄牙人之间发生的冲突，背景是奥林达糖厂的衰落和累西腓的崛起。糖厂主将葡萄牙商人蔑称为"小商贩"，这场冲突因此而得名。

从未让他们受益，而只饱了宫廷宠臣的私囊，肆意挥霍的情况比比皆是。"[9]

除税负加重之外，伯南布哥的处境因三个因素的共同影响而尤为艰难，地区经济遭受严重冲击。首先，18世纪世界糖产量的提高导致产品价格下跌，而糖是伯南布哥的主要经济货物。同时，由于欧洲废奴主义者日益施压，奴隶贸易逐渐受限，这使得劳动力价格越发昂贵。那时，奴隶制是伯南布哥整个农业经济的发动机。第三个因素是1816年东北部腹地遭遇的毁灭性旱灾，形势因此愈发严峻。[10]

由于经济危机和民众对葡萄牙统治的不满，伯南布哥成了法国和美国自由派思想的一块沃土。富商克鲁斯-卡布加本人就是一个例证，他是法国哲学家著作的忠实读者，后来成为自由与共和理论的倡导人。叛乱伊始，他便受命前往美国，但几乎是空手而归。卡布加见到了国务卿理查德·拉什（Richard Rush），请求后者提供军队和武器支持革命[11]，但他只争取到了一项承诺：在叛乱期间，即使堂·若昂六世反对，美国也会允许伯南布哥船只驶入领水。若革命失败，美国还答应为可能的逃亡者提供避难处或庇护所。

尽管美国人建立了现代首个疆域辽阔的共和国，但那时的他们却更关心与葡萄牙和英国签署商贸协定。所以，为避免惹恼葡萄牙国王及其英国盟友，美国人并不愿意插手巴西的共和事业。7年之后，美国拒绝向加尔默罗会卡内卡修士（Frei Caneca）领导的赤道区域联盟[1]革命者提供援助，与之前的做法如出一辙。[12] "我们不劝说任何国家建立

---

[1]　赤道区域联盟（Confederação do Equador），是1824年最先在伯南布哥爆发的一场分离主义运动，延续了几年前伯南布哥革命的共和传统。1822年巴西独立，佩德罗一世称帝。1824年，佩德罗一世颁布集权性质宪法，打破了伯南布哥人对于共和以及区域自治的幻想，革命随后爆发。不久，革命延续到东北部几个其他省份，它们共同成立了"赤道区域联盟"。

254

共和"，1817—1818 年留居巴西的美国政府特派员亨利·玛丽·布拉肯
里奇指出，"我们知道自己的制度是最好的，这就足够了"[13]。

　　1817 年 3 月 6 日，革命者占领了累西腓。在驻扎圣安东尼奥区
的炮兵团中，一位密谋领袖——人称"加冕之狮"的若泽·德巴罗
斯·利马（José de Barros Lima）上尉听到监狱的喊声，随即用剑砍
杀了指挥官巴尔博扎·德卡斯特罗（Barbosa de Castro）。接着，他和
其余反叛士兵一同占据了军营，并在邻近的街道上修建战壕，以阻
挡效忠国王的军队前进。懒惰而懦弱的省长卡埃塔诺·平托·德米
兰达·蒙特内格罗躲进了港口边的布朗姆堡垒，最终因遭到围困而
投降。[14]

　　在监禁卡埃塔诺·平托之后，革命者建立了临时政府并接管省
内金库，共和国宣告成立。3 周后的 3 月 29 日，政府宣布召开制宪
会议，省内所有区域各自推选代表出席。一项新的"组织法"规定
了立法、司法和行政权的分立。天主教仍是官方宗教，但政府容许
其他基督教会的存在。最后，政府还宣布了出版自由——这是一件
重要的新事物，因为自"发现"巴西 3 个世纪以来，这里的思想、
言论权和书籍出版都受到严格管控。为避免损害支持革命的糖厂主
的利益，法律保留了奴隶制，并且废除了贸易税。士兵获得了更多
军饷，参加起义者的赏赐则是迅速晋升军衔。新政府委员会的领导
人之一——多明戈斯·特奥托尼奥（Domingos Teotônio）就将自己从
上尉擢升为上校。[15]

　　革命者绘制了一面由深蓝、白、黄和红色组成的新旗帜。上半
部分有一条彩虹，彩虹上方是一颗星星，下方是太阳，象征着所
有伯南布哥人团结一致。下半部分的红色十字象征着对正义和理
解的信念。尽管革命失败了，但这面旗帜如今仍是伯南布哥州的州
旗，由州长曼努埃尔·安东尼奥·佩雷拉·博尔巴（Manoel Antônio

Pereira Borba）于 1917 年正式采用。而且，无论从象征意义还是视觉美感上来说，它都是巴西 27 面州旗中最优美的之一。

在上述共和举措之外，革命者还采取了一些有趣的决定，其中之一便是废除所有人与人之间指示等级或彰显权威的称谓语，例如"阁下"或者"大人"。"先生"这一表述则被替换成了"同胞"。[16]历史学家托比亚斯·蒙泰罗称，反叛首领多明戈斯·若泽·马丁斯（Domingos José Martins）和妻子曾呼吁伯南布哥妇女剪去长发以示对共和国的拥护，他们认为头发是"虚荣的装饰"。因此，据蒙泰罗称，那时累西腓和奥林达所有留长发的女性都会被投以怀疑的目光。[17]诸如此类的举措表明，伯南布哥人的观念深受法国大革命的影响。在那场激烈的变迁中，革命者不仅设立了新量度系统，还更改了一年中月份的名称。

新共和政府一直掌权到 5 月 20 日。在此期间，伯南布哥向邻省求援的尝试全部失败。派往巴伊亚的革命特使是绰号"罗马神父"的若泽·伊纳西奥·里贝罗·德阿布雷乌-利马（José Inácio Ribeiro de Abreu e Lima），按照省长阿尔科斯伯爵的命令，他在下船时遭到逮捕并被即刻枪决。在北大河省，革命博得了一位大糖厂主安德烈·德阿尔布开克·马拉尼昂（André de Albuquerque Maranhão）的支持。他将省长若泽·伊纳西奥·博尔热斯（José Inácio Borges）拘捕，并派人押往累西腓。随后，马拉尼昂占领纳塔尔镇并组建了政府委员会，但民众对此毫无兴趣。几天之后，人们便将他赶下了台。

在英国，为博取《巴西邮报》创始人、记者伊波利托·若泽·达科斯塔的支持，革命者请他担任新共和国的全权部长，但伊波利托拒绝了。[18]如前文所述，葡萄牙国王已于 1812 年同《巴西邮报》刊主达成了秘密协定，前者承诺购买一定数目的刊物并向记者本人提供资助，作为交换，后者只刊登对王国较为温和的批评，而

256

伯南布哥人对此一无所知。在一封写于伦敦的政府公文中，葡萄牙
大使堂·多明戈斯·德索萨·库蒂尼奥这样评价秘密协定的效果：
"他想要一定数目的订购，我满足了他的要求，这才压住了他的部分
言论。我不知道还有什么别的办法能让他闭嘴。"[19] 在评价上述秘密
关系时，历史学家奥利维拉·利马称，伊波利托·若泽·达科斯塔
"虽不算完全腐败堕落，但也并非清正廉洁，因为他克制自己犀利的
257 言辞，以换取尊重、荣誉乃至政府的资助"[20]。

葡萄牙方面的反应十分迅猛。阿尔科斯伯爵从巴伊亚派兵穿越
伯南布哥腹地，与此同时，一支从里约出发的海军封锁了累西腓港
口。短短数天内，共计 8000 名士兵包围了叛乱省。省内的决定性战
斗在伊波茹卡爆发，这里是如今的市政府驻地，加林哈斯港海滩 [1]
也位于此处。革命军吃了败仗，只能向累西腓方向撤退。后来成为
赤道区域联盟领袖的卡内卡修士也参加了这场战斗。

5 月 19 日，即叛乱爆发两个月之后，葡萄牙军队进入无人驻守
的累西腓，革命军已经撤离了这座城市。次日，孤立无援的临时政
府投降。葡萄牙的镇压同往常一样残暴无情。给叛乱者下达的判决
是："处死之后……砍去双手和头颅，将首级钉入木桩……尸体剩余
部分用马尾系着拖到墓地。"[21] 作为附加惩罚，伯南布哥总督领地的
阿拉戈斯区 [2] 被割去。由于这片区域的农场主坚持效忠国王，作为
补偿，他们获得了独立建省的权利。[22]

伯南布哥的消息在里约引发了诸多忧虑。堂·若昂曾计划在留
居巴西期间举行盛大活动，这样一来也被迫更改了部分活动的时间
安排。其中之一便是他本人正式登基为葡萄牙、巴西及阿尔加维君

---

[1] 加林哈斯港（Praia de Porto de Galinhas）是伯南布哥州伊波茹卡镇的一处海滩，以晶莹
     剔透的海水和天然泳池著称，曾 8 次当选"巴西最美海滩"。

[2] 以该区为前身建立的阿拉戈斯省（现为阿拉戈斯州）位于巴西东北部，首府马塞约。

主的仪式。按照原定计划，女王玛丽亚一世于 1816 年逝世，加冕仪式应在戴孝一年后举行。而伯南布哥革命过后，堂·若昂决定再推迟一年。国王的权力正受到质疑且遭人夺取，却偏偏选择在这时候举行加冕仪式，堂·若昂不想给世人留下这种印象。同样，他也考虑将堂·佩德罗的婚礼推迟，但是没能实现，因为当伯南布哥叛乱的消息传到欧洲时，新娘（即未来的莱奥波尔迪娜皇后）已通过代理人与堂·佩德罗完婚，正在乘船前来巴西的路上。

258

　　扼杀叛乱后，该是庆祝的时候了。1818 年 2 月 6 日的皇家法令宣布终止叛乱调查。4 名叛乱领袖已经处决，其余参与者则全部获赦，这是新君主平和宽容态度的体现。革命者派往美国的特使卡布加也得到了国王的赦免。在葡萄牙王室留居巴西的 13 年间，最绚丽和欢乐的时期就此开始。下面是为期两年的庆典、奢华与权力的彰显，这在里约前所未见。

第二十四章

热带凡尔赛

在堂·若昂六世留居巴西的整段时期中，1818年应当是最愉悦的一年。尽管王室财政陷入困境，国家却和平安宁，君主身体健康，卡洛塔·若阿基娜的密谋尽数破产，殖民地日渐富裕繁荣，里约民众的习惯也大为改观；在欧洲，拿破仑的威胁早已成为遥远的记忆。1815年，法国皇帝在滑铁卢战役中败给威灵顿公爵，此时已在南大西洋一座孤独遥远的礁石——圣赫勒拿岛上囚居了3年。虽然囊中羞涩，但葡萄牙王室仍然能够欢庆宴乐，享受里约平静宜人的气候。[1]堂·若昂在热带重建帝国的梦想似乎终于有机会实现了。但这只是个错觉。后续两年中，大西洋两岸种种预料之外的变故迫使他改变计划，再次沦为那个永远只能被迫防御的君王，超乎掌控的事件压得他喘不过气来——这是堂·若昂注定要扮演的角色。

葡萄牙王室在巴西短暂的庆典期始于1817年。这一年，堂·佩德罗王子与莱奥波尔迪娜公主成婚，新娘随后乘船抵达巴西；国王堂·若昂六世的拥立、加冕仪式和生日宴则于次年举行。1816 年，82 岁的女王玛丽亚一世逝世，实际上没有对政局造成太大影响。从政府宣布疯癫的母亲无力执政算起，堂·若昂已在王位上坐了 20 多年。尽管如此，他仍坚持要办一场奢华盛大的仪式来正式登上宝座。在此之前，他必须先平定伯南布哥革命，并把三个孩子的婚事办妥，其中就包括他的长子和王储堂·佩德罗。堂·若昂的加冕仪式于 1818 年 2 月 6 日举行，他是第一位、也是唯一一位在美洲接受拥立的欧洲君主。"从莱奥波尔迪娜抵达开始，一直到堂·若昂的生日宴为止，里约宫廷就是一场庆典"，历史学家朱兰迪·马勒巴指出，"在君主国这些盛大的典礼日中，里约完全成了一座圆形剧场，王室留居巴西期间最风光的时刻在此隆重上演"²。

从典礼举办的情况来看，堂·若昂六世并不太关心巴西子民的想法；他其实是为了做给其他欧洲君王看。葡萄牙国王被逐出自己的首都里斯本，流落遥远的异乡，受强大邻国的压迫盘剥，被迫采取颜面尽失的行动——比如因无力自保而匆匆逃亡，尽管如此，他仍想稳住自己的姿态。因此在留居巴西期间，葡萄牙王室将最奢华盛大的庆典安排在距里约 1 万公里之外的维也纳举行，此举绝非出于偶然。1817 年 2—6 月，莱奥波尔迪娜公主和未来的君主佩德罗一世在维也纳缔结代理人婚姻，无数庆典活动随之展开。

时任葡萄牙大使马里亚瓦侯爵负责以堂·若昂之名商议婚事、签订文书，他曾在维也纳一场奢华的典礼中亮相，那时奥匈帝国[1]的首都还从未见证如此壮观的场景。历史学家马勒巴的描述如下：　　261

---

[1]　奥匈帝国由 1867 年的《奥地利—匈牙利折衷方案》正式创立，因此严格来说 1817 年还不存在奥匈帝国，匈牙利是奥地利帝国的一部分。

"1817 年 2 月 17 日，马里亚瓦率领 41 辆六马马车组成的队伍进入维也纳，身穿华丽制服的仆从走在车队两旁。随行人员由 77 名侍童、仆役和军官组成，有的徒步，有的骑马。皇室成员的马车紧随其后，他们的仆从走在两侧，佣工扶着车厢。英、法、西三国大使的马车走在队伍最后。6 月 1 日，一场 2000 人的舞会在维也纳奥花园专门修建的舞厅中举行。奥地利皇室成员、外交使团和所有贵族都出席参加。舞会于晚间 8 点开始，11 点设晚宴，一桌有 40 个席位。皇帝及皇室成员用金盘，其余宾客则用银盘。舞会的花销是 100 万福林，即 150 万法郎。"[3] 按照过去 200 年间的通胀率换算，上述开支约等于如今的 1800 万雷亚尔[4]，即人均 9000 雷亚尔左右，这笔花销实在大得惊人。

除了出资举办这场轰动一时的庆典之外，马里亚瓦还给奥地利王室带来了赠礼，内容包括价值 6873 英镑的 167 枚钻石和价值 1100 英镑的 17 根金条，还有以宝石镶嵌的饰物及许多首饰，价值 5800 英镑。梅特涅亲王（príncipe de Metternich）负责签订协议，并将新娘托付给大使，他接收了价值 3600 英镑的礼物，包括一枚铸有堂·若昂六世头像的大纪念章、一只装有堂·若昂肖像画的盒子和带有镶钻牌的基督大十字勋章。主持婚礼的神父获赠了一枚宝石制成的十字胸章，价值 1200 英镑。[5]

262　　　马里亚瓦大使在维也纳的奢华排场与王室在巴西的窘境形成了鲜明对比。里约的宫廷中也有舞会和庆典，但堂·若昂六世债台高筑，越来越依赖巴西银行发行的货币和"自愿"认捐名单，巴西的富豪在上面欣然签字，用捐款换取恩惠、特权和荣誉。王室的日常生活则毫无奢华雅致可言，与王室交往密切的游客和外交官已在叙述中证实了这一点。位于市中心的皇宫由旧总督府改造而来，它简朴无华，不像皇家府邸该有的样子。"宫殿庞大却不规整，属于最差的一类建筑"，画家约翰·莫里兹·鲁根达斯形容道。[6]"这只是一座毫无建筑价值的大房子"，德国人恩斯特·埃贝尔也发表了同样的看法。[7]位于美景花园的宫殿是贩奴商埃利亚斯·安东尼奥·洛佩斯献给堂·若昂的礼物，而在英国人约翰·勒考克看来，这座宫殿"既逼仄又小气，房子修得不好，家具布置也一塌糊涂"[8]。

　　同建筑风格一样，王室的生活习惯也十分平庸。1817—1820年之间，法国专栏作家雅克·艾蒂安·维克托·阿拉戈（Jacques Étienne Victor Arago）曾乘坐路易·克洛德·德弗雷西内船长指挥的"乌剌尼亚"号三桅帆船两次在里约停留。在圣克里斯托旺宫的一场招待会中，王后卡洛塔·若阿基娜给他留下了糟糕的印象。"她穿得像吉卜赛人，裹着一件钉满饰针、类似睡袍的衣服"，阿拉戈记录道，"她的头发凌乱不堪，没用梳子打理，说明宫中连一个发型师或者尽职尽责的内侍都没有"[9]。德国大使冯·弗莱明伯爵（conde von Flemming）于1817年撰写的外交呈文证实了阿拉戈的印象："除了君士坦丁堡半亚洲式的宫廷之外，在欧洲大概找不出第二个这么古怪的宫廷了。尽管刚在美洲建立不久，但它却已经彻底遗忘欧洲的习惯，完全成了异域风格。没有哪个宫廷会雇这么多佣人、掌衣官、助手、制服侍从和车夫，这种近似东方的作风绝非奢侈的表现。"[10]

　　1817年的庆典最初在维也纳进行，莱奥波尔迪娜公主抵达里约后又继续举办。庆典准备工作由警署总长保罗·费尔南德斯·维亚纳负责。他派人将平常作为露天排污场的沙滩清理干净，把街道清扫刷洗，然后铺一层白色细沙，撒上芳香的花朵。大宅的窗户都用花边缎子制成的桌布和床单装饰。人们还在王室将要经过的街道上建了三道凯旋门，由法国艺术使团的艺术家设计。整座城市连续三晚灯火通明。[11]

　　莱奥波尔迪娜公主于1817年11月5日到达里约。公主下船时

263

的举动出人意料：她在婆婆卡洛塔·若阿基娜面前跪下，抱住王后
的双脚，然后吻她的手。接着，她来到国王面前重复了同样的动作。
之后，她与小叔、小姑拥抱亲吻，这些王子公主是堂·佩德罗的弟
弟妹妹。双方互致问候、殷勤有礼，这便是初次见面的情况。最后，
公主返回从欧洲开来的船上，一直待到次日下午 2 点才正式登岸。

　　在全体王室成员的陪同下，新郎堂·佩德罗搀扶着莱奥波尔迪
娜的手臂登上码头。公主身穿金银刺绣的白丝绸礼袍，头戴薄纱遮
住脸部。她踏足陆地的那一刻，港口停泊的船只和堡垒一齐鸣放礼
炮，所有教堂的钟声同时敲响。民众挤满了街道，王室一行在欢呼
声中向迪雷塔路的皇家小教堂行进，那里距宫中只有几步之遥。队
列约由 100 辆马车组成，服装整齐划一的仆人在旁陪同。国王、王
后、王子和公主都乘坐同一辆马车。"在陆地上的凯旋门后方，8 匹
戴红色羽饰的马拉着车，骑具由刺金绒布制成"，画家让·巴蒂斯
特·德布雷这样记录下当时的场景。[12] 在感恩礼拜和联欢晚宴后，新
婚夫妇站在皇宫的窗户前向民众致意。晚上 11 点，众人返回圣克里
斯托旺宫，堂·佩德罗与莱奥波尔迪娜在那里度过了蜜月的头一夜。

　　在堂·若昂六世加冕仪式的准备工作中，法国艺术使团的画家、
雕塑家和建筑师付出的心血更多。他们用艺术品再现了人类过往两
千年的伟大文明，原来狭小的皇宫广场一下变得宏伟壮观。格朗
让·德蒙蒂尼在码头边仿建了一座战争女神密涅瓦神庙，象征着罗
马帝国。在前方不远的喷泉处，德布雷仿造了一座巴黎凯旋门，这
是拿破仑·波拿巴为迎接第二任妻子、来自奥地利的玛丽·路易丝
（Maria Luísa）皇后而命人修建的。[1] 在广场中央，奥古斯特·陶奈

[1]　这种说法不够准确。巴黎凯旋门是拿破仑为了纪念 1805 年奥斯特里茨战役胜利（粉碎
　　 第三次反法同盟）而命人修建的，1810 年确实曾用于迎接玛丽·路易丝皇后。当时由于
　　 凯旋门尚未完工，拿破仑派人用木头补全了上半部分。

264

设计了一座埃及方尖碑。"同时观赏这些希腊、罗马和埃及的宏伟建筑实在令人愉悦，它们不仅风格高雅，装饰也有着美妙的灵感，只有聪明人才能领会和欣赏"，树蛙神父路易斯·贡萨维斯·多斯桑托斯赞颂道。[13]

担任"国会"号秘书的美国人亨利·玛丽·布拉肯里奇来到里约时，恰逢宫廷盛典如火如荼地进行。1818 年 1 月，三桅帆船驶入瓜纳巴拉海湾，此时莱奥波尔迪娜公主已经登岸，而定于 2 月 6 日举行的国王加冕仪式正在全力准备之中。下船时，布拉肯里奇发现街道全部为此做了装饰："人们在一排排用帆布包裹的柱体上涂色，来模仿大理石建筑、方尖碑和凯旋门的材质。有一座用这种柱子支撑的希腊神庙颇具异域风格，在其中尤显突出。"布拉肯里奇还指出，之前为迎接公主而打造的建筑也将用于国王的加冕仪式，但其中一些已经遭受风雨的侵蚀。"我看到一座建筑局部已经破烂不堪"，他记录道。[14]

如上所见，这些纪念建筑都是仿品，寿命十分短暂。它模仿大理石、青铜和花岗岩坚硬的材质与样式，却也在告诉人们，这个流落热带、离家千里之外的羸弱欧洲王国所举行的庆典有多么拮据和自欺欺人。"诀窍在于一举两得"，历史学家莉利亚·施瓦茨在《皇家藏书的漫长旅程》一书中写道，"一方面，这些建筑是庆典的装饰，尽管它们和当时的政治局势一样脆弱不堪；另一方面，它们重现古典，象征着过去，为庆典弥补了匮乏的传统和单薄的历史底蕴"[15]。

加冕典礼当天，国王堂·若昂六世穿了一件鲜红色的金丝天鹅绒礼袍。和 1808 年刚到里约时一样，他再次从宫中走向皇家教堂，贵族和外国使节在一旁陪同。宣誓之后，众人第一次看见堂·若昂戴上皇冠、手持权杖的样子。他的儿子，也就是诸王子手按在祈祷书上，向他宣誓服从。仪式过后，聚集在皇宫广场前的民众高呼万

岁，礼炮齐鸣，教堂的钟声不断响起。之后一周，民间庆典、斗牛、
阅兵式和音乐舞蹈演出遍布了整座城市。

266　　　布拉肯里奇在皇宫广场正前方的码头上观看了庆典的全过程，
并记下了一段有关本船指挥官的有趣插曲。据他称，加冕仪式当天
破晓时，所有堡垒和船只都开始鸣炮向国王致敬。"国会"号船长见
状激动不已，便决定加入庆典中，也命令水手开炮。开了几发后，
他才意识到自己犯了外交失礼的错误。他所代表的美国是葡萄牙的
敌人，为了争取共和国独立，还同英国打了一场漫长的战争。鉴于
"国会"号一行成员是来里约执行公务，向国王致敬的做法的确有失
妥帖，即便对方是和蔼可亲的堂·若昂六世也不例外。船长发现其
他美国船只都没有鸣放礼炮，于是也命水手停止开炮，仅在一旁观
看庆典而不参与。[16]

　　　在上述庆典期之外，国王堂·若昂六世一直在里约过着平静安
宁的生活。他早上6点起床，在内侍马蒂亚斯·安东尼奥·洛巴托
（即马热子爵）的帮助下穿衣，然后去祷告室祈祷。他在早朝期间吃
鸡肉和烤面包片，同时接见最亲近的贵族和宫廷侍官。警署总长维
亚纳是朝廷的常客，他每日3次觐见国王，讨论里约的城市改造和
治安问题。随后，堂·若昂和子女共进正餐，吃餐后甜点时，他们
总会举行一项名为"洗手礼"的简单仪式：长子堂·佩德罗王子端
267　一只银盆，幼子堂·米格尔倒水，让堂·若昂洗去手上的油污。正
餐后，国王小憩一两个小时，等到傍晚时分外出闲逛，偶尔也会自
驾一辆小骡车出行。[17]

　　　历史学家托比亚斯·蒙泰罗补充了一个闲逛时的有趣细节，即
国王解决排泄需求的方式。据他称，一名马夫走在国王一行前方，
百姓叫他"大宽"——可能由于他负责给国王开路，或者因为他衣
服的下摆很宽。这名仆从骑着骡子，鞍上挂着两只口袋：一只装着

堂·若昂六世的点心，另一只装着便壶和由三块部件组成的便携马桶装置，可在田野中使用。闲逛途中某时，国王咕哝着下达一声命令，马夫便下骡将装置安好。"然后"，历史学家补充道，"国王从车厢里下来，内侍来到跟前，帮他解开纽扣，脱下裤子，当着众官员和随从，甚至他最宠爱的女儿玛丽亚·特蕾莎公主的面（她有时陪堂·若昂出行），国王从容地坐下，旁若无人，需求解决后，有专门的仆从来给他擦干净，内侍再次上前帮他穿好衣服"[18]。

　　排泄完之后，堂·若昂继续闲逛，直到吃点心的时间为止。除了马夫在口袋里装的小吃以外，国王还在发黄外套的口袋里带了一份加餐——烤无骨仔鸡块，边吃边欣赏风景，或者停车和沿路问候他的百姓聊天。晚间，堂·若昂接见献吻手礼的子民，到11点左右睡觉。[19]

　　托比亚斯·蒙泰罗还讲了一件国王寝宫中的趣事。据他称，圣克里斯托旺宫中的卧室都有阳台，而在堂·若昂独自居住的这间，阳台另一侧连着会客室，会客室通向建筑内部，一般用于接见访客、与大臣和政府官员商议国事。由于会客室是进入国王卧室的唯一通道，早上清理堂·若昂前一晚用过的便壶时，宫中的仆人也必须从中经过。有时，这项工作正好赶上国王接待来客，为避免尴尬，仆人在便壶上加了一只镶有红色天鹅绒窄边的木盖。"但这个盖子密封不好，易挥发的物质逸出，壶里装的东西也随之暴露"，蒙泰罗冒失地写道。[20]

　　在这时的里约宫廷中，的确能嗅到异样的味道——不过这只便壶却远非问题的关键所在。

第二十五章

被遗弃的葡萄牙

倘若一国处境能在某幅艺术作品中得以体现，那么藏于英国伦敦国家肖像馆的一幅画作，可谓完美展现了 1820 年葡萄牙帝国的状态。这便是爱尔兰裔英国将领威廉·卡尔·贝雷斯福德的肖像，他在王室留居巴西期间担任陆军元帅并统治葡萄牙。这幅油画由威廉·比奇爵士（Sir William Beechey）绘制，画中的男人神态严肃，令人敬畏。贝雷斯福德身材壮硕，秃顶，后颈有一圈头发，他身穿一件深色高领长夹克，上面戴满了勋章。然而，左脸有一处细节显得神秘可怖，这便是他枯萎凝滞、了无生机的眼神。贝雷斯福德元帅与拿破仑军队交手无数，在一场战斗中，他的左眼被步枪子弹击中，因而和右眼形成了可怕的反差。这同一个人，仿佛拥有两种对立的灵魂：左边迟钝呆板，死气沉沉；右边敏捷活泼，似在眺望遥远地平线上的未来。

堂·若昂六世返回里斯本前夕，葡萄牙本土和它的巴西领地也　　270
像这样反差鲜明。大西洋一边是混乱贫穷的宗主国，身处已厌倦战事
的欧洲一隅，因国王长年未归而饱受欺凌；与此同时，大洋彼岸的前
殖民地却因国王的到来焕然一新，日渐繁荣富足，如今怀着乐观与希
望期盼未来。这是两种无法调和的现实。两年后，巴西独立，葡萄牙
的命运却恰好相反，它还将在政治阴谋和动乱的漩涡中长久打转。古
老的殖民帝国裂成碎片，光荣的岁月也一去不返；它曾在 1807 年和
1808 年的动荡中作出抉择，而这便是为之付出的高昂代价。

在堂·若昂六世留居里约热内卢的 13 年间，葡萄牙人民饱受了
饥饿和痛苦。1807 年 11 月 30 日早晨，即王室启程次日，海平线上
葡萄牙船队的风帆尚未消失，里斯本便陷入了恐慌。这时，一场微
弱的地震波及城市，人们觉得这是凶兆来临。[1] 的确如此。面临法国
入侵，农民自知将首当其冲，纷纷抛下房舍逃往首都。本就住在首
都的居民则迅速抢购食物，一刻也不耽搁，然后把房门反锁。"人们
心中只有对将至之事的恐惧"，曾参与入侵葡萄牙的法国将军马克西
米利安·塞巴斯蒂安·富瓦写道，"摄政王抛弃了百姓，这个国家丝
毫没有斗争或抵抗便遭到征服，人们只能听天由命，自顾安危"[2]。

占领里斯本前，让·安多什·朱诺将军仍试图安抚葡萄牙百姓　　271
的情绪，但徒劳无功。他发布公告，承诺将保护民众并尊重他们的权
利。"我的军队将开进你们的城市"，法国将军宣布。"我来是为了保
护你们的港口和摄政王免受英国邪恶的影响，但这位摄政王，尽管品
德令人敬重，却听任不忠的谋士摆布……落入自己敌人的手中。里
斯本众百姓，你们可以安心生活，不必惧怕，我和我的军队绝无恶
意。我将保护你们，这正是我主拿破仑大帝派我来的目的。"[3] 正如人
们所预料的那样，他并未兑现自己的承诺。当朱诺带着精疲力竭、衣
衫褴褛的军队进入首都时，街上空无一人。来到码头边，他们只看到

一艘孤零零的货船。法军从贝伦塔向海上开炮，迫使船长将货船驶回港口。接着，城市遭到洗劫。法军收缴了王室匆匆逃离时落在码头上的行李货物，强行闯入商铺和民居。食物价格飙升，货币贬值百分之六十，由于流通现金量不足，货币兑换所纷纷停业。[4]

　　王室逃往巴西后，自觉受到欺骗的拿破仑给葡萄牙施加了无比严厉的惩罚。首先是 1 亿法郎的战争赔款[5]——相当于如今的 4 亿欧元或 12 亿雷亚尔，对当时深陷贫困的葡萄牙来说，这是一笔永不可能还上的天文数字。[6] 其次，他下令将所有随摄政王逃离的葡萄牙人的财产没收，土地和皇宫也不例外。法军还将王室匆忙逃离时丢在码头上的一批教堂银器熔解。在 4 万名葡萄牙陆军士兵中，有一部分被并入法国军队，然后派往德国，最后在 1812 年拿破仑侵俄失利时全军覆没。堂·若昂启程当日设立的临时政府遭到罢免，由朱诺将军统领的"行政委员会"接替。最后，如数月前在官方报纸《箴言报》上许诺的那样，法国皇帝宣布废黜布拉干萨王朝。[7]

　　在这段恐惧不安的日子里，葡萄牙出现了两种截然相反的态度。为保留特权和财产，贵族迅速倒向侵略者一方。摄政王刚乘船去往巴西，葡萄牙精英便派出一支浩浩荡荡的代表团前往法国巴约讷，向拿破仑献上敬意。代表团由 4 名侯爵、1 名伯爵、1 名子爵、宗教裁判所所长和科英布拉主教组成。他们还在里斯本发表了一份宣言，呼吁葡萄牙民众"在盖世英雄、众王众民之主宰的宽宏护佑下"接受法国统治，让葡萄牙民族"未来也能成为慈父皇帝（拿破仑）大家庭中的一员"[8]。受到这般礼遇的朱诺心满意足，于是在攻占里斯本的当夜就观看了戏剧演出，并承诺保护贵族的所有财产和特权——那些逃往巴西的除外。

　　葡萄牙民众的态度则截然相反。法军入侵会让他们丧失一切，却不会带来一丁点好处。民众不能像摄政王一样逃跑，又不能像留

272

下的精英一样献媚，只好无视朱诺将军的公告和贵族的宣言，同侵略者抗争到底。各地都爆发了民众起义和暴动。12 月 13 日，王室离开仅仅两周后，事态便开始激化。这天，朱诺将军命人将圣若热城堡顶部的葡萄牙国旗降下，代之以法国三色旗；这座堡垒位于阿尔法玛区高处，从上面可以俯瞰整座城市。同日，朱诺又派 6000 名士兵在罗萨里奥广场集结，伴着军队进行曲列队游行。这番出乎意料且毫无必要的耀武扬威引发了一场民众暴动，但很快被将军镇压。[9]随后几天，冲突蔓延到内陆地区。在科英布拉主教区，恐慌的百姓逃往山中，但仍受到法军的围追堵截。一些人交出黄金、珠宝或钱财保住了性命，其余全部遭到枪决。约有 3000 人遇害，1000 余座房屋焚毁。[10]

　　1807—1814 年间，葡萄牙失去了 50 万居民。这全国六分之一的人口，有的死于饥饿和战争，有的直接逃往国外。[11] 在整个国家历史上，葡萄牙从未在这么短的时间内丧失如此多的居民。1808 年 5 月，葡萄牙驻伦敦大使堂·多明戈斯·德索萨·库蒂尼奥给身处里约的堂·若昂写信称，英国的葡萄牙难民不计其数。"各种各样的人都逃到这里，多得我都不知怎么接济"，大使写道，"其中大部分人生计匮乏，衣不蔽体"[12]。由于葡萄牙王室已经破产，堂·多明戈斯只得求英国政府出资救济难民。与此同时，葡萄牙富豪纷纷向朱诺行贿献礼，以换取登船离开里斯本的许可。

　　"葡萄牙陷入穷困悲惨的境地"，英国历史学家查尔斯·阿曼爵士写道。

　　　　港口封锁后，葡萄牙的红酒无法再卖给老顾客英国，手工业品也不能卖到殖民地巴西。失业潮席卷了里斯本。饥饿的民众成群迁往内陆以寻找食物，首都一片荒凉。街上不见任何车辆行人，只有沦为乞丐的两万居民靠着乞讨维生。[13]

由于葡萄牙和西班牙人顽强抵抗，英国终于打破拿破仑的大陆封锁，打响半岛战争并取得一连串胜利，最终令法国皇帝兵败滑铁卢。然而，葡萄牙却没有从胜利中即刻获益。在英法两大欧洲强国的对抗中，葡萄牙只被当作二流同盟对待。开战后不久，这一点便得到了证实。1808 年 8 月 21 日，英军在维梅罗首次大胜法军，这场关键战役迫使朱诺将军展开撤军谈判，将葡萄牙交由英国控制。双方缔结的《辛特拉和约》（因签署地而得名）规定，法军立即撤出堡垒和军事广场，并将在葡萄牙掠夺的所有财产、补给、弹药、马匹和其他交通工具移交英军；作为交换，法军将在英军保护下携带自己的武器安然回国。

两个大国将战利品瓜分，置葡萄牙人的权利于不顾，这种局面实在令人震惊。法军掠夺的财产没有物归原主，没有还给侵略的受害者，反倒径直转交给了英军，这片土地的新主人。移交的财产包括已经熔解、正准备运往法国的教堂银器，价值 40000 英镑；还有缴获的 25000 英镑葡萄牙库银；以及掠夺政府仓库所得的 16000 英镑商品。这一协定引发葡萄牙民众普遍抗议，后来英国国会认为其对待葡萄牙人太过不公，于是废除了部分条款。[14]

275   由于王室缺席，葡萄牙实际上沦为了英国的保护国。贝雷斯福德元帅负责指挥和重建溃散的葡萄牙陆军，并于 1809—1820 年间成为国家的实际统治者。他以铁腕执政。1817 年，元帅发现了一场试图夺权的军事密谋，并采取了惊人残酷的镇压手段。叛乱领袖戈梅斯·弗莱雷·德安德拉德（Gomes Freire de Andrade）及其余 12 名革命者遭绞杀，其中几人还被枭首焚尸，骨灰投入大海，戈梅斯·弗莱雷也包括在内。

尽管遭到扼杀，但这场叛乱仍然为随后几年发生的事情鸣响了警报。戈梅斯·弗莱雷是一名屡次参与密谋的政变分子。1805 年，他曾参加卡洛塔·若阿基娜密谋罢黜丈夫的未遂政变，因此在葡萄牙陆军中受到排挤，后来投奔拿破仑。 1805 年 [1]，他与法国侵略者密切合作。拿破仑倒台后，深受自由派思想浸染的戈梅斯·弗莱雷回国开展行动，他不仅要求葡萄牙摆脱英国管辖，还主张推翻君主专制。一些更激进的革命者甚至要求废黜布拉干萨王朝，推举卡达瓦公爵登上葡萄牙王位，取代堂·若昂六世。[15]

忧虑的迹象无处不在。戈梅斯·弗莱雷将军领导的行动失败后，忠于堂·若昂六世的几位省长评估局势并提醒国王称，不满的情绪在宗主国迅速增长，他继续留在巴西可能会面临风险。"陛下，出于名誉和义务，我们不应该向您隐瞒这里的情况。您忠诚的子民为国家存续做出了巨大牺牲，因此都对您仍然留在巴西感到不满"，这些省长提醒道，"不满的情绪已在本城激化，还将蔓延到全国其他地区"[16]。

造成这种不满的原因，与其说是葡萄牙在战争中蒙羞，不如说是堂·若昂移居里约后赋予了英国和巴西人越来越多的特权。这种局面让葡萄牙人无法容忍。王室离开后，一切负担都是他们承受，好处却全归了巴西和英国。1808 年开放前殖民地港口，1810 年又与英国签订特别贸易协定，葡萄牙商人因此受到重创，几近破产。此外，战争结束后，王室为筹款抗击拿破仑而设立的高额税赋却保留下来，令商人和城市官员不堪重负，在里斯本和波尔图尤其如此。[17]

受英国竞争的冲击，葡萄牙与巴西的贸易量断崖式下跌。1796—1807 年，葡萄牙向殖民地的出口额为 9400 万克鲁扎多，而后续 10 年间大幅跌落，仅为 200 万克鲁扎多。反过来，巴西向葡萄牙的出

276

---

[1]　疑为笔误，似应是 1808 年。

口额也缩水了一半，从 3.53 亿减至 1.89 亿克鲁扎多。[18] 1810 年共有
1214 艘葡萄牙船只在里约入港，而 10 年后的 1820 年只有区区 212
艘。其中，仅 57 艘来自里斯本，其余都来自印度、非洲或南美其他
港口。[19]"除了大范围饥饿、食品匮乏、红酒和橄榄油生产混乱，港
口的瘫痪更是雪上加霜。港口最初被朱诺封锁，后来又因 1810 年条
约而失去活力，船只寥寥"，历史学家玛丽亚·奥迪拉·莱特·达席
尔瓦·迪亚斯写道。[20]

277   在新的贸易关系中，葡萄牙帝国调整了火药供给渠道，这是里
约所受优待的例证之一。王室来到巴西前，火药销售完全由葡萄牙
的旧皇家火药厂垄断，它向宗主国及其所有殖民地供给火药，没有
任何竞争对手。1808 年后，局势反转。堂·若昂在里约建立的新火
药厂获得特许，能向伯南布哥、巴伊亚、圣保罗、南大河、非洲海
岸港口以及里约本地出售，而这恰好是火药市场中最令人垂涎和有
利可图的部分。与此同时，葡萄牙的旧工厂只能把火药卖到亚速尔、
马德拉、佛得角群岛和巴西的马拉尼昂、帕拉、塞阿拉省 [1]，沦为边
缘和次级市场供应商。[21]

       葡萄牙民众希望战争结束后 1810 年条约能够废除，王室也能
回到里斯本。然而，两件事都没有发生。条约仍旧生效了很久，
堂·若昂就是不愿早归。严格来说，1810 年以后，他已经没有理由
留在巴西了。这一年，最后一批法军被驱离葡萄牙，半岛战争之后
又打了 3 年，但都集中在西班牙境内。只要愿意，摄政王完全可以
在短暂离开两年后安然返回葡萄牙，但他的计划并非如此。堂·若
昂深知，如果葡萄牙帝国尚有未来的话，那么它存续的机会更多是
在巴西，而非葡萄牙。因此，他想尽办法顶住回国的压力。1814 年，

————————

[1] 塞阿拉省（现为塞阿拉州）位于巴西东北部，首府弗塔莱萨。

甚至连英国政府都出面请他回国。海军上将约翰·贝雷斯福德（John Beresford，即统治葡萄牙的贝雷斯福德元帅的兄长）率船队前往里约，想将整个王室带回葡萄牙。英国政府担心，如王室仍不回国，葡萄牙的不满情绪可能一发不可收拾。但是，堂·若昂拒绝登船。英国人的担忧果然应验了。[22] 1817年遭到扼杀的革命幽灵，1820年在波尔图卷土重来。

8月24日早晨，起义军在波尔图的圣奥维迪奥广场聚集，宣布反抗英国统治。[1] 在向民众发表的宣言中，军人为国家赤贫的境况和国王的缺席而痛心疾首："连可敬的君王也不在我们中间了，这真是雪上加霜啊！葡萄牙百姓们！自从那灾难之日起，我们便成了孤儿，一天天数算着自己的苦难。我们一无所有了！"[23] 3周后的9月15日，起义蔓延至里斯本，大批民众举行示威，要求废除君主专制。[24] 27日，起义者在阿尔科巴萨成立了"临时预备宫廷委员会"，负责起草新的自由派宪法。葡萄牙君主政体中原本就存在宫廷委员会的相关规定，但上次召开会议已是120多年前的1698年。宫廷委员会缺席葡萄牙政局如此之久，如今再度成立，仅凭这一点就足以表明王权面临的巨大威胁。起义军决定不废黜布拉干萨王朝，但国王必须返回葡萄牙，这关乎国家的尊严。

10月10日，前往里约面见堂·若昂六世的贝雷斯福德元帅返回里斯本，他此行是为了请求更多权力和资金支持以平息叛乱。起义军禁止他登岸并剥夺其职务，由新成立的政务委员会取而代之。该委员会由"公会党"（Sinédrio）领导，成员包括资产阶级、贵族、教士和军人代表；公会党是1818年1月22日在波尔图创立的秘密社团，其理念和宣传奠定了自由派革命胜利的基础。[25]

———————————

[1]　这一事件史称1820年波尔图自由派革命。

278

1821 年 2 月，宫廷委员会召开会议，列了一长串任务清单：保障新闻自由、拟定新民法和刑法典、废除宗教裁判所、缩减宗教教职、赦免政治犯、在葡萄牙建立银行等。但他们的核心诉求仍是要国王返回葡萄牙。里约的"葡萄牙党"也支持国王回国，该派别由高阶军官、公职人员及希望恢复旧殖民制度和宗主国特权的商人组成。[26]

曼努埃尔·费尔南德斯·托马斯（Manuel Fernandes Thomaz）是 1820 年革命的领袖之一，他曾在一篇文章中对巴西人发表满怀偏见的抨击，葡萄牙民众对巴西的憎恨从中可见一斑。托马斯称巴西"确实是庞然巨物，但却无臂无腿，更不用说危害健康的酷热气候……那里不过只有几帮从非洲海岸抓来的黑娃，也就他们能受得了炽热地带的灼人阳光"。这篇在里约激起公愤的文章还向堂·若昂发问，"住在猴子、黑人和毒蛇的土地上，和住在民众开化、爱戴君主的白人国度"，两者之间他该做何选择。文章最后写道："现在，是时候把目光从那个粗野的国家转向这片文明之地，转向葡萄牙了！"[27]

1820 年 10 月 17 日，"神意"号双桅帆船将起义军的诉求传至里约热内卢。堂·若昂六世陷入无法化解的两难境地，他的选择关乎葡萄牙帝国的未来。如果返回葡萄牙，堂·若昂很可能失去巴西，它将效仿邻近的西属殖民地，最终宣布独立；反之，如果留在里约，他会失去葡萄牙，从 13 年积怨中迸发出的革命风暴似乎已经势不可挡。一开始，堂·若昂考虑让王储堂·佩德罗返回葡萄牙，自己留在巴西；这样做既能满足宫廷委员会的要求，也能安抚革命者。但堂·佩德罗不愿回国，主要原因有两个。其一，他 10 岁便来到巴西，在这里结识了众多友人和谋士，他觉得待在巴西更加自在；其二，他的妻子莱奥波尔迪娜公主还有几周临产，很可能在远海分娩，这种状况在当时非常危险。更坏的消息是，一部分大臣希望堂·佩德罗前往葡萄牙，让妻子独自留在里约；听闻这项建议，公主一连几周拼死反对。反复讨论过后，堂·若昂的一句话让谋臣惊讶不已："好吧，既然我儿子不愿意去，那就我去。"[28]

对于一位总表现得犹豫、怯懦和不安的国王来说，这番勇敢无惧的表态实在出人意料。

第二十六章

返程

　　1821 年 4 月 24 日晚，一支送葬队从里约热内卢的街道悄悄穿过。他们正将两具遗骸运往港口一艘三桅帆船的殓房中：一具是 1816 年去世的女王堂娜·玛丽亚一世，另一具是 1812 年死于肺结核的堂·佩德罗·卡洛斯王子。堂·若昂六世在火炬的微光下随队伍同行，走在两只棺材后面，它们分别取自阿茹达和圣安东尼奥修道院。这是葡萄牙王室在巴西的最后一场仪式。两天后，国王被迫离开里约，不知在葡萄牙等待他的会是什么。留在他身后的这个国家发生了天翻地覆的变化，13 年前它曾欣喜万分地迎接摄政王，如今不难料想，它的独立已无可避免。24 日送葬仪式开始前几小时，深知独立已成定局的堂·若昂将 22 岁的长子、王储叫到身边，最后叮嘱道："佩德罗，如果巴西想要独立，我宁愿把它给你，也绝不给一群亡命之徒，因为你会尊敬我。"[1]

　　返程前的几周充满了紧张和焦虑。1820 年 10 月中旬，波尔图　　282
革命的呼声传到巴西，不出几周，宫廷周边的葡萄牙和巴西人深受
鼓舞。1821 年 2 月 26 日早晨，许多民众在罗西奥广场（如今的拔牙
者广场）集会，要求国王出面，在里约市中心签署自由派宪法。听
闻消息后，几公里外的堂·若昂惧怕不已，命人将圣克里斯托旺宫
的窗户全部关上，像在电闪雷鸣的夜晚一样。"这些人造反，我该怎
么办？"他问外交与战争事务大臣帕梅拉伯爵。"陛下，很遗憾，这
不是您说了算；他们求什么，您都得接受"，伯爵回答说。²

　　不久，佩德罗王子赶到，他凌晨一直在和示威者沟通，现在按民
众的要求来找国王。堂·若昂想起尚未远去的法国大革命中发生的一
幕，吓得魂飞魄散。那天晚上，数千民众包围了凡尔赛宫，胁迫国王
路易十六和王后玛丽·安托瓦内特前往巴黎；后来，王室出逃未遂，
两人都上了断头台。尽管对这段故事心存恐惧，堂·若昂还是登上了
等候他的马车，向市中心驶去。然而路途中，他听见的不是怨声和辱
骂，而是民众在欢呼他的名字。与惹人憎恶的路易十六不同，巴西君
主深受里约人民的爱戴。经过半小时车程，堂·若昂哆哆嗦嗦地站上
了皇宫阳台。他费力地咕哝着别人念给他的誓词，堂·佩德罗只好高
声重复，这令民众狂热不已。堂·若昂六世——葡萄牙和巴西最后一
位专制君主宣誓并签署宪法，放弃了部分权力。³

　　然而，2 月 26 日的欣喜很快为新的动乱所取代。持极端立场的　　283
领袖认为立宪改革仍然不够，还要国王让步。因此，他们计划在 4
月 21 日——拔牙者受绞刑纪念日再次开展民众示威。在"人民当
权"和"要革命"的呼声中，众人在当时的商业广场聚集，要求
堂·若昂宣誓更加激进的西班牙宪法 [1]。这部宪法产生于半岛战争期

---

[1]　西班牙 1812 年宪法，是该国第一部宪法，是当时最能代表自由的宪法之一。

间的人民起义，于 1812 年在加的斯通过，1820 年的葡萄牙革命者
也受到了西班牙宪法的启发。民众还要求国王留在巴西，这与葡萄
牙宫廷委员会的决定相悖。但这次，堂·佩德罗王子率军暴力镇压，
示威以悲剧收场。30 人遇难，另有数十人受伤。第二天一早，在商
业广场上，那座法国人格朗让·德蒙蒂尼设计的优美建筑被人在正
面涂写上"布拉干萨屠宰场"的字眼，意指葡萄牙王朝。[4]

　　堂·若昂于 4 月 26 日，即商业广场屠杀发生 5 天后离开里约。
大约 4000 名葡萄牙人随行——与 13 年前逃到里约时相比，同行人
员少了三分之二。[5] 据说国王登船时泪流满面。若能全凭自己的意愿，
他会永远留在巴西。然而，这位肥胖、和善、寡言、孤独、犹豫又
时常胆怯的国王，再一次向历史的重担屈服。

　　1821 年 1 月在巴西各大城市散发的一份传单证明，国王确
实不想回到葡萄牙。传单上的文章由弗朗西斯科·凯列·德热内
（Francisco Cailhé de Geine）用法语撰写，他支持堂·若昂六世留在
284　里约。文章写道，没有葡萄牙，巴西一样可以存活；反之则不然。
他还提醒称，国王的离去将引发独立——这在第二年果然应验了。
"当国家面临革命风暴的威胁，比任何时候都更需要君王的时候，他
绝不该抛下国家离开。"[6] 这张传单由托马斯·安东尼奥·维拉·诺
瓦·波图加尔于 1820 年下令在皇家印刷厂印制，此人是堂·若昂六
世的大臣和私人顾问。据历史学家托比亚斯·蒙泰罗考证，堂·若
昂不仅知道这篇文章的存在，甚至还亲自批准传单发行。[7] 可见，国
王和他的私人顾问也都同意文章的观点。

　　独立前夕，王室的离去让巴西一贫如洗。登船前，堂·若昂六
世将巴西银行的钱柜和国库搜刮一空，这些库银是他 1808 年带到殖
民地来的剩余部分。"刚过完糜烂生活的王室，又赤裸裸地劫掠了巴
西金库"，历史学家奥利维拉·利马写道。[8] 曾亲眼见证这些事件的英

国游客玛丽亚·格雷厄姆称，由于"国库空无一物"，堂·佩德罗不得不推迟上调军人薪资的计划，这是国王临行前的承诺。而此举只会让巴西不满和不安的气氛愈发紧张。"由于这场突然的大放血，用于维持各工业部门及公共设施运作的资金一下化为乌有"，她指出，"于是，王室到来后开启的许多工程都停滞不前，民众本期待着它们能造福国家"[9]。

　　堂·若昂搜刮国库给巴西经济造成了严重后果。在历史学家佩雷拉·达席尔瓦看来，这实际上"相当于一次破产，只是没有宣布罢了"。

> 市面上不再有黄金流通，白银价格也上涨了7—8个百分点。银行的纸币贬值失信，贸易因而停滞、动荡、受损，陷入缓慢破产的境地。常规交易业务中断，许多商铺倒闭。爆发了一场可怕的危机，到处人心惶惶。生活必需品的价格上涨，严重波及民众生活的方方面面。人们心神不定，无政府主义思想盛行，整个社会似乎都陷入混乱，因此灾祸频发。[10]

285

　　在68天的旅程后，堂·若昂六世于7月3日到达里斯本，和他离开时一样脆弱无助。1807年启程时，为了逃离拿破仑，他成了英国的人质；如今回国，他又沦为葡萄牙宫廷委员会的人质。据历史学家奥利维拉·马丁斯称，国王在踏足陆地之前便受到了"藐视和侮辱"[11]。宫廷委员会要求堂·若昂下船之前先宣誓新宪法，这是他们在国王缺席时自行拟定的。若泽·奥诺里奥·罗德里格斯（José Honório Rodrigues）称，"堂·若昂以他特有的那种怯懦，低声咕哝着念完了誓词"[12]。

　　还有一些在君主专制时代完全不可思议的要求，国王也必须接受。其中之一就是禁止堂·若昂的许多随从登岸，因为他们在里约掌管国库时贪赃枉法。黑名单中，里奥塞科子爵若阿金·若泽·德阿泽维多赫然在列，此人便是 1807 年 11 月受召前往克鲁什宫的大臣，负责组织王室去巴西的行程。他在里约担任皇家金库总管，成了巴西最大的富豪之一。圣洛伦索子爵本托·马里亚·塔吉尼，还有堂·若昂的内侍和私人顾问洛巴托兄弟都被禁止在里斯本登岸。[13]

286   对于多年企盼王室归来的葡萄牙人来说，堂·若昂登上里斯本码头的场景令人惊讶，恰如 13 年前巴西民众的感受一样。奥利维拉·马丁斯描述了这样的场景：

　　堂·若昂衰老、笨拙、肮脏、丑陋、肥胖、满身油污，眼神黯淡，晒黑的脸耷拉着，嘴唇下垂，身体前倾，膝盖肿胀，他坐在老旧的镀金车厢里，倚着天鹅绒靠垫，仿佛一只摇摇晃晃的包袱……一队稀稀落落的骑兵跟在后面——在目睹车队走过里斯本石子路的民众眼中，这副样子实在滑稽可笑。[14]

第二十七章

新巴西

1821 年 5 月，返回里斯本的堂·若昂船队尚未驶离巴西东北部沿海。与此同时，在其航线以东的数千公里之外，拿破仑·波拿巴在圣赫勒拿岛孤独的礁石上咽了气。5 月 4 日早晨，在私人医生的陪护下，这个迫使葡萄牙王室出逃巴西、一手造成堂·若昂一生中几乎所有苦难的男人在呕血和谵妄发作中死去。他在精神错乱中呼唤自己的儿子——曾受封"罗马之王"、年仅 10 岁的瘦弱男孩 [1]，那时被奥地利王室软禁在维也纳的美泉宫。长期以来，法国皇帝的死因一直是争论的焦点。最初人们怀疑他是被砒霜毒杀；近期研究则显示，他更可能死于胃癌。囚居圣赫勒拿岛期间，拿破仑口述了回忆录，在其中回首成败，给自己的人生和戎马生涯作了一番总结。对

---

[1] 即拿破仑二世，拿破仑·波拿巴与第二任妻子玛丽·路易莎之子，出生后即被封为"罗马之王"(Roi de Rome)。拿破仑二世从未真正即位。

于堂·若昂六世，拿破仑只留下一句简短的话："他是唯一一个骗了我的人。"[1]

288   在南大西洋的海浪中，两人的命运最后一次交汇。他们留下的遗产深刻影响了亿万人民的未来。对于拿破仑的遗产，历史学家已作了充分的评定。他重塑了欧洲的政治版图，让数世纪以来主宰大陆的旧君主政权在 20 年内土崩瓦解，取而代之的是一个革命激荡的世界，执政者的权威与合法性无时不受到质疑和挑战。而关于堂·若昂六世的遗产，仍存在诸多争议。一些人将君主制和葡萄牙殖民帝国的垮台归咎于堂·若昂胆小怯懦的性格，另一些人却认为他深谙政治战略，无需诉诸武力便成功应付拿破仑大军，不仅保全了葡萄牙的利益，更留下了一个比他 1808 年初至里约时更加辽阔富强的巴西。

       葡萄牙王室留居里约的 13 年间，巴西历经了空前绝后的蜕变，它不但迅速、深刻，还有着举足轻重的意义。短短 13 年，巴西从封闭落后的殖民地变成了一个独立的国家。正因如此，尽管堂·若昂六世有着种种弱点，大多学者仍倾向于给出正面评价。历史学家奥利维拉·利马称堂·若昂是"巴西民族性的真正缔造者"，主要原因有二：其一，他保全了巴西的领土完整；其二，他所培植的领导阶层担起了新国家建设的重任。[2] "堂·若昂开启了切实有效的去殖民化进程"，巴拉那州作家、文学评论家威尔逊·马丁斯（Wilson Martins）说道，"这不仅由于他将巴西提升为王国，更重要的是，他抵达巴西后迅速建立起了真正意义上的国家结构"[3]。

289   评价堂·若昂六世遗产的一种方式是逆向思考：假如王室未曾来到里约，如今的巴西会是怎样？尽管历史学家反对臆测，但他们大多还是承认，若没有王室的到来，根本不会有今天的巴西。最可能的情况是，这块前葡属殖民地提早独立并实现共和，但却分裂成

许多小自治国，它们除语言之外再无交集，与诸多使用西班牙语的
美洲邻国相仿。

分裂的后果可想而知：

- 这个四分五裂、各自为政的巴西，远不可能在拉美拥有如今
  的影响力。少了完整的大国巴西，阿根廷便是大陆上疆域最
  广的国家，很可能成为老大。
- 巴西利亚——那个由儒塞利诺·库比契克[1] 在 1961 年设立于
  塞拉多草原[2]，旨在促进和展示国家融合的联邦首都——将永
  远不会出现。促进融合的努力将让位于地区间的对立和纠纷。
- 在南大河州的学校里，孩子们翻开地理课本将会学到，亚马
  孙丛林是北部某个遥远国度的一片生态保护区，这个国家与
  哥伦比亚、委内瑞拉和秘鲁交界。
- 地域差距将会凸显。此时此刻，地理版图上最富有的地区可
  能在商讨政策，严格管控贫穷邻国的移民，就像如今美国人
  对墨西哥人做的那样。
- 东北人移民圣保罗将遭到禁止。相应地，圣保罗人若想去巴
  伊亚或塞阿拉天堂般的海滩度假，必须持有护照，或许还要
  办签证。
- 不同地域间的商贸和交流将大幅减少，而且麻烦得多。若想
  将商品卖到戈亚斯、马托格罗索或托坎廷斯，里约、圣保罗

[1] 库比契克（Juscelino Kubitschek）是巴西第 21 任总统，1956—1961 年在任。位于内陆
高原上的新都巴西利亚在 1960 年 4 月落成，这是库比契克任期内最重要的成就。建造
新都巴西利亚主要是为了推动中西部发展，另外也是为了安全考虑（原首都里约热内卢
紧靠大西洋，不够安全）。

[2] 塞拉多草原（cerrado）是巴西的一片巨大热带草原生态区，占国土面积的 20% 以上，
核心区域位于巴西中部的高原。

290

　　和巴拉那的商人必须付进口税——反之亦然。

　　反观巴西现状，这一切似乎都只是臆想。尽管如此，也不该低估堂·若昂六世对于如今巴西身份建构的重要意义，毕竟 200 年前，巴西在政治和领土上的统一性十分薄弱，这一点必须考虑在内。1821—1822 年，巴西向葡萄牙宫廷委员会派遣代表团参与投票，这支代表团清晰印证了殖民地薄弱的统一性。尽管巴西拥有 65 个代表席位[4]，却只有 46 人前往里斯本出席会议，而葡萄牙拥有 100 名代表，这让巴西代表团在人数上居于劣势。不仅如此，巴西代表的选票还没能统一。帕拉、马拉尼昂、皮奥伊和巴伊亚省的代表效忠葡萄牙国王，因此一致投票反对巴西其他地区的利益。[5] 1822 年，这些北部和东北部的省份没有参与独立，这同样是国内缺乏一致性的表现。堂·佩德罗一世只好出兵，迫使它们脱离葡萄牙。尽管如此，独立后的巴西政局依旧动荡长达数十年，叛乱和区域分离运动层出不穷。

　　基于上述地域分歧，《巴西：锻造一个民族》一书的作者、美国历史学家罗德里克·巴曼作出了一些假设，以说明假如王室未曾迁往里约，葡属美洲领地的命运将会如何。他认为，巴西可能会分裂为三个不同国家。第一个他称为巴西共和国，囊括如今的南部和东南地区，由米纳斯吉拉斯、里约热内卢、圣埃斯皮里图、圣保罗、圣卡塔琳娜、南大河、戈亚斯和马托格罗索省组成（如今的巴拉那州当时仍属圣保罗省）。这些省份以米纳斯吉拉斯为中心，18 世纪末拔牙者曾在此发动米纳斯密谋。在巴曼看来，密谋如果重演，米纳斯可能成为轴心并吸引上述省份参与，而后逐渐巩固，形成独立统一的共和国。

　　巴曼认为，第二个国家应称作赤道共和国，由东北部的巴伊亚、塞尔希培、阿拉戈斯、伯南布哥、帕拉伊巴、北大河和塞阿拉省组成。在不到 30 年间，这片区域爆发了三次大型叛乱：第一次是 1798年巴伊亚省的裁缝起义，第二次是 1817 年的伯南布哥革命，最后是1824 年也发生在伯南布哥的赤道区域联盟革命。因此，若没有强大的里约中央政府遏制叛乱，这片区域势必谋求独立。最后，这位美国历史学家认为，第三个国家位于北方，包括马拉尼昂、格朗帕拉和里奥内格罗省，里奥内格罗位于如今的亚马孙州。这些省份早在殖民时期就形成了一片直属里斯本的自治区，它们很可能最晚脱离葡萄牙。在巴曼看来，皮奥伊省是个未知数：它既可能加入赤道共和国，也可能留在北方诸省中，继续效忠葡萄牙国王。[6]

因此，保全领土完整是堂·若昂六世的一项伟大功绩。如果葡萄牙王室没有迁移，地域冲突将愈演愈烈，各省的分离几乎无可避免。"假如堂·若昂没有移居巴西，宗主国无疑会丧失这些殖民地"，护送王室前往里约的船队指挥官——海军上将西德尼·史密斯爵士在回忆录中写道，"英国会以保护的名义占领巴西，若英国没有出兵，那么葡属美洲将与西属美洲同时独立，但前者所受的阻力会小得多"[7]。

多亏有堂·若昂六世，巴西才能保全如大陆般广阔的疆土，如今成为葡萄牙语言文化最重要的后继者。"堂·若昂六世想来美洲建立帝国，并且确实做到了，因此他配得上民族性缔造者的赞誉，他将这种特质赋予了广阔混沌的殖民地"，奥利维拉·利马写道。[8] 讽刺的是，堂·若昂的遗产却没有令他本人和宗主国葡萄牙受益。"与到来时相比，他返程时更不像国王的样子"，奥利维拉·利马补充道，"但他留下了一个更强大的巴西"。换言之，在改变巴西的同时，堂·若昂六世也永远失去了巴西，它最终在 1822 年独立。"紧锁 300年的大门骤然打开，殖民地因而脱离了宗主国的控制"，历史学家阿

292

兰·曼彻斯特指出，"同外部世界的接触唤醒了昏睡的殖民地，新的人民、资本与思想扎根于此，于是巴西人发觉，自己的前景更加广阔，意义非凡"[9]。

　　与许多人预想的不同，独立的主要原因并非巴西民众的分离意愿，而是葡萄牙的内部分歧。历史学家塞尔吉奥·布阿尔克·德奥兰达认为，巴西独立是由波尔图革命引发的"一场葡萄牙内战"，而不是殖民地发起的维护共同利益、反抗宗主国统治的运动。[10] "1820年革命是一场反巴西的运动，是一次憎恨与受损自尊的爆发"，同为历史学家的若泽·奥诺里奥·罗德里格斯写道。他认为，革命的后果与宫廷委员会的预期相悖[1]，因为它"提高了民众觉悟，激发了民族情感，加强了团结和不可分割的意识，让巴西更加强大"[11]。

　　但这绝不意味着国家已经建设完满——绝非如此。堂·若昂留给儿子堂·佩德罗一世的新巴西贫困窘迫、文盲遍地，依靠奴隶劳动力运转，300年的殖民榨取扼杀了人们的自主行动与进取精神，并依旧麻痹着这个国家。围绕独立展开的争论早已预示了巴西将要面临的巨大挑战，直到200年后的今天，这些问题仍远未解决。在独立的父辈看来，19世纪初的巴西是一个难以驾驭、危机四伏的国家，白人、黑人、混血种人、印第安人、奴隶和奴隶主混杂而居，局面很不稳定，社会和国家的建设亦缺乏明确方案。"欲把如此多性质相异的金属融合成……一块坚实的政治体，实属难事"，早在1813年，未来的独立之父若泽·博尼法西奥·德安德拉达-席尔瓦便向葡萄牙

---

[1]　堂·若昂六世返回葡萄牙后，宫廷委员会采取了各种措施，试图将巴西的地位降回殖民地（堂·若昂曾于1815年将巴西提升为王国），并要求堂·若昂之子堂·佩德罗回国。这种再殖民化的企图引来许多巴西官员不满，于是他们向佩德罗联名请愿，希望他留在巴西。佩德罗接受了众人的请求，这便有了著名的"吾留日"（1822年1月9日）。最后，巴西于同年9月7日宣布独立。

驻英国大使堂·多明戈斯·德索萨·库蒂尼奥这样写道。¹²

　　在若泽·博尼法西奥和当时其他领袖看来，既然独立已经势不可挡，那无论如何也要阻止巴西建立共和国。他们认为，在社会高度异质的情况下，各方利益冲突可能会一发不可收拾。"白种人会落入其他种族的掌控中，巴伊亚将消失于文明世界[1]"，1823 年，在分析独立运动及其在巴西东北部的发展情况时，思想家弗朗西斯科·德谢拉–马里斯卡尔（Francisco de Sierra y Mariscal）这样写道。¹³

　　1821 年，若泽·安东尼奥·德米兰达（José Antônio de Miranda）写的一份传单在里约流传。他在其中发问：

> 　　一个广袤无垠的国家，森林无穷无尽，许多国土尚未探索，没有自由人口，没有现代文明，没有艺术，没有道路，没有相互之间的依存关系，只有互斥的利益和一大群奴隶，他们举止低俗、缺乏教养，既不文明又不虔诚，满身沾染反社会的恶习，试问在这样一个国家，怎么可能实现共和？¹⁴

294

　　他提出，应维持高度中央集权的君主制度，以遏制民众起义和分离运动，这一方案最终占了上风。"巴西拥有众多地广人稀、相距遥远的省份，尚处于孩童阶段；若想长大成人，必须有一个权力中心，让政策有力、有效地迅速落实"，1822 年在里斯本印发的一张匿名传单这样论述道，"目前，最强有力的无疑是君主政府……国家的总体特点已明确排除了共和的可能性"¹⁵。

　　在葡萄牙前殖民地可能因区域势力和利益分歧而四分五裂的关头，上述反共和理念引发的忧虑发挥了政治催化剂的作用，让国家

---

[1]　巴伊亚吸纳了大量非洲黑奴。

团结一致，服从君主的权威。"假如不同区域各自为政"，历史学
家玛丽亚·奥迪拉·莱特·达席尔瓦·迪亚斯指出，"在独立一代
人看来，殖民地形成国家的前景将十分黯淡……他们深知国内的社
会与种族张力、分裂状况、区域主义和缺乏团结所带来的风险。缺
乏团结便很难形成民族意识，也无法为重建社会的革命运动注入
力量"[16]。

295   因此，1822 年发生的事情只是一次可控的决裂；内部分歧以
及 300 年奴隶制和殖民榨取产生的大量贫困边缘群体更让独立岌岌
可危。在美国，独立的动力源泉是共和制度，是为民权和民治展开
的斗争；而在巴西却恰恰相反，共和的梦想只限于部分少数派的头
脑中。这种梦想一旦在区域叛乱中显现，便会立刻遭到皇权的镇压。
所以，1822 年的道路没有走向共和，它甚至不是真正的革命，而只
是妥协。旧日的社会张力没有得到直面化解，反被姑息安抚、一拖
再拖。

        为维护土地精英的利益，奴隶制成为巴西社会的一道伤口，一
直存留到 1888 年，堂·若昂六世的重孙女伊莎贝尔公主签署法令才
予以废除。地域分歧也时而在暴力事件中复现，如 1824 年的赤道区
域联盟革命，1835 年的破衫汉战争[1]，还有 1932 年的立宪革命[2]。人

---

[1] 破衫汉战争（Guerra dos Farrapos）是发生于 1835—1845 年间的一场内战。由于税负太
     重、外国腌肉的进口税太低，利益受损的南大河省土地精英（主要是牧场主）起兵反叛
     中央政府，叛乱者被称作"破衫汉"，战争因此得名。破衫汉战争是巴西历史上最长的
     内战。

[2] 1932 年立宪革命（Revolução Constitucionalista），是在圣保罗州爆发的一场反联邦政府
     革命，其主要目标是推翻热图里奥·瓦加斯（Getúlio Vargas）的临时政府、召开制宪会
     议，因此称作立宪革命。瓦加斯于 1930 年政变上台，建立威权主义的临时政府，废止
     宪法，削减各州自治权，损害了本地寡头政治集团的利益。1929 年的大萧条更使全球
     咖啡价格下跌，以咖啡为经济命脉的圣保罗遭受严重打击。圣保罗精英在此背景下起兵
     反叛，最后与政府达成妥协，1933 年成立制宪会议，1934 年颁布新宪法。

民参政仍然只是象征性的概念。当 1881 年萨赖瓦法案出台，首次规定部分立法职位进行直选时，仅 1.5% 的民众拥有投票权，他们都是大商人和大庄园主。女性、黑人、混血儿、穷人、文盲和各种无业者组成的庞大群体全都被排除在外。[17]

1822 年没能化解的遗患，这一切悬而未决的问题，在随后 200 年间笼罩着巴西人的未来，如同一具未曾埋葬的尸体的幽魂。

第二十八章

马罗科斯的转变

　　王室离开时，有数千名宫廷相关人员留在了巴西，皇家档案管理员路易斯·若阿金·多斯桑托斯·马罗科斯便是其中之一。在堂·若昂六世登船返回葡萄牙的整一个月以前，马罗科斯给父亲弗朗西斯科·若泽和姐姐贝尔纳蒂娜写了一封信，在他 1811 年抵达里约热内卢以来所写的 186 封信件中，这是最后一封。信件的语气是在埋怨和告别。"我觉得你们已将我彻底遗忘，我不知道你们为何如此反常。这段时间我没给你们写信，因为写了也是白费力气"，他抱怨道。[1]

　　从信件的内容可以看出，档案管理员和家人的关系早已疏远。来到里约的头三年，他和家人的书信往来频繁，十分亲切和善。可慢慢地，从里斯本寄来的信少了起来。"已经有连续 5 艘船抵达，我却还没尝到您讯息的滋味"，1814 年 4 月 1 日，马罗科斯向父亲抱怨

道，"连我姐姐也不记得给我写信"[2]。4个月之后，已经连续11艘船 297
没有里斯本的音讯传来。马罗科斯写道，"我感到很奇怪，为什么你
们都沉默不语……好像我已经不存在了似的"[3]。

　　档案管理员家庭关系的动摇，恰好与他对巴西和巴西人民态度
及看法的转变相吻合。初来里约时，马罗科斯批评这里的气候、风
景，巴西人的风俗习惯，对一切人和事都抱怨不已。但是，这种态
度渐渐发生了转变。10年之后，他已经爱上了这座城市、这个国家
和它的人民。不仅如此，他还决定留在巴西，甚至违背葡萄牙同胞
与自己家人的意愿，支持巴西独立。在那段重要的历史时期中，巴
西和葡萄牙历经的变化正与他个人的转变相契合。因此，在19世纪
初被卷入历史漩涡的欧洲殖民者中，马罗科斯是一个典例。面对突
如其来的事件，他首先试图反抗，而后渐渐适应和改变。

　　正如第六章（即马罗科斯在本书中首次出现时）中提到的，档
案管理员与家人的通信是单向的，只有他寄往里斯本的信件为人所
知，因为父亲将它们保存在了阿茹达皇家图书馆中。显然，在里约
的马罗科斯没有这么做。直到如今，人们仍不清楚他在里约收到回
信的原文。从里斯本寄到巴西的信件内容只能间接获知，因为在给
家人的去信中，档案管理员转述了来信的部分内容。有意思的是，
尽管1821年后彼此再未联络，但父亲还是将儿子的全部来信原封不
动地保存下来，变成堂·若昂六世留居巴西时期宝贵的历史资料。
面对他们认为有益于后世的文件，档案管理员世家勤勉严谨的态度
再次得到了证实。[4]

　　1811—1813年间，在最初寄给家人的那些信件中，马罗科斯说 298
巴西是世界上最差劲的地方，充斥着疾病、肮脏、流浪汉、白痴和
无耻之徒。"人民下流至极，狂妄、自负、放荡；动物既丑陋又有
毒"，他说道。[5]"我不想留在这里，感觉就像被流放一样[6]……这个

国家让我愤慨不已，我对它一无所求，当我离开这里时，我绝不会忘记在码头边把靴子擦干净，不留下这片土地的丝毫痕迹……说到巴西的恶劣品性，总能令我无比愤恨……我感觉自己连睡觉时都在咒骂这里。"[7]

1814 年之后，信件的语气便大为不同了。巴西成了一个美丽好客的地方，人民既亲切又勤劳。在 11 月 1 日寄出的信件中，马罗科斯感谢上帝赐予他在里约优渥的新生活。"我的生活平和优裕，有各种必需的舒适条件，一栋漂亮的房子，一切井然有序，还有奴隶和其他便利设施"，他解释道。[8]他讲了自己"生活中好的一面，这全凭天主的恩赐"，随后一反从前的表态，说"对这个国家的嫌恶……实在是大错特错，我觉得我早已不这么想了"[9]。

促使马罗科斯转变的原因有个名字，她叫安娜·玛丽亚·德圣蒂亚戈·索萨（Anna Maria de São Thiago Souza），22 岁的里约女孩，他到巴西两年后与她相识并相恋。安娜·玛丽亚的父亲是一位葡萄牙富商，母亲是巴西人，据马罗科斯称，她们一家"非常干净、诚实、富裕"[10]。在给父亲的信件中，档案管理员将她描述成"一位圣女"，严肃、勤勉，即使在葡萄牙也找不出第二个。他说，多亏母亲的管教监督，安娜·玛丽亚并未沾染懒惰和无知——在他看来，这是巴西女孩的普遍习性。"她虽然是巴西人，却比许多葡萄牙女人更好"，马罗科斯写道。[11]"身为里约人是她唯一的缺点"，他在另一封信中改口说道。[12]

299 马罗科斯和安娜·玛丽亚于 1814 年 9 月 22 日成婚，而直到两个月之后，他才在 11 月 1 日的信件中告诉家人结婚的消息。按照官方的说法，他们有 3 个孩子。路易斯·弗朗西斯科（Luiz Francisco），生于 1816 年 9 月 8 日，一周后因脐带感染而夭折，那时人们称这种炎症为"七日病"。一年半之后，1818 年 3 月 7 日，玛丽亚·特蕾莎（Maria Tereza）出生。最后，1819 年 8 月 13 日，玛丽亚·路易莎（Maria Luiza）来到人世。[13] 这是人们根据马罗科斯的信件（藏于里斯本阿茹达图书馆）所建构的官方历史。然而，读者在下一章将会看到，这些信件还掩藏了一个 200 年前的秘密。

从马罗科斯看待奴隶制与黑白种族关系的态度，可以窥见他在巴西历经转变的一个有趣侧面。大女儿玛丽亚·特蕾莎出生后，他和父亲讲，自己没有照里约精英阶层的惯例雇用黑人乳娘。"我觉得相比黑人，孩子由母亲抚养更合乎情理，也更加体面，我对黑人感到恶心和厌恶"，他在一封信中解释道。[14] 然而，在小女儿出生前不久，马罗科斯对此的态度已大为不同。"我刚花 179200 雷斯买了一名黑人乳娘给孩子喂奶"，他向姐姐写道。他还说，自己从孤儿院领了一名新生儿回家，以保证女奴能不断产奶，直到他的妻子安娜临盆。[15]

在 1811 年 7 月 21 日的信件中，他告诉父亲自己花 93600 雷斯购买了一名黑人，这句话在"奴隶制"一章开篇时引用过。9 个月之后，他在 1812 年 4 月 3 日的信中（这是他篇幅最长的信件之一）再次提到了这名黑人。档案管理员和父亲说，自己只用戒尺惩罚过奴隶一次。"他只因为太倔而挨过 12 下戒尺"，马罗科斯说，"不过，我已经根除了他的恶习"。接着，马罗科斯开始用亲切的语气形容他："他是我的挚友，我对他来说也一样。他很能干，头脑清醒，而且厨艺精湛。他非常注重我衣物和鞋子的清洁，经常拿去刷洗。他很在乎穿衣打扮，已经有了不少衣服。他十分忠诚、康健，力大如牛。"[16]

在信件末尾，马罗科斯讲了关于奴隶的两件趣事。第一件是说，这名黑人"对女人和猫深怀敌意"；第二件是，奴隶习惯在档案管理员睡觉时守在旁边，以防蚊虫叮咬主人。"他有个古怪的习惯，我午睡时，他会在我旁边守着，只为了驱赶苍蝇，不让它们把我吵醒。"

300

最后，马罗科斯表达了自己的期许，希望"他最终能成为一名好奴隶，不用挨打，只受勇气和情谊的指引"[17]。

马罗科斯在里约不仅结婚生子，而且还发家致富，他同贵族以及堂·若昂本人的关系也愈发密切，因而取得了比在里斯本时大得多的社会影响力。马罗科斯在信件中告诉父亲，由于他在图书馆担任要职，所以每天都能去皇宫亲吻摄政王的手。堂·若昂也频频驾临图书馆，查阅艺术和科学书籍。

由于同摄政王交往密切，马罗科斯于1811年建议他在萨尔瓦多建立一座图书馆，存放里约图书馆藏书的副本。马罗科斯认为这样一举两得：既能让巴伊亚人有书可读，同时又能妥善安置一批书籍，这些书从里斯本运来之后一直没有拆箱——"由于白蚁咬噬，仓库中的大壁毯都化作粉末，书籍想必也会如此"，档案管理员解释道。那时，堂·若昂忙于处理其他更紧要的事务，并未理会他的建议。但7年后的1818年，马罗科斯再次提议，这一次，刚刚加冕的新王堂·若昂六世采纳了建议，命人将38箱书籍运往萨尔瓦多。有了这项捐赠，1811年建立的[1]巴伊亚图书馆馆藏几乎翻了一倍。[18]

一段涉及英国大使斯特朗福德子爵的故事表明，葡萄牙国王对里约图书馆十分重视。1815年，已在巴西留居6年的斯特朗福德返回伦敦，堂·若昂赠予他12根金条，他婉拒了这份礼物。对此，堂·若昂并不在意；但当得知斯特朗福德忘记归还从皇家图书馆借出的两本古籍时，堂·若昂非常恼怒。他认为这是对自己的冒犯，于是向英国政府表示严正抗议，并派驻伦敦大使西普里亚诺·里贝

301

---

[1] 这是一个很有趣的巧合。马罗科斯于1811年12月致信堂·若昂，希望后者在巴伊亚建立一座图书馆，存放里约馆藏的副本，同时也能妥善安置里约图书馆装不下的书籍（当时只能存放在仓库里）。巧合的是，同年5月，巴伊亚已经自行建立了第一间图书馆，藏书大多来自当地居民的捐赠。马罗科斯给摄政王写信时，应该尚未得知巴伊亚人自行建馆一事。

罗·弗莱雷（Cipriano Ribeiro Freire）追回书籍。[19]

　　1813 年，即来到巴西两年后，马罗科斯奉摄政王之命管理宫廷手稿，共完成 6000 份手抄古卷的整理和编目工作。这些手稿十分珍稀，将其妥善保存是国王眼中的头等大事。手稿包括信函、报告、外交公文及其他政府文件的原稿，可以追溯到葡萄牙帝国的早期历史。1821 年，王室带着这些手稿返回里斯本。原皇家图书馆的剩余馆藏留在了巴西，后由堂·佩德罗一世从葡萄牙手中收购，如今的里约国家图书馆便是在这部分藏书的基础上建成。在葡萄牙政府为承认巴西独立而索要的补偿款中，收购书籍所花的 800 康托雷斯（约等于当时的 25 万英镑）就占了八分之一。[20]

　　1817 年 9 月，马罗科斯离开图书馆，首席大臣兼皇家顾问托马斯·安东尼奥·维拉·诺瓦·波图加尔将他调往王国事务部任职。1818 年 2 月 6 日，在堂·若昂六世的拥立仪式上，马罗科斯第一次穿上了他的新官服。1821 年 3 月 22 日，即国王返回葡萄牙数周前，马罗科斯又恢复了投身书籍的日常工作。他受到提拔，接替格雷戈里奥·若泽·维埃加斯修士（Gregório José Viegas，已调任伯南布哥主教）的职位，负责皇家图书馆的"领导与管理"工作，年俸 50 万雷斯。[21]

　　巴西独立后，马罗科斯成为皇帝佩德罗一世政府中的高级官员。1824 年，他彻底告别图书馆，改任帝国事务部总管一职直至去世。他的名字出现在独立巴西的两份重要文件末尾——1824 年的首部帝国宪法和 1830 年的首部专利法。[22] "由路易斯·若阿金·多斯桑托斯·马罗科斯执笔"，两份文件的末尾这样写道。虽然签了马罗科斯的名字，但这并不意味着他是文件作者。马罗科斯只是书写员，负责以行政和法律语言（这是他的专长）撰写条款、整理登记，并在政府报刊上安排宣传。

302

在写于堂·若昂六世返回里斯本前夕的数封信件中，马罗科斯劝家人也搬来里约，但父亲没有答应。马罗科斯不懈地劝说，并试图理解父亲拒绝的原因。"是因为祖国的缘故吗？"他意指葡萄牙问道。"祖国只是迂腐多虑之人无足轻重的借口，而且对于那些自年少时便一直将辛勤钻研的成果尽数奉献的人来说，它（指祖国葡萄牙）也太过忘恩负义了"，马罗科斯补充道。

在同一封信中，马罗科斯最后一次劝说道：

303

　　　　父亲，决定的时刻到了。这是头等大事，事关我们家庭未来安逸舒适的生活。这项计划的最初几步看似艰难无比、令人生畏……但那只是暂时的。现在的形势一片大好，都在帮助我们达成目标……所以，从可悲的昏睡中苏醒过来吧，您已经在其中苦苦生活了这么多年。离开那个让您历经坎坷、仕途失意的地方，来这里享受最悠闲快乐的时光，满足您心灵的一切欲求。[23]

这是马罗科斯写给父亲的话，但在那个重要关头，这些话对所有葡萄牙和巴西人都适用。葡萄牙代表着过去、衰老、旧思想、殖民体制与没落；巴西则代表着崭新、未来、财富、繁荣和日新月异。双方联系的中断，标志着马罗科斯一家在两个世界间一分为二。"在里约建立家庭，让马罗科斯从儿子变成了父亲；这与巴西自身的变化相仿，它从殖民地变成了帝国中心"，美国历史学家克尔斯滕·舒尔茨指出。[24]

马罗科斯于 1838 年 12 月 17 日去世，享年 57 岁。次日的《商业报》刊登了简短的讣告："帝国事务部总管路易斯·若阿金·多斯桑托斯·马罗科斯先生于昨日逝世。"他的遗体葬于里约圣弗朗西斯科·德保拉教堂 85 号墓穴。[25]

　　葡萄牙的一小部分随着马罗科斯的逝世而消亡。它与堂·若昂的宫廷同样穿越大西洋，但再也没有回去。1811 年来到巴西时，皇家档案管理员在行李中背负着文化的全部重担，那是几个世纪以来葡萄牙人的写照。他从前是一名保守、迷信、满怀偏见的官僚，面对世界彼岸等待着他的变化，置身于赤道恶劣的气候与贫穷、粗俗和无知的民众之中，他简直害怕到了骨子里。然而近 30 年后，当马罗科斯去世时，他已经完全变了一个人。他在里约步入政坛，克服了与未知共生的恐惧，邂逅爱情，积攒财富，拥有了对未来的期望。为此，他必须拒斥过去，与家人对抗。马罗科斯是新生巴西的完美写照——它深深扎根于葡萄牙，却又与之不同。

304

第二十九章

秘密

对大部分读者而言，这本书在上一章就已经结束了——或者说应该结束了。历史学家会对接下来的内容尤感兴趣，因为直到如今，他们仍不知晓皇家档案管理员路易斯·若阿金·多斯桑托斯·马罗科斯人生中的某些细节，而这便是下文将要揭示的内容。在葡萄牙王室远迁巴西的宏大背景下，这些细节显得无足轻重；尽管如此，它们仍有助于凸显历史考据工作的时效性和迷人之处，因为即使在200年之后，历史人物与事件的面貌依旧在不断更新。

1814年6月15日，一名叫作若阿基娜·多斯桑托斯·马罗科斯的女婴在里约诞生。若阿基娜是皇家档案管理员婚前所得的女儿，在从里约写给里斯本家人的186封信件中，他对此始终守口如瓶。200年来的史书一直将上述信件作为研究该人物唯一的资料源，因此对这名女儿的存在同样一无所知。

11 月 22 日，若阿基娜 4 个月大 [1] 时，她在主教座堂圣体教友会　306
受洗。她出生证和洗礼证上的记录以微缩照片的形式存储在美国盐
湖城的一座数据库中，该数据库由美国摩门教徒建立，其中储存了
10 亿余条人名信息。数据库的网址为 www.familysearch.org，由耶稣
基督后期圣徒教会运营，一般认为是世界上最出色、最全面的谱系
查询服务之一。摩门教徒之所以建立这个庞大的数据库，是因为他
们相信，祖辈的罪孽在死后也可以通过洗礼得以赦免。为做到这一
点，只需将前人的身份准确记录下来即可。

美国摩门教徒建立的谱系数据库显示，若阿基娜是路易思·若
阿金·多斯桑托斯·马罗科斯和安娜·罗萨·德圣-蒂亚戈（Anna
Roza de São-Thiago）的女儿。其中，父亲的姓名与皇家档案管理员
的名字一模一样，只是路易斯的"斯"变成了"思"。主要差别在
于，母亲的中间名是罗萨，而不是玛丽亚。这显然是一处笔误。200
年前，教堂和档案馆的书写员将名字誊抄在出生和洗礼证上时，犯
笔误是再正常不过的事。虽说书写有误，但毫无疑问，这两人一定
是皇家档案管理员和他的妻子。从统计学角度来说，1814 年的里约
仅有 6 万居民，像皇家档案管理员一家这样的白人还不到一半，要
在这样一座城市中找出两对同名同姓的夫妻，几乎是不可能的事情。

路易斯·若阿金·多斯桑托斯·马罗科斯在结婚前 3 个月、还
是未婚夫时有了一名女儿，这项发现将会解开皇家档案管理员信件
中存在的一些谜团，这是研究人员至今无法完成的工作。第一处疑
点在于，马罗科斯的家人听说他结婚后表现得十分冷淡，甚至抱有
敌意。在里约举行婚礼 2 个月之后，马罗科斯于 1814 年 11 月 1 日写
信将消息告诉父亲。父亲的反应非常激烈。他指责马罗科斯目无尊　307

---

[1]　疑为笔误，应为 5 个月大。

长，"像个愚蠢的非洲人、傲慢的美国人一样"，并未事先通知或请求父亲许可就擅自成婚，这种做法"卑鄙无礼"。姐姐则批评他"在暗地里偷偷摸摸结婚，仿佛百姓都是聋子和瞎子一样"[1]。

第二个谜团是一次表面上的误会，发生于婚礼前双方的信件往来之中。马罗科斯反驳了家人的批评，称自己明明提前告知了结婚意愿。他说，在 1813 年 12 月 23 日分别写给父亲和姐姐的两封信中，他都提了结婚的事情。家人却说，这两封信从未寄达里斯本。1815 年 11 月，马罗科斯辩解称，信件寄丢并不是自己的错。有趣的是，在藏于阿茹达图书馆的总计 186 封信件之中，唯独马罗科斯自我辩解的这两封不是原件，而只是副本。信件的原稿下落不明。

如果家人说的是实话，也就是说，父亲和姐姐都没有事先收到结婚通知，那究竟出于什么原因，马罗科斯和安娜要近乎秘密地结合，而非遵照礼节，预先告知自己的结婚意愿？若阿基娜出生证和洗礼证上的信息表明，这场婚礼很可能是由于意外怀孕而匆匆定下的。马罗科斯与家人关系的动摇，在时间上恰好同若阿基娜的出生相吻合。

第三个谜团与 1814 年 11 月的一封信有关，它令前两个更加神秘莫测。根据摩门教徒所建数据库的信息，这时他的女儿已有 4 个月大 [1]。马罗科斯在信中称，在里约有一些关于他的流言，可能会传到里斯本去，他提醒姐姐不要听信这些流言蜚语。"这群蠢人的愚昧令我发笑，他们盲目地想要刺探我的秘密，但一个也没有得逞，这种毅力简直叫我同情"，马罗科斯写道。[2]

在 1814 年的里约，一个 33 岁的男人，档案管理员，保守到骨子里的宫廷官僚，能引发什么流言蜚语？解开问题的关键似乎又是

308

---

[1] 同前，疑为笔误，应为 5 个月大。

若阿基娜——她正是当年 6 月出生的。在那个年代，未婚生子会引发丑闻，这便解释了马罗科斯的姐姐在信中所说的，"仿佛百姓都是聋子和瞎子一样"。既然百姓不聋不瞎，那他们听到和看到了什么？往来信件中隐含的证据表明，身在里斯本的家人可能从其他渠道获知了马罗科斯在信件中刻意隐瞒的信息。

　　1814 年出生的神秘婴孩若阿基娜后来怎么样了？除了出生和洗礼证之外，摩门教徒所建的数据库中再没有关于她下落的任何信息。我们不知道她是否被遗弃了，是早夭还是幸存，有没有结婚生子。解开疑问的关键还是盐湖城数据库中的档案。记录若阿基娜·多斯桑托斯·马罗科斯身份信息的微缩照片，是国际谱系索引数据库 C032065 号档案批次的一部分。这批档案由 1855 名在里约出生的女婴组成，其中绝大部分生于 1812—1816 年间，也有个别生于 18 世纪末。

　　这批档案中的孩子大部分都只有名字。像"茹斯蒂娜""奥诺拉塔""因诺森西娅""热苏伊娜"这样的名字有好几百个，没有任何家庭姓氏或者亲缘信息。另一些孩子记录的是通用姓氏，一般与日期、事件和宗教教友会相关，比如"多圣埃斯皮里图""达孔塞桑""多罗萨里奥"或"多埃万热略"[1]。唯一的共同点在于，她们都是在主教座堂圣体教友会受的洗礼——这一点将会解开整个谜团。圣体教友会是巴西殖民时期历史最悠久的教友会之一，由社会上层的平信徒人士运营，其任务之一便是收容和抚养富裕家庭中单亲母亲遗弃的婴儿。马罗科斯的未婚妻安娜·玛丽亚·德圣蒂亚戈·索萨正是

309

---

[1]　"圣埃斯皮里图"(Espírito Santo)，地名，如今是巴西的一个州。"孔塞桑"(Conceição)，宗教名词，指天主教圣母无原罪始胎的教义。"罗萨里奥"(Rosário)，宗教名词，指天主教的《玫瑰经》。"埃万热略"(Evangelho)，宗教名词，指新约圣经中的福音书。"多"和"达"是介词与冠词的缩合形式，无实义。

这样，她的家庭不仅富裕殷实、社交广泛，而且拥有正宗的葡萄牙血统。

由此得出的结论显而易见：面对意料之外的身孕，路易斯·若阿金和安娜·玛丽亚选择将新生儿交由宗教教友会照顾，而不是自己抚养，否则无疑会在宫廷中引发丑闻。在 2007 年的巴西，未婚生育是生活中的常见现象，已得到社会的宽容和接受。对有关家庭来说，未婚先孕也早已不会引发丑闻，更不需要忧心忡忡。200 年前的情况却大不相同。在堂·若昂六世的宫廷中，未婚生育这种事绝对不可接受。对父母而言，将孩子藏起来再送养出去，总比败坏家庭声誉更好。

在那时的里约，将不愿抚养的孩子送人收养是一种普遍习惯。孤儿院和一些修道院都设有"弃婴轮盘"[1]，这是从葡萄牙引进的设施，可供父母弃置新生儿，且不会暴露身份。1823 年，英国游客玛丽亚·格雷厄姆曾参观里约一家孤儿院，那里的弃婴轮盘在 9 年间收容了 1 万名孤儿。大部分婴儿在找到收养家庭之前就夭亡了。[3]

310　　令人意外的是，纵使冒着各种风险，若阿基娜·多斯桑托斯·马罗科斯的父母还是给不能抚养的女儿登记了自己的姓氏。作为摩门教徒所建数据库 C032065 号批次第 587 号女婴，若阿基娜是这批档案中少有的、拥有名字和家庭姓氏的孩子之一。这仿佛是马罗科斯为后世埋下的一条揭开秘密的沉默线索。[4]

---

[1]　弃婴轮盘（roda dos enjeitados）是如今弃婴保护舱的前身，结构类似于旋转门，一般设在修道院和孤儿院的外墙。父母将弃婴置于轮盘中，然后向内旋转送入建筑，不会被人认出身份。

注 释

前 言

1. 在易于阅读、语言口头化的同类作品中，值得一提的还有圣保罗大学教授、历史学家 Lilia Moritz Schwarcz 所著的 *A longa viagem da biblioteca dos reis: do terremoto de Lisboa à Independência do Brasil*。

2. J. M. Pereira da Silva, *História da fundação do império brasileiro*, 1864, tomo 1, p. 5.

3. 在葡萄牙宫廷留居巴西的 13 年中，当时的国际贸易标准货币——英镑与雷亚尔的汇率在 1 比 3000—5000 之间波动，这一信息由大使 Joaquim de Souza Leão Filho 所提供，详见由他翻译并加注的 Ernst Ebel, *O Rio de Janeiro e seus arredores em 1824*, 1972, p.14. 据此，可以对那时硬货币的购买力有个大致的概念。英国国会提供了一项网络服务，可以在过去 300 年中基于购买力换算英镑。据此计算，1808 年的 1 英镑价值相当于今天的 56 英镑。这意味着，当时在里约热内卢以 4000 雷亚尔（约 1 英镑）出售的商品，如今约值 220 雷亚尔或 100 美元（购买力等值）。Economic History Service 是一个换算旧货币的免费网络服务，由迈阿密大学和伊利诺伊大学的两位经济学教授创建，网址为 http://measuringworth.com/。另，http://www.globalfinancialdata.com 提供更详细的同类服务，但它是付费的（而且非常贵）。关于英镑价值换算，参见 Robert Twigger, *Inflation: The Value of the Pound 1750-1998*, House of Commons Library, 在英国国会网站 http://www.parliament.uk/commons/lib/research/rp99/rp99-020.pdf 可查。

第一章 逃亡

1. 有关君主专制政体下的国王权力，更详细的信息可参见 Albert Sorel, *Europe under the Old Regime: Power, Politics, and Diplomacy in the Eighteenth Century*, 2004; 另见 Geoffrey Bruun, *The Enlightened Despots*, 2005。

2. 在堂·若泽病逝的那个年代，许多欧洲国家都已经开始注射天花疫苗，但女王玛丽亚一世不允许医生给他的长子和王储注射疫苗，历史学家 Pedro Calmon 称是"出于宗教顾虑"，参见 O rei do Brasil, vida de D. João VI, 1943, p. 34。后来到了堂·若昂摄政期间，整个王室都接种了疫苗。

3. 对于马夫拉宫的描述，参见 Lilia Moritz Schwarcz, A longa viagem da biblioteca dos reis, p. 62，另见 Tobias Monteiro, História do Império: a elaboração da Independência, p. 168。

4. 由英国政府运营的新闻网络——英国广播公司（BBC）在 2005 年制作了一个很不错的网站——British History: Empire and Sea Power 来纪念特拉法加海战 200 周年。在网站 www.bbc.co.uk 中可查。关于纳尔逊勋爵战胜法西联合舰队的影响，深入分析参见 Nam Rodger, Trafalgar: The Long-term Impact, 在同一网站可查。

5. Tobias Monteiro, História do Império, pp. 20-21.

6. Ibidem, p. 55.

第二章　疯癫国王

1. 有关国王乔治三世和玛丽亚一世的疾病与行为，更多信息参见 Christopher Hibbert, George III: A Personal History; Marcus Cheke, Carlota Joaquina, Queen of Portugal; Vivian Green, A loucura dos reis。

2. Patrick Wilcken, Empire Adrift: The Portuguese Court in Rio de Janeiro, 1808-1821, p. 57, 货币换算是基于 Robert Twigger 的研究 Inflation: The Value of the Pound... 而做。

3. "长时间以来表现出精神疾病症状的女王堂娜·玛丽亚一世，1792 年 2 月 2 日在萨尔瓦特拉宫的剧院观看演出时忽然疯癫发作"，历史学家 Ângelo Pereira 在 D João VI príncipe e rei, p. 57 写道。

4. 引自 H. A. L. Fisher, Napoleon。

5. Oliveira Lima, D. João VI no Brasil, p. 49.

6. 有关路易十四执政过后法国的庞大债务以及凡尔赛宫的人员数量的信息来自 Winston Churchill, The Age of Revolution: A History of the English Speaking People。

7. 提及拿破仑的书籍数量取自 Alistair Horne, The Age of Napoleon（audiobook）。Cameron Reilly 在 http://napoleon.thepodcastnetwork.com/ 中的播客节目《拿破仑 101》中指出，共有 30 万本图书以拿破仑为主题。

8. 有关拿破仑的军事策略以及大革命时期法国军队的调动能力，详细分析参见 Gunther E. Rothenberg, The Napoleonic Wars, pp. 18-47。

9. Alexandre Dumas, Napoleão: uma biografia literária, p. 37.

10. Alistair Horne, The Age of Napoleon（audiobook）.

第三章 计划

1. Oliveira Lima, *D. João VI no Brasil*, p. 43.

2. 参见 J. M. Pereira da Silva, *História da fundação do império brasileiro*, pp. 79-80。书中称,1806 年,葡萄牙从巴西的进口额为 14153752891 雷斯(约合 14154 康托雷斯),向该殖民地的出口额仅为 8426097899 雷斯。

3. Thomas E. Skidmore, *Uma história do Brasil*, p. 51.

4. 与巴西进行贸易的船只总数以及科斯蒂根的评论来自 Kenneth Maxwell, *A devassa da devassa—a Inconfidência Mineira: Brasil e Portugal(1750-1808)*, p. 24。

5. 1640 年,一批皇家顾问(包括耶稣会神父安东尼奥·维埃拉)对葡萄牙主权受到的长久威胁感到担忧,因此提议在美洲建立一个帝国,并将君主国总部迁往那里。对此,维埃拉有着弥赛亚主义的愿景。在他看来,葡萄牙注定要在美洲重建"第五帝国",这是先知但以理在《圣经》旧约中预言的一个帝国。由于捍卫这种思想,维埃拉遭到宗教裁判所审查,后来还被教宗谴责。更多细节参见 Kirsten Schultz, *Tropical Versailles*, p. 17。

6. 引自 Kenneth Maxwell, *A devassa da devassa*, p. 19。

7. Oliveira Lima, *D. João VI no Brasil*, p. 45.

8. 1803 年 8 月 16 日致摄政王的信,引自 Ângelo Pereira, *D. João VI príncipe e rei*, pp. 127-136。

9. Oliveira Lima, *D. João VI no Brasil*, p. 16.

10. 1807 年,国务委员会由 D. Antônio de Araújo de Azevedo, D. Rodrigo de Sousa Coutinho, D. João de Almeida de Mello e Castro, José Egydio Alves de Almeida(内阁总管), João Diogo de Barros(王子封地秘书), Thomaz Antônio Villa Nova Portugal(国库监察), Manuel Vieira da Silva(堂·若昂的私人医生,1808 年撰写了巴西第一部医学论文)以及 Francisco José、Matias Antônio de Sousa Lobato 两兄弟(摄政王的掌衣官及私人助理)组成。更多细节参见 Lilia Schwarcz, *A longa viagem da biblioteca dos reis*, p. 65。

11. Lilia Schwarcz, *A longa viagem da biblioteca dos reis*, p. 199.

12. Tobias Monteiro, *História do Império*, p. 23.

13. Lilia Schwarcz, *A longa viagem da biblioteca dos reis*, p. 204.

14. Oliveira Lima, *D. João VI no Brasil*, p. 47.

15. Alexandre José de Melo Moraes, *História da transladação da corte portuguesa para o Brasil em 1807*, p. 50.

16. Oliveira Lima, *D. João VI no Brasil*, pp. 51-52.

17. Ibidem, p. 37.

18. Ibidem, p. 40.

19. 参见 René Chartrand, *Vimeiro 1808: Wellesley's First Victory in the Peninsular War*, p. 17。

20. 有关侵葡法军犯下的失误及其可怜处境的描述，参见 René Chartrand，*Vimeiro 1808*；另见 Charles Esdaile，*The Peninsular War*；Maximilien Sébastien Foy，*Junot's Invasion of Portugal（1807-1808）*；David Gates，*The Spanish Ulcer: A History of the Peninsular War*；Sir Charles Oman，*A History of the Peninsular War*；Gunther E. Rothenberg，*The Napoleonic Wars*。

21. General Maximilien Sébastien Foy，*Junot's Invasion of Portugal*，p. 57.

22. Sir Charles Oman，*A History of the Peninsular War*，p. 28.

23. 引自 Tobias Monteiro，*História do Império*，p. 59。

24. Sir Charles Oman，*A History of the Peninsular War*，p. 27.

25. Alan K. Manchester，*Presença inglesa no Brasil*，p. 72.

26. Sir Charles Oman，*A History of the Peninsular War*，p. 26.

第四章　没落帝国

1. Júlio Bandeira，*O barroco de açúcar e de ouro*，na introdução de *Viagem ao Brasil nas aquarelas de Thomas Ender*，p. 15.

2. Kenneth H. Light，"Com os pés no mar"，entrevista à *Revista de História*，da Biblioteca Nacional，nº14，de novembro de 2006，pp. 48-53.

3. Joaquim Pedro de Oliveira Martins，*História de Portugal*，p. 519.

4. Oliveira Lima，*D. João VI no Brasil*，p. 25.

5. 按照近 200 年的通胀率换算，1808 年的 1 法郎等于如今的 4.07 欧元，数据来自 www.globalfinancialdata.com。

6. 数据来自 Marcus Cheke，*Carlota Joaquina，Queen of Portugal*。Pereira da Silva 在 *História da fundação do império brasileiro*，p. 77 中写道，根据 1801 年的统计数据，葡萄牙人口数量为 2951930，其中包括生活在 393 座修道院中的 30000 名主教、神父、修女和神学院学生。

7. Pedro Calmon，*O rei do Brasil，vida de D. João VI*，p. 34.

8. Maria Antonia Lopes，*Mulheres，espaço e sociabilidade*，1989，引自 Francisca L. Nogueira de Azevedo，*Carlota Joaquina na corte do Brasil*，p. 54。

9. 引自 Luiz Edmundo，*Recordações do Rio antigo*，p. 68。

10. Oliveira Lima，*D. João VI no Brasil*，p. 23.

11. Lilia Schwarcz，*A longa viagem da biblioteca dos reis*，p. 86.

12. Sérgio Buarque de Holanda，*Raízes do Brasil*，p. 49.

13. Entrevista à revista *Veja*，edição 1967，2 de agosto de 2006，p. 11.

14. Lilia Schwarcz，*A longa viagem da biblioteca dos reis*，p. 39.

15. Ibidem, p. 86.

16. Pandiá Calógeras, *Formação histórica do Brasil*, p. 60，货币换算是基于 Robert Twigger 的文章 *Inflation...* 所做，此文见 http：//www.parliament.uk/commons/lib/research/rp99/rp99-020.pdf。

17. 根据 Tobias Monteiro 在 *História do Império*, pp. 499-500 中的计算，从米纳斯吉拉斯运往葡萄牙的黄金共计 35687 阿罗巴（古代重量单位），或 535305 千克。

18. Pandiá Calógeras, *Formação histórica do Brasil*, p. 60.

19. 引自 Lilia Schwarcz, *A longa viagem da biblioteca dos reis*, p. 87。

20. 关于里斯本大地震造成的损害，参见 Lilia Schwarcz, *A longa viagem da biblioteca dos reis*, cap. 1。

21. Oliveira Martins, *História de Portugal*, p. 494, p. 496.

22. Lilia Schwarcz, *A longa viagem da biblioteca dos reis*, p. 161.

23. 中立政策和不干涉别国事务是葡萄牙的传统原则，它作为遗产，深刻影响了巴西与外部世界的关系，即便独立后也是如此。至今，中立原则仍然是巴西外交政策的重要一环。

24. Alan K. Manchester, *Presença inglesa no Brasil*, p. 17.

25. Oliveira Martins, *História de Portugal*, p. 575.

26. Alan K. Manchester, *Presença inglesa no Brasil*, p. 18.

27. Winston Churchill, *The Age of Revolution: A History of the English Speaking People*, audiobook.

28. Oliveira Lima, *D. João VI no Brasil*, p. 29.

第五章　启程

1. 启程当日对里斯本天气的描述是基于英国海军中尉 Thomas O'Neill 的叙述写成，参见 *A Concise and Accurate Account of the Proceedings...*, p. 22，另见葡萄牙历史学家 Ângelo Pereira, *Os filhos d'El-Rei D. João VI*, p. 113。

2. Thomas O'Neill, *A Concise and...*, p. 16.

3. 有关护送葡萄牙王室前往巴西的船只数量，不同的叙述之间存在出入。历史学家 Kenneth H. Light 基于航海日志称，英国船舰"希伯尼亚"号指挥官在旅行第一天清点了船队，共计 56 艘船只。其中有 31 艘战船（13 艘英国战船、18 艘葡萄牙战船）和 25 艘商船。在回忆录中，西德尼·史密斯上将称有"许多全副武装的大型商船"。斯特朗福德子爵的版本则是"各种武装的双桅帆船、单桅帆船和护航舰，还有一些来自巴西的船只"，共计"36 只帆船左右"。历史学家 Alexandre de Melo Moraes 提到了 8 艘大帆船（"皇太子"号、"马蒂姆·德弗雷塔"号、"巴西亲王"号、"堂·若昂·德卡斯特罗"号、"堂·恩里克"号、"阿方索·德阿尔布开克"号、"葡萄牙女王"号和"美杜莎"号）、4 艘三桅帆船（"米内尔瓦"

号、"乌剌尼亚"号、"海豚"号、"特里斯"号）、3 艘双桅帆船（"野兔"号、"飞行者"号、"复仇"号）、1 艘双桅三角帆船（"里约人"号）以及许多商船和英国船只。

4. Oliveira Martins, *História de Portugal*, p. 516.

5. 堂·若昂随行人员的数目亦存在争议。一些历史学家的估计最多达到 15000 人。著有 *O Rio de Janeiro setecentista* 的里约建筑师 Nireu Cavalcanti 认为这一数字太过夸大，他基于 1808—1809 年在里约港口登岸的乘客名单计算，随行人员仅有 444 人。历史学家 Kenneth H. Light 不同意这一观点，称仅船员的数量就在 6000—7000 人之间。据他计算，仅"皇太子"号一艘船就承载了 1054 人。他认为，合理的人员总数应在 10000—15000 人之间。但问题在于，由于没有官方的乘客名单，几乎不可能获知到底有多少人随行。而且，并不是所有人都在里约下船，有些船只停靠在了帕拉伊巴、累西腓、萨尔瓦多和其他沿海城市。乘客数量与里斯本人口的对比来自 Patrick Wilcken, *Empire Adrift*, p. 30。

6. Lilia Schwarcz, *A longa viagem da biblioteca dos reis*, p. 217.

7. 信息来自 Robert Hughes, *The Fatal Shore*, 引自 Patrick Wilcken, *Empire Adrift*, p. 266。

8. Alan K. Manchester, *Presença inglesa no Brasil*, p. 70.

9. Patrick Wilcken, *Empire Adrift*, p. 21.

10. Thomas O'Neill, *A Concise and...*, p. 10.

11. Patrick Wilcken, *Empire Adrift*, p. 14.

12. Ibidem, p. 23.

13. Oliveira Lima, *D. João VI no Brasil*, p. 53.

14. 引自 Francisca L. Nogueira de Azevedo, *Carlota Joaquina na corte do Brasil*, p. 60。

15. Patrick Wilcken, *Empire Adrift*, pp. 26-27.

16. Lilia Schwarcz, *A longa viagem da biblioteca dos reis*, p. 213, p. 451.

17. 这一叙述来自朱诺将军之妻阿布兰特公爵夫人，伯南布哥历史学家 Oliveira Lima 认为并非完全可信。引自 Oliveira Lima, *D. João VI no Brasil*, p. 53。

18. Luiz Norton, *A corte de Portugal no Brasil*, p. 35.

19. Foy, *Junot's Invasion of Portugal*, pp. 45-46.

20. Ibidem, p. 46; Melo Moraes, *História da transladação...*, pp. 55-56.

21. Oliveira Martins, *História de Portugal*, p. 517.

22. Patrick Wilcken, *Empire Adrift*, p. 25.

23. Francisca L. Nogueira de Azevedo, *Carlota Joaquina na corte do Brasil*, p. 65.

24. Jurandir Malerba, *A corte no exílio*, p. 20, p. 224; Tobias Monteiro 在 *História do Império*, nota 13 do capitulo 3, p. 65 引用美国部长在里斯本撰写的公文称，王室带走的钻石价值 1 亿美元，钱币和白银价值 3000 万美元。

25. Oliveira Lima, *D. João VI no Brasil*, p. 16.

26. Kirsten Schultz, *Tropical Versailles*, p. 69.

27. Melo Moraes, *História da transladação...*, p. 62.

28. Richard Bentley, *Memoirs of Admiral Sidney Smith*，引自 Francisca L. Nogueira de Azevedo, *Carlota Joaquina na corte do Brasil*, p. 65。

29. Patrick Wilcken, *Empire Adrift*, p. 10.

30. Ibidem, p. 28.

31. Kenneth H. Light, *The Migration of the Royal Family of Portugal to Brazil in 1807/08*, sem numeração de páginas.

32. Kenneth H. Light, "Com os pés no mar". Entrevista à *Revista de História*, da Biblioteca Nacional, edição nº 14, de novembro de 2006, pp. 48-53.

33. 有关半岛战争期间葡萄牙的人口损失（在本书"被遗弃的葡萄牙"一章中有更详细的叙述），数据来自 Oliveira Martins, *História de Portugal*, p. 527。

第六章　皇家档案管理员

1. 1814 年托马斯·杰斐逊图书馆仅有 3000 册藏书，8 月英军入侵美国首都，图书馆被焚。2 座图书馆的对比来自 Robert Stevenson, *A Neglected Johannes de Garlandia Manuscript (1486) in South America*，网址 http://www.jstor.org/。

2. 有关路易斯·若阿金·多斯桑托斯·马罗科斯在葡萄牙的生活及其在皇家图书馆中的工作，信息来自 Rodolfo Garcia, *Cartas de Luiz Joaquim dos Santos Marrocos, escritas do Rio de Janeiro à sua família em Lisboa, de 1811 a 1821* 中的序言部分。

3. Luiz Joaquim dos Santos Marrocos, *Cartas...*, p. 78.

4. Fernão Lopez de Castanheda 的书可在纳瓦拉大学图书馆在线图书目录的"人文科学—古籍"条目下找到，网址为 http://www.unav.es/biblioteca/。

5. 除了 F. E. Foderé 的作品，马罗科斯还从法语翻译了 Barbier 的 2 卷本 *Tratado de higiene aplicada à terapia*。后来在巴西时，他又翻译了 Foderé 的 *Tratado da polícia de saúde, terrestre e marítima, ou Higiene militar e naval*。

6. Rodolfo Garcia, *Cartas...*, pp. 7-8.

7. Oliveira Martins, *História de Portugal*, p. 498.

8. 引自 Jurandir Malerba, *A corte no exílio*, p. 130。

9. 拉东这句话是 1755 年说的，引自 Lilia Schwarcz, *A longa viagem da biblioteca dos reis*, p. 45。

10. 引自 Lilia Schwarcz, *A longa viagem da biblioteca dos reis*, p. 165。

11. Ângelo Pereira, *D João VI príncipe e rei*, p. 48.

12. Alan K. Manchester, *Presença inglesa no Brasil*, p. 61.

13. Pedro Calmon, *O rei do Brasil, vida de D. João VI*, p. 8.

14. Oliveira Martins，*História de Portugal*，p. 494.

15. *Dicionário histórico de Portugal*，网址 www.arqnet.pt/dicionario。

16. Oliveira Martins，*História de Portugal*，p. 514.

17. 有关皇家图书馆的起源，以及它对于葡萄牙王国的象征意义，更多信息参见 Lilia Schwarcz，*A longa viagem da biblioteca dos reis*，capítulos 1-2。

18. Rodolfo Garcia，*Cartas...*，p. 7.

第七章　旅程

1. Patrick Wilcken，*Empire Adrift*，p. 39.

2. 有关抗击坏血病和 18—19 世纪海上航行的艰苦条件，更多信息参见 Stephen R. Bown，*The Age of Scurvy: How a Surgeon，a Mariner and a Gentleman Helped Britain Win the Battle of Trafalgar*。

3. Luiz Joaquim dos Santos Marrocos，*Cartas...*，p. 38.

4. 有关英国海军的历史和架构，参见 David Howarth，*British Sea Power: How Britain Became Sovereign of the Seas*，另见 Brian Lavery，*Nelson's Navy: The Ships，Men and Organization(1793-1815)*；Niall Ferguson，*Empire: How Britain Made the Modern World*。

5. Kenneth Light，*The Migration...*，sem numeração de páginas.

6. 和当时大部分统计数字一样，葡萄牙船队中每艘船的乘客数量也存在争议。1054 这一数字由 Kenneth Light 提出，他的依据是英国船舰"贝德福德"号船长 James Walker 于 1808 年 1 月 31 日从萨尔瓦多写给伦敦海军部秘书 William Wellesley-Pole 的信件。Light 指出，仅停泊船只、起锚、收绳的工作就需要 385 名船员才能完成。

7. Patrick Wilcken，*Empire Adrift*，p. 50.

8. Alan K. Manchester，*Presença inglesa no Brasil*，p. 73.

9. Tobias Monteiro，*História do Império*，p. 67.

10. 叙述来自英国船队指挥官西德尼·史密斯上将于 1807 年 12 月 1 日写给伦敦海军部的信件，Maria Graham 在 *Diário de uma viagem ao Brasil* 中引用了他的叙述。

11. Patrick Wilcken，*Empire Adrift*，p. 35.

12. Melo Moraes，*História da transladação...*，p. 59.

13. Patrick Wilcken，*Empire Adrift*，p. 31.

14. Melo Moraes，*História da transladação...*，p. 62.

15. Kenneth Light，"Com os pés no mar"，em *Revista de História*，da Biblioteca nacional，nº 14，novembro de 2006，pp. 48-53.

16. Kenneth Light，"a viagem da família real para o Brasil"，artigo para o jornal *Tribuna de Petrópolis*，novembro de 1997.

17. 船长 James Walker 于 1808 年 1 月 6 日写给英国海军部秘书 William Wellesley-Pole 的信件，由 Kenneth Light 转写于 *The migration...*，sem numeracão de páginas。

18. Kenneth Light，"A viagem da família real para o Brasil"，em *Tribuna de Petrópolis*，novembro de 1997.

19. 有关风暴打散船队和水手 Geo Green 的事故，信息来自船长 James Walker 的航海日志，由 Kenneth Light 转写于 *The Migration...*，sem numeracão de páginas。

20. 写给摄政王的信，转写于 Ângelo Pereira，*D. João VI príncipe e rei*，pp. 183-185。

21. Ângelo Pereira，*Os filhos d'El-Rei D. João VI*，p. 113.

22. Kenneth Light，*The Migration...*，sem numeracão de páginas.

23. Kenneth Light，"A viagem da família real para o Brasil"，em *Tribuna de Petrópolis*，novembro de 1997.

24. J. J. Colledge，*Ships of the Royal Navy*，2006.

25. Thomas O'Neill 这本书的第一版（印数很少），如今在藏书界可谓稀世珍品，圣保罗明德林图书馆藏有一本。

26. Thomas O'Neill，*A Concise and Accurate Account of the Proceedings...*，pp. 11-12.

27. Ibidem，pp. 60-61.

28. Ibidem，p. 14.

29. Ibidem，pp. 17-20.

30. 据历史学家 Ângelo Pereira 称，如果卡达瓦公爵没有前来巴西，他将会担任摄政团主席，负责管理葡萄牙并在王室离开后同法军谈判。但公爵更愿意随堂·若昂同行，于是登上了"堂·若昂·德卡斯特罗"号。Pereira 说他在船上"受尽了艰苦，衣食都没有保障……途中一直重病缠身，最后在巴伊亚逝世，从始至终都做出了一个灵魂坚韧、爱君不渝的英雄榜样"。参见 Ângelo Pereira，*Os filhos d'El Rey...*，p. 115。

第八章　萨尔瓦多

1. 这一版本参见 Melo Moraes，*História da transladação...*，pp. 66-67。

2. Kenneth Light，"A viagem da família real para o Brasil"，em *Tribuna de Petrópolis*，novembro de 1997.

3. "bergantim"（文中译为小型双桅帆船）是一种小型快船，葡萄牙人将其用于沿海侦查、战略运输，也用作大吨位船只（一般停泊位置较远）和码头之间的摆渡船。它拥有 10—19 个座位，可以安装 1—2 个风帆，也用作典礼时的交通工具。1808 年堂·若昂抵达巴西时搭乘过的那一艘，如今在里约海军博物馆展出。有关殖民时期葡萄牙各类船只的更多信息，参见 Fernando Gomes Pedrosa（coordenador），*Navios, marinheiros e arte de navegar: 1139-1499*，Lisboa，pp. 63-65。

4. Ângelo Pereira, *D. João VI príncipe e rei*, p. 113.

5. Antônio de Araújo, José Egydio 和 Thomaz Antônio 几位大臣乘坐"美杜莎"号航行。

6. 读者在下一章将会看到，那时殖民地内部的通信比沿海更加缓慢和不稳定。从里斯本发出的消息需要几个月才能传到圣保罗或者南大河省。

7. Melo Moraes, *História da transladação...*, p. 67.

8. 有关王室抵达以及在萨尔瓦多的登陆，详细描述参见 Melo Moraes, *História da transladação...*, p. 67，另见 Pedro Calmon, *O rei do Brasil, vida de D. João VI*, pp. 123-129。

9. Pedro Calmon 称堂·若昂是早晨上岸的，而 Melo Moraes 称登陆时间应该在下午4—5点。

10. Maria Graham, *Diário de uma viagem ao Brasil*, p. 144.

11. 数据来自 Nireu Cavalcanti, *O Rio de Janeiro setecentista*, p. 258，他是依据葡萄牙历史学家 A. H. Oliveira Marques 于 19 世纪初列出的"世界最大的 30 座城市"写成。

12. 有关萨尔瓦多的详细描述及其地理位置的战略因素，参见 C. R. Boxer, *A idade de ouro do Brasil*, p. 124。

13. Johann Moritz Rugendas, *Viagem pitoresca pelo Brasil*（*tradução da edição francesa de 1835*), p. 52.

14. C. R. Boxer, *A idade de ouro do Brasil*, p. 124.

15. Ibidem, p. 126.

16. Ibidem, p. 124.

17. Maria Graham, *Diário de uma viagem ao Brasil*, p. 145.

18. Ibidem, p. 148.

19. 引自 C. R. Boxer, *A idade de ouro Brasil*, p. 129。

20. C. R. Boxer, *A idade de ouro do Brasil*, pp. 132-134.

21. Patrick Wilcken, *Empire Adrift*, p. 66.

22. Lilia Schwarcz, *A longa viagem da biblioteca dos reis*, pp. 229-230.

23. Nelson Werneck Sodré, *As razões da Independência*, p. 139.

24. Alan K. Manchester, *Presença inglesa no Brasil*, p. 75.

25. Melo Moraes, *História da transladação...*, p. 59.

26. Ibidem, p. 74.

27. Patrick Wilcken, *Empire Adrift*, p. 68.

第九章　殖民地

1. 引自 J. F. de Almeida Prado, *D. João VI e o início da classe dirigente no Brasil*, p. 134。

2.《巴西邮报》的葡语 *Correio Braziliense* 用了 z 而不是 s（现在写作 Brasil），是因为它

保持了当时常用的正字法形式。同样地，*portuguêz*（现写作 português，意为"葡萄牙的"）一词一般也用 z。参见 Adriano da Gama Cury, *Correio Braziliense: ortografia e linguagem*, artigo para o *site* Observatório da Imprensa, 网址为 observatorio.ultimosegundo.ig.com.br。

3. José Honório Rodrigues, *Independência: revolução e contra-revolução*, p. 52.

4. Oliveira Lima, *D. João VI no Brasil*, pp. 55-56.

5. Pandiá Calógeras, *Formação histórica do Brasil*, p. 76.

6. *Revista do Instituto Histórico e Geográfico Brasileiro*, 1861, 引自 Silvia Hunold Lara, *Campos da violência*。

7. Alcide D'Orbigny, *Viagem pitoresca através do Brasil*, p. 43.

8. Fernando Novais, *História da vida privada*, volume 1, p. 20, 其中参考的数据由 Dauril Alden 收集。

9. 1819 年，堂·若昂六世政府做了任内第一次人口普查，结果显示巴西人口为 3596132，此外还有 800000 名印第安人、1107389 名奴隶。米纳斯吉拉斯是人口最多的省，共计 631885 位居民，其中有 463345 名自由人、168543 名奴隶。第二名是里约热内卢，共计 510000 位居民，其中 23% 是奴隶。巴伊亚和伯南布哥分别拥有 477912 位和 371465 位居民。参见 Pandiá Calógeras, *Formação histórica do Brasil*, pp. 63-64。

10. Nelson Werneck Sodré, *Formação histórica do Brasil*, p.158; Fernando Novais 在 *História da vida privada*, volume 1, p. 20 中给出了 1801 年葡萄牙人口的准确数字——2931000，这意味着世纪之交时，宗主国和殖民地的人口数量几乎相当。

11. Thomas Skidmore, *Uma história do Brasil*, p. 46.

12. Oliveira Lima, *D. João VI no Brasil*, p. 160.

13. Roberto Pompeu de Toledo, *A capital da solidão*, p. 247.

14. Jorge Caldeira, *Mauá: empresário do Império*, p. 36.

15. Mara Ziravello, *Brasil 500 Anos*, p. 91.

16. Alcir Lenharo, *As tropas da moderação*, p. 58.

17. Sérgio Buarque de Holanda, *Raízes do Brasil*, p. 12.

18. Francisco Adolfo de Varnhagen, *História geral do Brasil*, Vol. V, p. 82.

19. Oliveira Lima, *D. João VI no Brasil*, p. 91; Jorge Caldeira, *Mauá: empresário do Império*, p. 41, p. 46.

20. John Mawe, *Viagens ao interior do Brasil*, p. 212.

21. Varnhagen, *História geral do Brasil*, Vol. V, p. 79.

22. Oliveira Lima, *D. João VI no Brasil*, p. 94.

23. John Mawe, *Viagens ao interior do Brasil*, p. 52; 有关 Mawe 的更多信息，请参阅本书的"游客"一章。

24. 在 1798 年的人口统计中，圣保罗共有 21304 位居民。即使将不久前分离出去的阿蒂巴亚镇计算在内，圣保罗的人口也和 1765 年第一次官方统计的数字 20873 人（包括奴隶）

几乎相当。参见 Roberto Pompeu de Toledo, *A capital da solidão*, p. 239, p. 256。

25. Roberto Pompeu de Toledo, *A capital da solidão*, p. 136.

26. 这一段文本引自 J. F. de Almeida Prado, *Thomas Ender: pintor austríaco na corte de D. João VI no Rio de Janeiro*, p. 35。

27. Ibidem, p. 67.

28. 有关堂·若昂六世时期里约热内卢的商贸活动，参见 Alcir Lenharo, *Tropas da moderação*, p. 25 及后续几页。

29. J. F. de Almeida Prado, *Thomas Ender*, p. 240.

30. Ibidem.

31. John Mawe, *Viagens ao interior do Brasil*, p. 164.

32. Ibidem, p. 138.

33. Pandiá Calógeras, *Formação histórica do Brasil*, p. 60.

34. Ibidem.

35. 引自 Warren Dean, *A ferro e fogo*, p. 114。

36. Alcide D'Orbigny, *Viagem pitoresca através do Brasil*, p. 145.

37. Varnhagen, *História geral do Brasil*, Vol. V, p. 61.

38. John Mawe, *Viagens ao interior do Brasil*, p. 127 及后续几页。

39. Nireu Cavalcanti, *O Rio de Janeiro setecentista*, p. 169.

40. Maria Odila da Silva Dias, *A interiorização da metrópole*, pp. 42-43.

41. Jorge Caldeira, *Mauá*, p. 140.

42. Varnhagen, *História geral do Brasil*, Vol. V, p. 23.

43. 有关巴西殖民地的审查制度，参见 Isabel Lustosa, "Insultos impressos: o nascimento da imprensa no Brasil", em Jurandir Malerba (organizador), *A Independência brasileira: novas dimensões*, p. 242。

44. Ronaldo Vainfas, *Dicionário do Brasil colonial*, pp. 139-140.

45. Roderick J. Barman, *Brazil: The Forging of a Nation*, p. 51.

46. Ibidem, p. 52，堂·若昂是《巴西邮报》忠实读者这一信息来自 Oliveira Lima, *D. João VI no Brasil*, p. 166。

47. 信息来自 Magalhães Jr. 为 José Presas 的 *Memórias secretas de D. Carlota Joaquina* 一书撰写的前言。

48. Jurandir Malerba, *A corte no exílio*, p. 26.

49. Silvia Hunold Lara, *Campos da violência*, p. 35.

50. Thomas Skidmore, *Uma história do Brasil*, p. 55.

51. 有关米纳斯密谋者以及裁缝起义参与者受到的惩罚，参见 Kenneth Maxwell, *A devassa da devassa*。

52. 有关塔沃拉案件的历史，参见 Silvia Hunold Lara, *Campos da violência*, p. 92; 另

见 Lilia Schwarcz, *A longa viagem da biblioteca dos reis*, pp. 100-101。

    53. Thomas H. Holloway, *Polícia no Rio de Janeiro*, p. 44.

    54. Maria Odila Leite da Silva Dias, *A interiorização da metrópole*, p. 27.

第十章　"树蛙"记者

    1. Luis Gonçalves dos Santos, *Memórias para servir à história do reino do Brasil...*, pp. 18-19.

    2. Luis Gonçalves dos Santos 生于 1767 年, 死于 1844 年。除了对于里约宫廷内生活的描述之外, 他还是一个支持巴西独立的论战者。他撰写了一些神秘主义作品, 并与 Diogo Feijó 神父围绕"教士独身"的问题展开了一场漫长的论战, 参见 *A vida na corte*, 网址 www.camara.gov.br。

    3. 这一解释参见 Lilia Schwarcz, *A longa viagem da biblioteca dos reis*, p. 240。

    4. 这一表述来自 João Luis Ribeiro Fragoso, *Homens de grossa aventura: acumulação e hierarquia na praça mercantil do Rio de Janeiro*（ *1790-1830* ）。

    5. Luis Gonçalves dos santos, *Memórias...*, pp. 4-5.

    6. Lilia Schwarcz, *A longa viagem da biblioteca dos reis*, pp. 236-237.

    7. Ibidem, pp. 238-239.

    8. Luis Gonçalves dos Santos, *Memórias...*, p. 16.

    9. Ibidem, pp. 18-19.

    10. Ibidem, p. 21.

    11. Pedro Calmon, *O rei do Brasil, vida de D. João VI*, p. 131.

    12. Tobias Monteiro, *História do Império*, pp. 82-83.

    13. "当看见她们剃光了头发来到里约时, 全城的美丽女性都将此视为最新时髦, 于是没过多久, 里约女子浓密的长发一束接一束地被剪刀斩落。"引自 Tobias Monteiro, *História do Império*, p. 67。

    14. Luis Gonçalves dos Santos, *Memórias...*, p. 25.

    15. Ibidem, p. 24.

    16. Tobias Monteiro, *História do Império*, p. 83.

    17. 老阿马罗·达席尔瓦曾支撑堂·若昂华盖的一根杆子, 这一信息来自"树蛙"神父的 *Memórias...*, p. 26; 阿马罗是当时的大奴隶贩子之一, 这一信息来自 João Luis Fragoso, *Homens de grossa aventura...* p. 182, pp. 258-259。据 Fragoso 称, 阿马罗的遗物清单显示他的财富共计 948934770 雷斯, 这令他成为当时巴西最富有的人之一。他妻子 Leonarda Maria da Silva 1825 年的遗物清单显示, 她拥有 61620 英镑的财富, 还在里约省北部的冈波斯市拥有 2 座糖厂及 254 名奴隶。

18. Luiz Norton，*A corte de Portugal no Brasil.*

19. Jurandir Malerba，*A corte no exílio*, p. 233.

20. 引自 Kirsten Schultz，*Tropical Versailles*，p. 106。

21. Alexandre de Melo Moraes，*História da transladação...*，p. 95.

22. 引自 Oliveira Lima，*D. João VI no Brasil*，p. 79。 Oliveira Lima 提到的所有金额单位都是雷斯或者法郎。货币换算借助了英国国会提供的旧货币换算服务，见参考文献的电子资料部分。

第十一章　一封信

1. Rodolfo Garcia，na apresentação de *Cartas...*

2. 为方便理解，信件文本已按照目前的葡萄牙语正字法进行了编辑和调整。

3. Luiz Joaquim dos Santos Marrocos，*Cartas...*，p. 29.

第十二章　里约热内卢

1. John Mawe，*Viagens ao interior do Brasil*，1978.

2. 上述计算是基于博物学家 George Gardner 和游客 Rudy Bauss 的叙述做出的，引自 Luciana de Lima Martins，*O Rio de Janeiro dos viajantes: o olhar britânico*，p. 70。

3. Luciana de Lima Martins，*O Rio de Janeiro dos viajantes*，p. 71.

4. *Charles Darwin's Beagle Diary*，引自 Luciana de Lima Martins，*O Rio de Janeiro dos viajantes*，p. 126。

5. John Luccock，*Notas sobre o Rio de Janeiro e partes meridionais do Brasil...*，p. 23.

6. John Luccock 这部作品的原题目是 *Notes on Rio de Janeiro and Southern parts of Brazil*. 本书引用的版本是译本，1942 年由 Livraria Martins 出版。

7. John Luccock，*Notas...*，p. 29.

8. Manolo Garcia Florentino，*Em costas negras*，p. 31 及后续几页。

9. 引自 Jean Marcel Carvalho Françça，*Outras visões do Rio de Janeiro colonial*, p. 260。

10. Oliveira Lima，*D. João VI no Brasil*，p. 78.

11. Alexander Caldecleugh，*Travels in South America during...*，p. 36.

12. Jurandir Malerba，*A corte no exílio*，p. 129.

13. 引自 Luiz Felipe Alencastro，"Vida privada e ordem privada no império"，em *História da vida privada no Brasil*，Vol. 2，p. 67。

14. 引自 Jurandir Malerba，*A corte no exílio*，p. 152。

15. 引自 Jean Marcel Carvalho França, *Outras visões do Rio de Janeiro colonial*, p. 266。

16. John Luccock, *Notas...*, pp. 81-82.

17. Ibidem, pp. 83-84.

18. 引自 Eduardo Dias, *Memórias de forasteiros de aquém e além-mar*, 1946, p. 114。

19. John Luccock, *Notas...*, pp. 29-31.

20. Gastão Cruls, *Aparência do Rio de Janeiro*.

21. Jurandir Malerba, *A corte no exílio*, p. 132.

22. 参见 Rubens Borba de Moraes 为 Luccock, *Notas...* 所著的序言，其中引用了 1811 年 2 月 5 日 *Gazeta Extraordinária do Rio de Janeiro* 的数据。

23. Henry Marie Brackenridge, *Voyage to South America...*, p. 116.

24. Leila Mezan Algranti, *O feitor ausente*, p. 144.

25. John Mawe, *Viagens ao interior do Brasil*, p. 98.

26. Ernst Ebel, *O Rio de Janeiro e seus arredores em 1824*, p. 13.

27. J. Parrish Robertson & William Parrish, *Letters on Paraguay; Comprising an Account of a Four Years Residence in that Republic under the Government of the Dictator Francia*, 引自 Leila Mezan Algranti, *O feitor ausente*, p. 144。

28. John Luccock, *Notas...*, p. 35.

29. Melo Moraes, *A história da transladação...*, p. 441.

30. Nireu Cavalcanti, *O Rio de Janeiro setecentista*, p. 193.

31. Thomas O'Neill, *A Concise and Accurate...*

32. Nireu Cavalcanti, *O Rio de Janeiro setecentista*, p. 420, p. 422.

33. Leila Mezan Algranti, *O feitor ausente*, p. 26.

34. Ibidem, p. 30, 基于 1808 年 John Luccock 的叙述以及 1821 年的人口普查得出。

第十三章　堂·若昂

1. 这个故事由 Vieira Fazenda 在 *Antiqualhas*, Vol. II, pp. 307-308 中讲述，由 Magalhães Jr. 在 José Presas 所著 *Memórias secretas de D. Carlota Joaquina* 的注释中引用。

2. James Henderson, *A History of Brazil...*, p. 75; Tobias Monteiro, *História do Império*, p. 91.

3. Oliveira Martins, *História de Portugal*, p. 536.

4. 引自 Tobias Monteiro, *História do Império*, p. 91。

5. Ângelo Pereira, *D. João VI príncipe e rei*, p. 157, 这一描述是基于 Pellegrini 1805 年的画作得出，该画作藏于葡萄牙古代艺术博物馆。

6. Luiz Norton, *A corte de Portugal no Brasil*, p. 124.

7. Pandiá Calógeras，*Formação histórica do Brasil*，p. 84.

8. Lilia Schwarcz，*A longa viagem da biblioteca dos reis*，p. 189.

9. Oliveira Martins，*História de Portugal*，p. 536.

10. Oliveira Lima，*D. João VI no Brasil*，p. 578.

11. Ângelo Pereira，*D. João VI príncipe e rei*，p. 91.

12. Pedro Calmon，*O rei do Brasil*，p. 21.

13. 1805 年 8 月 13 日的信件，引自 Varnhagen，*História geral do Brasil*，Vol. V，p. 91。

14. 有关堂·若昂和 Eugênia José de Menezes 的恋情，参见 Tobias Monteiro，*História do Império*，pp. 96-103。

15. Alberto Pimental，*A última corte do absolutismo*，p. 64，引自 Tobias Monteiro，*História do Império*，p. 100。

16. Patrick Wilcken，*Empire Adrift*，p. 174；Tobias Monteiro，*História do Império*，p. 97.

17. Vieira Fazenda，*Antiqualhas*，Vol. II，pp. 307-308，引自 Magalhães Jr.。

18. José Presas，*Memórias secretas de D. Carlota Joaquina*，1940.

19. Vieira Fazenda，*Antiqualhas*，Vol. II，pp. 307-308，引自 Magalhães Jr.。

20. Theodor von Leithold，Ludwig von Rango，*O Rio de Janeiro visto por dois prussianos em 1819.*

21. Oliveira Martins，*História de Portugal*，p. 536.

22. 引自 Almeida Prado，*D. João VI e o início da classe dirigente no Brasil*，p. 79。

23. Pedro Calmon，*O rei do Brasil*，pp. 76-77.

24. Tobias Monteiro，*História do Império*，p. 91.

25. Kirsten Schultz，*Tropical Versailles*，p. 25.

26. Tobias Monteiro，*História do Império*，p. 231.

27. Ibidem.

28. 有关利尼亚雷斯伯爵、巴尔卡伯爵和 Thomaz Antônio 在堂·若昂政府中发挥的作用，详见 Oliveira Lima，*D. João VI no Brasil*，pp. 150-152。

29. Jurandir Malerba，*A corte no exílio*，p. 204.

30. Pedro Calmon，*O rei do Brasil.*

31. Oliveira Lima，*D. João VI no Brasil*，p. 577.

32. Ibidem，p. 31.

第十四章　卡洛塔·若阿基娜

1. Ronaldo Vainfas，*Dicionário do Brasil colonial*，p. 102.

2. 描述引自 Pedro Calmon，*O rei do Brasil*，p. 28。有关天花留下的疤痕，这一信息来

自 Marcus Cheke, *Carlota Joaquina, Queen of Portugal*, p. 2。

   3. 引自 Pedro Calmon, *O rei do Brasil*, p. 29。

   4. Tobias Monteiro, *História do Império*, p. 86.

   5. Oliveira Lima, *D. João VI no Brasil*, p. 177.

   6. Ronaldo Vainfas, *Dicionário do Brasil colonial*, p. 103.

   7. Pedro Calmon, *O rei do Brasil*, p. 30.

   8. Marcus Cheke, *Carlota Joaquina, Queen of Portugal*, p. 2.

   9. Lilia Schwarcz, *A longa viagem da biblioteca dos reis*, p. 193.

   10. Henry Marie Brackenridge, *Voyage to South America...*, pp. 131-133.

   11. Pedro Calmon, *O rei do Brasil*, p. 32.

   12. 引自 R. Magalhães Jr. 为 José Presas, *Memórias secretas de D. Carlota Joaquina* 所加的注释。

   13. Oliveira Lima, *D. João VI no Brasil*, p. 74, 23.

   14. J. F. de Almeida Prado, *D. João VI e o início da classe dirigente no Brasil*, p. 157; Tobias Monteiro, *História do Império*, p. 94.

   15. José Presas, *Memórias secretas de D. Carlota Joaquina*, pp. 55-62.

   16. 有关 José Presas 的故事，参见 R. Magalhães Junior 为 *Memórias secretas de D. Carlota Joaquina* 撰写的序言。

   17. 引自 Château d'Eu 档案中的信件，由 Tobias Monteiro 转写于 *História do Império*, p. 216。

   18. Marcus Cheke, *Carlota Joaquina, queen of Portugal*, p. 81.

   19. Oliveira Lima, *D. João VI no Brasil*, p. 692.

   20. Tobias Monteiro, *História do Império*, p. 106.

   21. 引自 R. Magalhães Jr. 为 José Presas, *Memórias secretas de D. Carlota Joaquina* 所加的注释。

第十五章　搜刮国库

   1. Luiz Felipe Alencastro, "Vida privada e ordem privada no império", em *História da vida privada no Brasil*, Vol. 2, p. 12.

   2. John Armitage, *História do Brasil*, p. 32.

   3. Luiz Felipe Alencastro, "Vida privada e...", p. 12.

   4. Jurandir Malerba, *A corte no exílio*, p. 236.

   5. James Henderson, *A History of the Brazil...*, p. 82.

   6. Ibidem, p. 63.

7. Santiago Silva de Andrade, "Pondo ordem na casa", em *Revista de História* da Biblioteca nacional, nº 11, agosto de 2006.

8. Ibidem.

9. Jurandir Malerba, *A corte no exílio*, p. 240.

10. Lilia Schwarcz, *A longa viagem da biblioteca dos reis*, pp. 387-423.

11. Lenira Menezes Martinho & Riva Gorenstein, *Negociantes e caixeiros na sociedade da independência*, p. 148.

12. Fernando Carlos Cerqueira Lima & Elisa Muller, *Moeda e crédito no Brasil: breves reflexões sobre o primeiro Banco do Brasil (1808-1829)*, Instituto de Economia da Universidade Federal do Rio de Janeiro, em www.revistatemalivre.com/moedaeCredito.html.

13. 1820 年，巴西银行的贵金属储备为 1315 康托雷斯，而流通的货币共 8070 康托雷斯。1821 年的评估报告显示，巴西银行已经濒临破产，欠债 6016 康托雷斯。参见 Carlos Manuel Peláez & Wilson Suzigan, *História monetária do Brasil*, p. 12。

14. 引自 Nelson Werneck Sodré, *As razões da Independência*, p. 149。

15. Oliveira Lima, *D. João VI no Brasil*, p. 84.

16. 引自 Nelson Werneck Sodré, *As razões da Independência*, p. 148。

17. Santiago Silva de Andrade, "Pondo ordem na casa", em *Revista de História*, da Biblioteca nacional, agosto de 2006.

18. Maria Graham, *Diário de uma viagem ao Brasil*, p. 272.

19. Tobias Monteiro, *História do Império*, p. 274.

20. Ibidem, p. 309.

21. Ibidem, p. 273.

22. 引自 Nelson Werneck Sodré, *As razões da Independência*, p. 150。

第十六章　新宫廷

1. João Luis Ribeiro Fragoso, *Homens de grossa aventura*, p. 288, p. 294.

2. Jurandir Malerba, *A corte no exílio*, p. 216.

3. Pedro Calmon, *O rei do Brasil*, p. 149.

4. John Armitage, *História do Brasil*, p. 33.

5. Autor anônimo, *Relação das festas que se fizeram...*, p. 15.

6. Jurandir Malerba, *A corte no exílio*, p. 278.

7. Ibidem, pp. 231-232.

8. Ibidem, p. 249.

9. Ibidem, p. 280.

10. João Luis Ribeiro Fragoso, *Homens de grossa aventura*, p. 288.

11. 引自 Tobias Monteiro, *História do Império*, p. 245。

12. James Henderson, *A History of Brazil...*, p. 82.

13. Henry Marie Brackenridge, *Voyage to South America...*, p. 122.

14. APDG, *Sketches of Portuguese Life...*, p. 176.

15. James Henderson, *A History of Brazil...*, pp. 63-64.

16. Jurandir Malerba, *A corte no exílio*, p. 184.

17. Ibidem, p. 186.

第十七章 海上霸主

1. Alan K. Manchester, *Presença inglesa no Brasil*, p. 78.

2. 参见 Rubens Borba de Moraes 为 John Luccock, *Notas...* 所撰的序言，p. 8。

3. Nireu Cavalcanti, *O Rio de Janeiro setecentista*, p. 258.

4. Peter Ackroyd, *London: The Biography...*, *audiobook*.

5. Gunther E. Ruthenberg, *The Napoleonic Wars*, p. 25.

6. Peter Ackroyd, *London: The Biography...*, *audiobook*.

7. Jorge Caldeira, *Mauá: empresário do Império*, p. 160.

8. 参见 Kenneth H. Light, "Com os pés no mar", em *Revista de História*, da Biblioteca Nacional, nº 14, de novembro de 2006, pp. 48-53。美国海军仅有 6 艘船只这一信息来自 Richard Zacks, *The Pirate Coast*, *audiobook*。

9. *British history: Empire and Sea Power*, em www.bbc.co.uk.

10. Kenneth Light, "A viagem da família real para o Brasil", em *Tribuna de Petrópolis*, novembro de 1997.

11. José Presas, *Memórias secretas de D. Carlota Joaquina*.

12. Alan K. Manchester, *Presença inglesa no Brasil*, p. 80.

13. Ibidem, p. 88.

14. Ibidem, p. 81, p. 87.

15. Ibidem, p. 87.

16. Ibidem, p. 89.

17. Ibidem, p. 103.

18. Ibidem, p. 92.

19. 参见 Rubens Borba de Moraes 为 John Luccock, *Notas...* 所著的序言，其中引用了 1811 年 2 月 25 日 *Gazeta Extraordinária do Rio de Janeiro* 的数据。

20. Kirsten Schultz, *Tropical Versailles*, p. 210.

21. Alan K. Manchester, *Presença inglesa no Brasil*, p. 95.

22. Ibidem, p. 94.

23. John Nawe, *Viagens ao interior do Brasil*, p. 210 及后续几页。

24. *L'Empire du Brésil: souvenirs de voyage par J. J. E. Roy*, 参见 Rubens Borba de Moraes 为 John Luccock, *Notas...* 所著的序言。

25. John Mawe, *Viagens ao interior do Brasil*, p. 218.

第十八章　改变

1. Luiz Joaquim dos Santos Marrocos, *Cartas...*, p. 444.

2. Pedro Calmon, *O rei do Brasil.*

3. Varnhagen, *História geral do Brasil*, Vol. V, p. 112.

4. Jorge Miguel Pereira, "Economia e política na explicação da independência do Brasil", em Jurandir Malerba (organizador), *A Independência brasileira: novas dimensões*, pp. 77-84.

5. Maria Odila Leite da Silva Dias, *A interiorização da metrópole*, p. 87.

6. Alcir Lenharo, *Tropas da moderação...*, pp. 59-60.

7. Maria Odila Leite da Silva Dias, *A interiorização da metrópole*, p. 36.

8. Ibidem, p. 86.

9. Oliveira Lima, *D. João VI no Brasil*, p. 174.

10. Warren Dean, *A ferro e fogo*, p. 140.

11. John Armitage, *História do Brasil*, p. 35.

12. 引自 Lilia Schwarcz, *A longa viagem da biblioteca dos reis*, p. 253。

13. Jurandir Malerba, *A corte no exílio*, p. 145.

14. John Mawe, *Viagens ao interior do Brasil*, p. 137.

15. 引自 Varnhagen, *História geral do Brasil*, Vol. V, p. 99。

16. Tobias Monteiro, *História do Império*, p. 221.

17. Oliveira Lima, *D. João VI no Brasil*, p. 170.

18. Grandjean de Montigny 设计的艺术科学院大楼用了 10 年时间修建，一直到佩德罗一世政府时期的 1826 年才落成。

19. Oliveira Lima, *D. João VI no Brasil*, p. 171.

20. 引自 Luiz Norton, *A corte de Portugal no Brasil*, p. 145。

21. Theodor von Leithold & Ludwig von Rango, *O Rio de Janeiro visto por dois prussianos em 1819.*

22. Jurandir Malerba, *A corte no exílio*, p. 226.

23. 引自 Leila Mezan Algranti, *D. João VI: os bastidores da Independência*, p. 39。

24. Henry Marie Brackenridge, *Voyage to South America...*, pp. 113-155.

25. 有关王室到来后里约发生的变化，详见 Jurandir Malerba, *A corte no exílio*, p. 165 及后续几页。有关这些变化的反映以及《里约小报》的广告内容，参见 Delso Renault, *O Rio antigo nos anúncios de jornais*。

26. Francisco Gracioso & J. Roberto Whitaker Penteado, *Propaganda brasileira*.

27. Jurandir Malerba, *A corte no exílio*, pp. 167-168.

28. Ernst Ebel, *O Rio de Janeiro e seus arredores em 1824*, p. 71.

29. Alexander Caldcleugh, *Travels in South América...*, p. 64.

第十九章 警长

1. 和那时的所有统计数据一样，此处的数字也有争议。据 Oliveira Lima 的计算，1817 年里约人口为 110000。James Henderson 估计 1821 年时人口为 150000，而 Kirsten Schultz 认为只有 80000。

2. Luiz Joaquim dos Santos Marrocos, *Cartas...*, p. 163.

3. 这一表述来自 Francis Albert Cotta, "Polícia para quem precisa", *Revista de História*, da Biblioteca Nacional, dezembro 2006, p. 65。

4. 有关 Paulo Fernandes Viana 的详细职责，参见 Kirsten Schultz, *Tropical Versailles*, p. 105; 另见 Thomas Holloway, *Polícia no Rio de Janeiro*, pp. 46-47。

5. Jurandir Malerba, *A corte no exílio*, p. 264.

6. Oliveira Lima, *D. João VI no Brasil*, p. 156.

7. Jurandir Malerba, *A corte no exílio*, p. 132.

8. Ibidem, p. 137.

9. 引自 Kirsten Schultz, *Tropical Versailles*, p. 106。

10. 引自 Maria Odila Leite da Silva Dias, *A interiorização da metrópole*, p. 134。

11. Leila Mezan Algranti, *O feitor ausente*, p. 168.

12. Jurandir Malerba, *A corte no exílio*, p. 134.

13. Leila Mezan Algranti, *O feitor ausente*, p. 169.

14. Kirsten Schultz, *Tropical Versailles*, p. 125.

15. 引自 Leila Mezan Algranti, *O feitor ausente*, p. 171。

16. Kirsten Schultz, *Tropical Versailles*, pp. 111-112.

17. Leila Mezan Algranti, *O feitor ausente*, p. 76.

18. Kirsten Schultz, *Tropical Versailles*, p. 109.

19. Ibidem, p. 108.

20. 引自 Leila Mezan Algranti，*O feitor ausente*，p. 39。

21. Thomas Holloway，*Polícia no Rio de Janeiro*，pp. 48-49.

22. Domingos Ribeiro dos Guimarães Peixoto，*Aos sereníssimos príncipes reais...*，p. 2.

23. Manuel Vieira da Silva，*Reflexões sobre alguns dos meios...*，p. 12.

24. Guimarães Peixoto，*Aos sereníssimos príncipes reais...*，p. 2，为方便理解，对原文进行了编辑。

25. Manuel Vieira da Silva，*Reflexões sobre alguns dos meios...*，p. 8.

26. Paulo Fernandes Viana，*Abreviada demonstração dos trabalhos da polícia...*，引自 Leila Mezan Algranti，*O feitor ausente*，p. 37。相比其他欧洲首都，维亚纳在里约开展的城市改造工作几乎迟了半个世纪。伦敦在 1785 年就有了公用照明系统、警哨和一支 68 人的巡逻小队，他们晚间在城市街道上徒步巡逻。参见 J. J. Tobias，*Crime and Industrial Society in the Nineteenth Century*。

第二十章　奴隶制

1. 有关瓦隆戈市场和冈博亚镇的考古调查，更多信息参见 www.pretosnovos.com.br。

2. 这一估计参见 Sir Henry Chamberlain，*Views and Costumes of the City and Neighbourhood of Rio de Janeiro*，"The Slave Market" 一章。据 Mary Karasch 在 *A vida dos escravos no Rio de Janeiro: 1808—1850* 中的记录，1800—1816 年间共有 225047 名奴隶被卸下船，相当于年均 14000 名。

3. Maria Graham，*Diário de uma viagem ao Brasil*，p. 254.

4. James Henderson，*A History of Brazil...*，p. 74.

5. Henry Chamberlain，*Views and Costumes...*，capítulo "The Slave Market"。

6. Ronaldo Vainfas 在 *Dicionário do Brasil colonial*，p. 555 提醒称，贩运至巴西的奴隶数量并无定论，估计在 330 万和 800 万之间。Robert Conrad 在 *Tumbeiros: o tráfico de escravos para o Brasil* 中的估计是 560 万，其中 16 世纪 10 万，17 世纪 200 万，18 世纪 200 万，19 世纪 150 万。João Luis Ribeiro Fragoso 在 *Homens de grossa aventura*，p. 181 称，仅 1811—1830 年间就有 1181 次从非洲向里约的贩奴航行，共贩运 489950 名奴隶。有关这一主题，更多信息参见 Philip D. Curtin，*The Atlantic Slave Trade*，Wisconsin University Press，引自 Manolo Garcia Florentino，*Em costas negras*，p. 59；另见 Thomas Skidmore，*Uma história do Brasil*，p. 33。

7. Manolo Garcia Florentino，*Em costas negras*，p. 59.

8. Alan K. Manchester，*Presença inglesa no Brasil*，p. 148.

9. João Luis Ribeiro Fragoso，*Homens de grossa aventura*，p. 181.

10. Manolo Garcia Florentino，*Em costas negras*，p. 146.

11. 这一信息来自 Chamberlain，*Views and Costumes...*，货币换算基于英镑购买力以及 2007 年初的雷亚尔汇率作出，参考了 Robert Twigger，*Inflation: The Value of the Pound...*。

12. Manolo Garcia Florentino，*Em costas negras*，p. 125.

13. Ibidem，p. 154.

14. 有关黑奴贩运过程中的死亡率计算，参见 Ronaldo Vainfas，*Dicionário do Brasil colonial*，p. 556; 另见 Manolo Garcia Florentino，*Em costas negras*，pp. 149-154。

15. Manolo Garcia Florentino，*Em costas negras*，p. 149.

16. Ian Baucom，*Specters of the Atlantic*，2005.

17. 有关奴隶贩子的捐赠及堂·若昂的报偿，更多信息参见 Manolo Garcia Florentino，*Em costas negras*，pp. 221-222; Jurandir Malerba，*A corte no exílio*，pp. 231-250; 以及 João Luis Ribeiro Fragoso，*Homens de grossa aventura*，pp. 288-294。

18. 货币换算基于英镑购买力以及 2007 年初的雷亚尔汇率作出，参考了 Robert Twigger，*Inflation: The Value of the Pound...*。

19. Jean Marcel Carvalho França，*Outras visões do Rio de Janeiro colonial*，p. 277.

20. Luiz Joaquim dos Santos Marrocos，*Cartas...*，p. 35.

21. Ibidem，p. 440.

22. Almeida Prado，*Thomas Ender*，p. 34.

23. André João Antonil，*Cultura e opulência do Brasil por suas drogas e minas*，p. 269.

24. Jean Marcel Carvalho França，*Visões do Rio de Janeiro colonial*，p.154.

25. 引自 Jean Marcel Carvalho França，*Outras Visões do Rio de Janeiro colonial*，p. 264。

26. Sérgio Buarque de Holanda，*Raízes do Brasil*，p. 59.

27. Ernst Ebel，*O Rio de Janeiro e seus arredores*，p. 29.

28. John Luccock，*Notas...*，p. 44.

29. Leila Mezan Algranti，*O feitor ausente*，pp. 65-73.

30. Silvia Hunold Lara，*Campos da violência*，p. 45.

31. Ibidem，pp. 73-77.

32. 引自 Eduardo Dias，*Memórias de forasteiros*，pp. 140-142。

33. James Henderson，*A History of Brazil*，p. 73.

34. C. R. Boxer，*A idade de ouro do Brasil*，pp. 158-159.

35. Leila Mezan Algranti，*O feitor ausente*，p. 181.

36. Francisco Gracioso & J. Roberto Whitaker Penteado，*Propaganda brasileira*，p. 23.

37. Theodor von Leithold & Ludwig von Rango，*O Rio de Janeiro visto por dois prussianos em 1819*，p. 44.

38. 这一估值的依据来自 Silvia Hunold Lara 在 Vila de São Salvador dos Guaitacazes（位于如今里约热内卢州北区）所做的数据调查，参见 *Campos da violência*，pp. 295-322。

39. Leila Mezan Algranti, *O feitor ausente*, p. 106.

40. John Mawe, *Viagens ao interior do Brasil*, p. 155.

41. Silvia Hunold Lara, *Campos da violência*, p. 249.

42. Ronaldo Vainfas, *Dicionário do Brasil colonial*, p. 31, p. 116.

43. Leila Mezan Algranti, *O feitor ausente*, p. 107.

第二十一章　游客

1. Rubens Borba de Moraes & William Berrien, *Manual bibliográfico de estudos brasileiros*, pp. 592-627，引自 Leonardo Dantas Silva, *Textos sobre o Recife*, em www. fundaj.gov.br。

2. Almeida Prado, *Thomas Ender*, p. 3.

3. Henry Marie Brackenridge, *Voyage to South America...*, p. 113.

4. 参见 Leonardo Dantas Silva, *Textos sobre o Recife*, 网址为 http：//www.fundaj.gov. br/docs/rec/rec02.html。

5. Luiz Edmundo, *Recordações do Rio antigo*, pp. 47-50.

6. Ibidem, p. 64.

7. 如传记作家 Robert Harvey 所著的 *Cochrane: The Life and Exploits of a Fighting Captain*, 本书参考了这部作品中的信息。

8. 有关 Maria Graham 的信息来自 *Diário de uma viagem ao Brasil*, Brasiliana 的序言。

9. 有关 Henry Koster 的人生和著作，更多信息参见 Eduardo Dias, *Memórias de forasteiros: aquém e além-mar*, pp. 30-50。

10. 引自 Warren Dean, *A ferro e fogo*, p. 132。

11. James Henderson, *A History of Brazil*, p. 76.

12. William John Burchell, *Rio de Janeiro's Most...*, p. 8.

13. Warren Dean, *A ferro e fogo*, p. 141.

14. 有关 Saint-Hilaire 在圣保罗的短暂居留，参见 Roberto Pompeu de Toledo, *A capital da solidão*, p. 269, p. 278。

15. Oliveira Lima, *D. João VI no Brasil*, p. 71.

16. Alcide D'Orbigny, *Viagem pitoresca através do Brasil*, pp. 51-56.

第二十二章　拿破仑的越南

1. 引自 Sir Charles Oman, *A History of the Peninsular War*, p. 500。

2. Patrick Wilcken, *Empire Adrift*, p. 10.

3. Maximilien Sébastien Foy, *Junot's Invasion of Portugal*, p. 82.

4. 1807 年朱诺率领的第一批军队有 25000 人，1808 年又增派了 4000 兵力，参见 Sir Charles Oman, *A History of the Peninsular War*, Vol. I, p. 206。

5. Maximilien Sébastien Foy, *Junot's Invasion of Portugal*, p. 188.

6. Ibidem, p. 98.

7. Sir Charles Oman, *A History of the Peninsular War*, p. 106.

8. Gunther E. Rothenberg, *The Napoleonic Wars*, p. 141.

第二十三章　伯南布哥共和国

1. 按照在美国的购买力标准，1808 年的 1 美元相当于如今的 15 美元左右，这一比例的来源是 *Economic History Service*——由伊利诺伊大学和迈阿密大学的两位经济学教授创建的旧货币换算模拟器，网址为 http://measuringworth.com/。

2. Humberto França, "Pernambuco e os Estados Unidos", no *Diário de Pernambuco*, 2 de maio de 2006.

3. 关于 4 名在美国重新招募的波拿巴老兵，参见历史学家 Humberto França, "Pernambuco e os Estados Unidos", no *Diário de Pernambuco* de 2 de maio de 2006, 他在其中引用了历史学家 Amaro Quintas 的说法。

4. Roderick J. Barman, *Brazil: The Forging of a Nation*, p. 61.

5. 由 Rodolfo Garcia 在 Varnhagen, *História geral do Brasil*, Vol. V, 1956 的注释中引用, p. 150。

6. Manuel Correia de Andrade, *A revolução pernambucana de 1817*, pp. 4-5.

7. Varnhagen, *História geral do Brasil*, p. 152.

8. 引自 Eduardo Dias, *Memórias de forasteiros de aquém e além-mar*, p. 41。

9. Maria Graham, *Diário de uma viagem ao Brasil*, pp. 62-63.

10. Lilia Schwarcz, *A longa viagem da biblioteca dos reis*, p. 321.

11. Humberto França, "Pernambuco e...".

12. 和 1817 年的卡布加一样，赤道区域联盟的领袖 Manuel de Carvalho Paes de Andrade 也于 1824 年前往美国，请求门罗总统支持革命并派一支船队守卫累西腓港口。他最后两手空空地回到了巴西。

13. 引自 Maria Odila Leite da Silva Dias, *A interiorização da metrópole*, p. 131。

14. Manuel Correia de Andrade, *A revolução pernambucana de 1817*, p.19.

15. Tobias Monteiro, *História do Império*, p. 240.

16. Varnhagen, *História geral do Brasil*, p. 164.

17. Tobias Monteiro, *História do Império*, p. 68，引用了 Tollenare。

18. Manuel Correia de Andrade, *A revolução pernambucana de 1817*, p. 21.

19. Oliveira Lima, *D. João VI no Brasil*, p. 17.

20. 由 Wilson Martins 在 Oliveira Lima, *D. João VI no Brasil* 的序言中引用，p. 17。

21. Lilia Schwarcz, *A longa viagem da biblioteca dos reis*, p. 321.

22. 1824 年赤道区域联盟革命过后，伯南布哥也付出了相似的代价。它又失去了圣弗朗西斯科区，该区被巴伊亚和米纳斯吉拉斯省瓜分。

第二十四章 热带凡尔赛

1. "热带凡尔赛"这一表述被一些历史学家（如 Oliveira Lima 和 Kirsten Schultz）用来描述宫廷在巴西的这段时期，将其与路易十四在巴黎郊外修建的宏伟宫殿相类比。

2. Jurandir Malerba, *A corte no exílio*, p. 91.

3. Ibidem, p. 55; Tobias Monteiro 在 *História do Império*, p. 178 引用《巴西邮报》中的数据，指出开销其实比这更大。据他称，仅舞会就花费了 200 万法郎。

4. 1808 年的 1 法郎相当于如今的 4.07 欧元，数值基于 *Global Financial Data* 得出，网址为 http://www.globalfinancialdata.com。

5. Tobias Monteiro, *História do Império*, p. 172.

6. Johann Moritz Rugendas, *Viagem pitoresca pelo Brasil*, p. 22.

7. Ernst Ebel, *O Rio de Janeiro e seus arredores em 1824*, p. 63.

8. John Luccock, *Notas...*, p. 176.

9. 引自 Luiz Edmundo, *Recordações do Rio antigo*, p. 64。

10. 引自 Patrick Wilcken, *Empire Adrift*, p. 211。

11. 有关公主抵达里约和庆典的准备工作，描述参见 Jurandir Malerba, *A corte no exílio*, p. 68。

12. 引自 Tobias Monteiro, *História do Império*, p. 183。

13. 引自 Lilia Schwarcz, *A longa viagem da biblioteca dos reis*, p. 322。

14. Henry Marie Brackenridge, *Voyage to South America...*, p. 121.

15. Lilia Schwarcz, *A longa viagem da biblioteca dos reis*, p. 323.

16. Henry Marie Brackenridge, *Voyage to South America...*, pp. 149-151.

17. 有关堂·若昂六世的日常生活，描述参见 Pedro Calmon, *O rei do Brasil*, p. 227。

18. Tobias Monteiro, *História do Império*, p. 95.

19. Pedro Calmon, *O rei do Brasil*, p. 227.

20. Tobias Monteiro, *História do Império*, p. 96，Monteiro 的叙述是基于 Américo Jacobina Lacombe 的描述，而 Almeida Prado 在 *Thomas Ender*, p. 102 中将后者称作"搬

弄是非者”，认为其描述并不可靠。

第二十五章　被遗弃的葡萄牙

1. Maximilien Sébastien Foy, *Junot's Invasion of Portugal*, p. 48.

2. Ibidem, p. 57.

3. 引自 Varnhagen, *História geral do Brasil*, Vol. V, p. 59。

4. Luiz Norton, *A corte de Portugal no Brasil*, p. 38.

5. Maximilien Sébastien Foy, *Junot's Invasion of Portugal*, p. 72.

6. 货币换算是基于 *Global Financial Data* 得出，据此服务的计算，1808 年的 1 法郎相当于如今的 4.07 欧元。网址为 http: //www.globalfinancialdata.com。

7. Sir Charles Oman, *A History of the Peninsular War*, p. 28.

8. 引自 Tobias Monteiro, *História do Império*, p. 188。

9. Maximilien Sébastien Foy, *Junot's Invasion of Portugal*, p. 62.

10. Oliveira Martins, *História de Portugal*, p. 525.

11. Ibidem, p. 527.

12. 引自 Lilia Schwarcz, *A longa viagem da biblioteca dos reis*, p. 223。

13. Sir Charles Oman, *A History of the Peninsular War*, p. 207.

14. Tobias Monteiro, *História do Império*, pp. 201-202.

15. Ibidem, p. 208.

16. Ibidem, p. 211.

17. Maria Odila Leite da Silva Dias, *A interiorização da metrópole*, p. 16.

18. Oliveira Martins, *História de Portugal*, p. 526.

19. Oliveira Lima, *D. João VI no Brasil*, pp. 251-252.

20. Maria Odila Leite da Silva Dias, *A interiorização da metrópole*, p. 13.

21. Ibidem, p. 22.

22. Pedro Calmon, *O rei do Brasil*, p. 183.

23. Tobias Monteiro, *História do Império*, p. 241.

24. Mara Ziravello, *Brasil 500 anos*, pp. 334-345.

25. Lilia Schwarcz, *A longa viagem da biblioteca dos reis*, pp. 348-349.

26. Ibidem, pp. 349-350.

27. 引自 José Murilo de Carvalho, "O motive edênico no imaginário social brasileiro", *Revista Brasileira de Ciências Sociais*, Vol. 13, nº 31, outubro de 1998。

28. Tobias Monteiro, *História do Império*, p. 281.

第二十六章　返程

1. Oliveira Lima，*D. João VI no Brasil*，p. 686.

2. Tobias Monteiro，*História do Império*，p. 294.

3. Ibidem，p. 297.

4. Lilia Schwarcz，*A longa viagem da biblioteca dos reis*，p. 354.

5. Thomas E. Skidmore，*Uma história do Brasil*，p. 59.

6. 引自 José Honório Rodrigues，*Independência: revolução e contra-revolução*，p. 44。

7. Tobias Monteiro，*História do Império*，p. 271.

8. Oliveira Lima，*O movimento da Independência*，capítulo II："A sociedade brasileira. Nobreza e povo".

9. Maria Graham，*Diário de uma viagem ao Brasil*，p. 76.

10. Pereira da Silva，*História da fundação do império brasileiro*，Vol. 5，p. 145.

11. Oliveira Martins，*História de Portugal*，p. 532.

12. José Honório Rodrigues，*Independência: revolução e contra-revolução*，p. 90.

13. Tobias Monteiro，*História do Império*，p. 377.

14. Oliveira Martins，*História de Portugal*，p. 538.

第二十七章　新巴西

1. 引自 Patrick Wilcken，*Empire Adrift*，p. 257。

2. Oliveira Lima，*D. João VI no Brasil*，p. 21.

3. 参见 Wilson Martins 为 Oliveira Lima，*D. João VI no Brasil* 撰写的前言，p. 16。

4. 基于王室留居巴西时期的人口，巴西代表按照居民数 30000：1 的比例推选得出。参见 Lilia Schwarcz，*A longa viagem da biblioteca dos reis*，p. 362。

5. Andréa Slemian，"Outorgada sim, mas liberal"，em *Revista de História*，da Biblioteca Nacional，nº 15，dezembro de 2006，pp. 52-57.

6. Roderick J. Barman，*Brazil: The Forging of a Nation*，pp. 40-41.

7. 引自 Oliveira Lima，*D. João VI no Brasil*，p. 56。

8. Oliveira Lima，*D. João VI no Brasil*，p. 689.

9. Alan K. Manchester，*Presença inglesa no Brasil*，p. 75.

10. Sérgio Buarque de Holanda，*A herança colonial: sua desagregação*，p. 13，引自 Maria Odila Leite da Silva Dias，*A interiorização da metrópole*，p. 11。

11. José Honório Rodrigues, *Independência: revolução e contra-revolução*, p. 137.

12. 引自 Maria Odila Leite da Silva Dias, *A interiorização da metrópole*, p. 136。

13. Francisco de Sierra y Mariscal, "Ideias sobre a revolução do Brasil e suas consequências", *Anais da Biblioteca Nacional*, 引自 Maria Odila, *A interiorização da metrópole*, p. 24。

14. José Antônio de Miranda, *Memória constitucional e política*, 引自 Maria Odila Leite da Silva Dias, *A interiorização da metrópole*, pp. 135-136。

15. 引自 Maria Odila Leite da Silva Dias, *A interiorização da metrópole*, p. 137。

16. Maria Odila Leite da Silva Dias, *A interiorização da metrópole*, p. 17.

17. Ibidem, p. 149.

第二十八章　马罗科斯的转变

1. Luiz Joaquim dos Santos Marrocos, *Cartas...*, p. 434.

2. Ibidem, p. 193.

3. Ibidem, p. 211.

4. 有关路易斯·若阿金·多斯桑托斯马罗科斯书信的原件，更多信息参见阿茹达国家图书馆的主题目录，网址 http://www.ippar.pt/sites_externos/bajuda/index.htm。

5. Luiz Joaquim dos Santos Marrocos, *Cartas...*, p. 68.

6. Ibidem, p. 41.

7. Ibidem, pp. 112-113.

8. Ibidem, p. 218.

9. Ibidem, pp. 375-384.

10. Ibidem, p. 218.

11. Ibidem, p. 179.

12. Ibidem, p. 213.

13. 参见 Rodolfo Garcia 为 *Cartas...* 撰写的前言，pp. 12-13。

14. Luiz Joaquim dos Santos Marrocos, *Cartas...*, p. 320.

15. Ibidem, p. 369.

16. Ibidem, p. 73.

17. Ibidem, p. 74.

18. Lilia Schwarcz, *A longa viagem da biblioteca dos reis*, p. 282.

19. Varnhagen, *História geral do Brasil*, Vol. V, p. 106.

20. Lilia Schwarcz, *A longa viagem da biblioteca dos reis*, p. 400.

21. Ibidem, p. 285.

22. 颁布于 1830 年 8 月 28 日的专利法（无编号）由马罗科斯执笔，这部法律"向发现、发明或改良某种实用技能者授予特权，向引进外国产业者给予奖励；发明的授予权由法律保留"。法条全文可在国家工业协会的网站 http://www.inpi.gov.br 上找到。

23. Luiz Joaquim dos Santos Marrocos，*Cartas...*，pp. 375-384.

24. Kirsten Schultz，*Tropical Versailles*，p. 78.

25. 马罗科斯安葬一事，记录于 Assentamentos de Óbitos da Venerável Ordem Terceira dos Mínimos de São Francisco de Paula 的第 4 卷 62 页第 218 条，参见 Rodolfo Garcia 为 *Cartas...* 撰写的引言，pp. 16-17。

第二十九章　秘密

1. Luiz Joaquim dos Santos Marrocos，*Cartas...*，pp. 249-255.

2. Ibidem，p. 214.

3. Maria Graham，*Diário de uma viagem ao Brasil*，p. 345.

4. 里约热内卢主教区档案库中的数据显示，马罗科斯夫妇还有另外 2 名女儿。但这一点并不值得惊讶，也不是秘密：她们都是皇家档案管理员与身在里斯本的家人断绝联系之后出生的。因此，历史学家并未确定她们的身份。在档案库中，她们两人都只记录了名字——玛丽亚。姐姐出生于 1829 年 3 月 2 日，妹妹出生于 1834 年 7 月 12 日。在她们的出生证上，母亲已经随了夫姓，叫安娜·玛丽亚·德索萨·马罗科斯。所以，加上 1814 年出生的若阿基娜，马罗科斯夫妇一共生了 6 个孩子，而不是史书至今所写的 3 个。

参考文献

纸质资料

A. P. D. G. *Sketches of Portuguese Life, Manners, Costume, and Character Illustrated by Twenty Coloured Plates by A. P. D. G.* Londres (impresso por Geo. B. Whittaker), 1826.

Abreu, Capistrano de. *Capítulos da história colonial.* 6. edição. Prefácio e anotações de José Honório Rodrigues. Rio de Janeiro: Civilização Brasileira, 1976.

Algranti, Leila Mezan. *D. João VI:* bastidores da Independência. São Paulo: Ática, 1987.

____. *O feitor ausente:* estudos sobre a escravidão urbana no Rio de Janeiro (1808-1822). Petrópolis: Vozes, 1988.

Anderson, M. S. *The Ascendancy of Europe (1815-1914).* Harlow, Essex: Pearson Longman, 2003.

Andrade, Manuel Correia de. *A revolução pernambucana de 1817.* São Paulo: Ática, 1995.

____; Cavalcanti, Sandra Melo; Fernandes, Eliane Moury (organizadores). *Formação histórica da nacionalidade brasileira:* Brasil 1701-1824. Recife: Massangana, 2000.

Andrade, Santiago Silva de. Pondo ordem na casa. *Revista de História* da Biblioteca Nacional do Rio de Janeiro, nº 11, agosto de 2006.

Antonil, André João (João António Andreoni). *Cultura e opulência do Brasil por suas drogas e minas.* São Paulo: Nacional, 1967.

Armitage, John. *História do Brasil:* desde o período da chegada da família de Bragança, em 1808, até a abdicação de D. Pedro I, em 1831, compilada à vista dos documentos públicos e outras fontes originais formando uma continuação da *História do Brasil,* de Southey. Belo Horizonte: Itatiaia; São Paulo: Edusp, 1981.

Aubry, Octave. *Napoléon.* Paris: Flammarion, 1961.

Azevedo, Francisca L. Nogueira de. *Carlota Joaquina na corte do Brasil.* Rio de

Janeiro: Civilização Brasileira, 2003.

Barman, Roderick J. *Brazil: The Forging of a Nation*, *1798-1852*. Stanford, Califórnia: Stanford University Press, 1988.

Barrow, John. *The Life and Correspondence of Admiral Sir William Sidney Smith*. Londres: Richard Bentley, 1848. 2 vol.

Baucom, Ian. *Specters of the Atlantic*. Nova York: Duke University Press, 2005.

Bentley, Richard. *Memoirs of admiral Sidney Smith*. Londres: K.C.B.I. & C, 1839.

Blanning, T. C. W. *The Nineteenth Century:* Europe（1789-1914）. Oxford: Oxford University Press, 2000.

Bown, Stephen R. *The Age of Scurvy: How a Surgeon, a Mariner and a Gentleman Helped Britain Win the Battle of Trafalgar*. Chinchester, West Sussex: Summersdale Publishers, 2003.

Boxer, C. R. *A idade de ouro do Brasil*. São Paulo: Nacional, 1963.

Brackenridge, Henry Marie. *Voyage to South America, Performed by Order of the American Government in the Years of 1817 and 1818 in the Fragate Congress*. Baltimore（impresso por John D. Toy）, 1819.

Brandão, Darwin; Silva, Motta e. *Cidade do Salvador:* caminho do encantamento. São Paulo: Nacional, 1958.

Burchell, William John. *Rio de Janeiro's Most Beautiful Panorama*（1825）. Rio de Janeiro: Instituto Histórico e Geográfico Brasileiro, 1966.

Burne, Jerome（editor）; Legrand, Jacques（idealizador e coordenador）. *Chronicle of the World:* the Ultimate Record of World History. Londres: Dorling Kindersley, 1996.

Caldcleugh, Alexander. *Travels in South America During the Years of 1819-20-21; Containing an Account of the Present State of Brazil, Buenos Ayres, and Chile*. Londres: John Murray, 1825.

Caldeira, Jorge. *Mauá:* empresário do Império. São Paulo: Companhia das Letras, 1995.

Calmon, Pedro. *História do Brasil*（volume IV）. Rio de Janeiro: José Olympio, 1959.

_____. *O rei do Brasil: vida de D. João VI*. São Paulo: Nacional, 1943.

Calógeras, J. Pandiá. *Formação histórica do Brasil*. São Paulo: Nacional, 1957.

Cardoso, Rafael. *Castro Maya, colecionador de Debret*. São Paulo: Capivara; Rio de Janeiro: Museu Castro Maya, 2003.

Carvalho, José Murilo de. O motivo edênico no imaginário social brasileiro. *Revista Brasileira de Ciências Sociais*, Vol. 13, nº 31, outubro de 1998.

Carvalho, Marieta Pinheiro. *Uma ideia de cidade ilustrada:* as transformações urbanas da nova corte portuguesa（1808-1821）. Tese de Mestrado. Rio de Janeiro: Universidade do Estado do Rio de Janeiro (UERJ), 2003.

Cavalcanti, Nireu. *O Rio de Janeiro setecentista:* a vida e a construção da cidade, da invasão francesa até a chegada da corte. Rio de Janeiro: Jorge Zahar, 2004.

Chamberlain, Sir Henry. *Views and Costumes of the City and Neighbourhood of Rio de Janeiro, Brazil from Drawings taken by Lieutenant Chamberlain, of the Royal Artillary During the Years of 1819 and 1820.* Londres: Columbia Press, 1822.

Chartrand, René. *Vimeiro 1808: Wellesley's First Victory in the Peninsular War.* Londres: Praeger, 2001.

Cheke, Marcus. *Carlota Joaquina, Queen of Portugal.* Londres: Sidgwick and Jackson, 1947.

Colledge, J. J. *Ships of the Royal Navy: The Complete Record of All Fighting Ships from the 15th Century to the Present.* Londres: Greenhill Books, 2006.

Conrad, Robert. *Tumbeiros:* o tráfico de escravos para o Brasil. São Paulo: Brasiliense, 1985.

Costa, A. Celestino da. *Lisboa, a evolução de uma cidade.* Lisboa: Câmara Municipal de Lisboa, 1951.

Cota, Francis Albert. Polícia para quem precisa. Artigo sobre a polícia imperial nas imagens de Debret e Rugendas em *Revista de História*, da Biblioteca Nacional, nº 14, de novembro de 2006, pp. 64-68.

Cruls, Gastão. *Aparência do Rio de Janeiro.* Rio de Janeiro: José Olympio, 1952.

Dean, Warren. *A ferro e fogo: a história e a devastação da mata atlântica brasileira.* São Paulo: Companhia das Letras, 1996.

Debret, Jean-Baptiste. *Caderno de viagem.* Texto e organização Julio Bandeira. Rio de Janeiro: Sextante, 2006.

____. *Un français à la cour du Brésil (1816-1831)* . Rio de Janeiro: Museus Castro Maya/ Chácara do Céu, 2000.

____. *Voyage pittoresque et historique au Brésil.* Paris: Firmin Didot, 1839.

Dias, Eduardo. *Memórias de forasteiros de aquém e além-mar:* Brasil séculos XVI-XVIII e século XIX até a independência. Lisboa: Clássica, 1946. 2 vol.

Dias, Maria Odila Leite da Silva. *A interiorização da metrópole e outros estudos.* São Paulo: Alameda, 2005.

D'Orbigny, Alcide. *Viagem pitoresca através do Brasil.* Apresentação de Mário Guimarães Ferri. Belo Horizonte: Itatiaia; São Paulo: Edusp, 1976.

Dumas, Alexandre. *Napoleão: uma biografia literária.* Rio de Janeiro: Jorge Zahar, 2004.

Ebel, Ernst. *O Rio de Janeiro e seus arredores em 1824.* São Paulo: Nacional, 1972.

Edmundo, Luiz. *A corte de D. João VI no Rio de Janeiro*. Rio de Janeiro: Imprensa Nacional, 1939.

____. *O Rio de Janeiro no tempo dos vice-reis (1763-1808)*. Brasília: Senado Federal, 2000.

____. *Recordações do Rio antigo*. Rio de Janeiro: A Noite, 1950.

Ender, Thomas. *Viagem ao Brasil nas aquarelas de Thomas Ender (1817-1818)* .Apresentada por Robert Wagner e Júlio Bandeira. Petrópolis: Kapa, 2000.

Esdaile, Charles. *The Peninsular War*. Nova York: Palgrave Macmillan, 2003.

Faoro, Raymundo. *Os donos do poder*. Porto Alegre: Globo; São Paulo: Edusp, 1975.

Ferguson, Niall. *Empire: How Britain Made the Modern World*. Londres: Penguin Books, 2004.

Ferrez, Gilberto. *As cidades de Salvador e Rio de Janeiro no século XVIII*. Rio de Janeiro: Instituto Histórico e Geográfico Brasileiro, 1963.

Florentino, Manolo Garcia. *Em costas negras:* uma história do tráfico atlântico entre a África e o Rio de Janeiro(séculos XVIII e XIX) . Rio de Janeiro: Arquivo Nacional, 1995.

Foy, General Maximilien Sébastien. *Junot's Invasion of Portugal (1807-1808)* . Tyne and Wear: Worley, 2000(fac-símile da edição de 1829) .

Fragoso, João Luis Ribeiro. *Homens de grossa aventura:* acumulação e hierarquia na praça mercantil do Rio de Janeiro(1790-1830) . Rio de Janeiro: Arquivo Nacional, 1992.

França, Jean Marcel Carvalho. *Visões do Rio de Janeiro colonial (1531-1800)* . Rio de Janeiro: EdUERJ; José Olympio, 1999.

____. *Outras visões do Rio de Janeiro colonial (1582-1808)* . Rio de Janeiro: José Olympio, 2000.

Garcia, Rodolfo. *Ensaio Sobre a história política e administrativa do Brasil (1500-1810)* . Rio de Janeiro: José Olympio, 1956.

____. *Escritos avulsos*. Rio de Janeiro: Biblioteca Nacional, Divisão de Publicações e Divulgação, 1973.

Gates, David. *The Spanish Ulcer: a History of the Peninsular War*. Cambridge, Massachusetts: Da Capo, 2001.

Glover, Gareth. *From Corunna to Waterloo: the Letters and Journals of Two Napoleonic Hussars, 1801-1816*. Londres: Greenhill, 2007.

Gracioso, Francisco; Whitaker Penteado, J. Roberto. *Propaganda brasileira*. São Paulo: ESPM; Mauro Ivan Marketing Editorial, 2004.

Graham, Maria. *Diário de uma viagem ao Brasil*. São Paulo: Brasiliana, 1956.

Green, Vivian. *A loucura dos reis*. Rio de Janeiro: Ediouro, 2006.

Hazlewood, Nick. *The Queen's Slave Trader: Jack Hawkyns, Elizabeth I, and the Trafficking in Human Souls*. Nova York: Harper Collins, 2004.

Henderson, James. *A History of Brazil Comprising its Geography, Commerce, Colonization, Aboriginal Inhabitants*. Londres: Longman, 1821.

Hibbert, Christopher. *George III: A Personal History*. Londres: Penguin Books, 1999.

Holanda, Sérgio Buarque de. *História geral da civilização brasileira*. São Paulo: Difel, 1967.

_____. *Raízes do Brasil*. Rio de Janeiro: José Olympio, 1987.

Holanda, Sérgio Buarque de. *Visão do paraíso:* os motivos edênicos no descobrimento e colonização do Brasil. São Paulo: Nacional, 1977.

Holloway, Thomas H. *Polícia no Rio de* Janeiro: repressão e resistência numa cidade do século XIX. Rio de Janeiro: Editora FGV, 1997.

Howarth, David. *British Sea Power: How Britain Became Sovereign of the Seas*. Londres: Robinson, 2003.

Karasch, Mary. *A vida dos escravos no Rio de Janeiro (1808-1850)*. São Paulo: Companhia das Letras, 2000.

Kennedy, Paul. *Ascensão e queda das grandes potências:* transformação econômica e conflito militar de 1500 a 2000. Rio de Janeiro: Campus, 1989.

Lacombe, Américo Jacobina. *Introdução ao estudo da história do Brasil*. São Paulo: Nacional; Edusp, 1973.

Landes, David S. *A riqueza e a pobreza das nações:* por que algumas são tão ricas e outras são tão pobres. Rio de Janeiro: Campus, 1998.

Lara, Silvia Hunold. *Campos da violência:* escravos e senhores na capital do Rio de Janeiro 1750-1808. Rio de Janeiro: Paz e Terra, 1988.

Lavery, Brian. *Nelson's Navy: The Ships, Men and Organization (1793-1815)*. Annapolis: Naval Institute Press, 1989.

Leithold, Theodor von; Rango, Ludwig von. *O Rio de Janeiro visto por dois prussianos em 1819*. São Paulo: Nacional, 1966.

Lenharo, Alcir. *As tropas da moderação: o abastecimento da corte na formação política do Brasil (1808-1842)*. São Paulo: Símbolo, 1979.

Lévi-Strauss, Claude. *Tristes trópicos.* São Paulo: Companhia das Letras, 1996.

Light, Kenneth H. *The Migration of the Royal Family of Portugal to Brazil in 1807/08*. Rio de Janeiro: Kenneth H. Light, 1995.

_____. Com os pés no mar. Entrevista à *Revista de História*, da Biblioteca Nacional, no 14, de novembro de 2006, pp. 48-53.

Lima, Manuel de Oliveira. *D. João VI no Brasil (1808)*. 3.ed. Rio de Janeiro: Topbooks,

1996.

_____. *O movimento da independência(1821-1822)*. São Paulo：Melhoramentos; Conselho Estadual de Cultura, 1972.

Lisboa, Karen Macknow. *A nova Atlântida de Spix e Martius: natureza e civilização na viagem pelo Brasil(1817-1820)*. São Paulo：Hucitec; Fapesp, 1997.

Luccok, John. *Notas sobre o Rio de Janeiro e partes meridionais do Brasil, tomadas durante uma estada de dez anos nesse país, de 1808 a 1818*. São Paulo：Martins, 1942.

Malerba, Jurandir. *A corte no exílio: civilização e poder no Brasil às vésperas de Independência(1808 a 1822)*. São Paulo：Companhia das Letras, 2000.

_____. (organizador). *A Independência brasileira: novas dimensões*. Rio de Janeiro：Editora FGV, 2006.

Manchester, Alan K. *Presença inglesa no Brasil*. São Paulo：Brasiliense, 1973.

Marrocos, Luiz Joaquim dos Santos. *Cartas de Luiz Joaquim dos Santos Marrocos, escritas do Rio de Janeiro à sua família em Lisboa, de 1811 a 1821*. Rio de Janeiro：Anais da Biblioteca Nacional, 1934.

Martinho, Lenira Menezes; Gorenstein, Riva. *Negociantes e caixeiros na sociedade da independência*. Rio de Janeiro：Prefeitura da Cidade do Rio de Janeiro, 1992.(Coleção Biblioteca Carioca, vol. 24).

Martins, Joaquim Pedro de Oliveira. *História de Portugal*. Lisboa：Guimarães, 1977.

Martins, Luciana de Lima. *O Rio de Janeiro dos viajantes: o olhar britânico(1800-1850)*. Rio de Janeiro：Jorge Zahar, 2001.

Maxwell, Kenneth. *A devassa da devassa: a Inconfidência Mineira: Brasil e Portugal (1750-1808)*. São Paulo：Paz e Terra, 2005.

Mawe, John. *Viagens ao interior do Brasil*. Belo Horizonte：Itatiaia; São Paulo：Edusp, 1978.

Mendonça, Marcos Carneiro de. *O Intendente Câmara: Manuel Ferreira Bethencourt e Sá, intendente-geral das minas e dos diamantes(1764-1835)*. São Paulo：Nacional, 1958.

Monteiro, Tobias. *História do Império: a elaboração da Independência*. Belo Horizonte, Itatiaia; São Paulo：Edusp, 1981. vol. 1 e 2.

Moraes, Alexandre José de Melo. *História da transladação da corte portuguesa para o Brasil em 1807*. Rio de Janeiro：Livraria da Casa Imperial de E. Dupont, 1872.

Moraes, Rubens Borba de; Berrien, William. *Manual bibliográfico de estudos brasileiros*. Rio de Janeiro：Gráfica Editora Souza, 1949.

Norton, Luiz. *A corte de Portugal no Brasil*. São Paulo：Nacional, 1938.

Novais, Fernando (coordenador). *História da vida privada no Brasil: cotidiano e vida privada na América portuguesa.* Organização Laura de Mello e Souza. São Paulo: Companhia das Letras, 1997.

_____. *Portugal e o Brasil na crise do antigo sistema colonial(1777-1808)*. São Paulo: Hucitec, 1979.

Oman, Sir Charles. *A History of the Peninsular War.* Londres: Greenhill, 2004.

O'Neill, Richard (editor) . *Patrick O'Brian's Navy: The Illustrated Companion to Jack Aubrey's World.* Londres: Salamander, 2004.

O'Neill, Thomas. *A Concise and Accurate Account of the Proceedings of the Squadron under the Command of Admiral Sir William Sidney Smith in the Effecting the Scape of the Royal Family of Portugal to the Brazil on November, 29 1807; and Also the Suffering of the Royal Fugitives during their Voyage from Lisbon to Rio Janeiro with a Variety of Other Interesting and Authentic Facts.* Londres(impresso por J. Barfield), 1810.

Peixoto, Domingos Ribeiro dos Guimarães (cirurgião da câmara do rei) . *Aos sereníssimos príncipes reais do Reino Unido de Portugal e do Brasil, e Algarves, os senhores Pedro de Alcântara e D. Carolina Jozefa Leopoldina, oferece, em sinal de gratidão, amor, respeito, e reconhecimento estes prolongamentos, ditados pela obediência, que servirão às observações, que for dando das moléstias do país, em cada trimestre.* Rio de Janeiro: Impressão Régia, 1820.

Peláez, Carlos Manuel; Suzigan, Wilson. *História monetária do Brasil.* Brasília: Editora da UnB, 1981.

Pereira, Ângelo. *D. João VI príncipe e rei: a retirada da família real para o Brasil(1807)* . Lisboa: Empresa Nacional de Publicações, 1953.

_____. *Os filhos d'El-Rei D. João VI.* Lisboa: Empresa Nacional de Publicidade, 1946.

Prado, J. F. de Almeida. *D. João VI e o início da classe dirigente no Brasil (1815-1889)* . São Paulo: Nacional, 1968.

_____. *Thomas Ender:* pintor austríaco na corte de D. João VI no Rio de Janeiro. São Paulo: Nacional, 1955.

Presas, José. *Memórias secretas de D. Carlota Joaquina.* Rio de Janeiro: Irmãos Pongetti, 1940.

Relação das festas que se fizeram no Rio de Janeiro quando o príncipe regente N. S. e toda a sua real família chegaram pela primeira vez a'quela capital, ajuntando-se algumas particularidades igualmente curiosas, e que dizem respeito ao mesmo objeto. Lisboa: Impressão Régia, 1810.

Renault, Delso. *O Rio antigo nos anúncios de jornais (1808-1850)* . Rio de Janeiro: CBBA/Propeg, 1985.

Rodrigues, José Honório. *Independência:* revolução e contra-revolução. Rio de

Janeiro：Francisco Alves, 1975.

Rothenberg, Gunther E. *The Napoleonic Wars*. Londres：Harper Collins, 1999.

Rugendas, Johann Moritz. *Viagem pitoresca pelo Brasil*（ *tradução da edição francesa de 1835*）. Rio de Janeiro：Revista da Semana, 1937.

Saint-Hilaire, Auguste de. *Viagem à província de São Paulo e resumo das viagens ao Brasil, Província Cisplatina e Missões do Paraguai*. São Paulo：Martins, 1945.

Santos, Luis Gonçalves dos. *Memórias para servir à história do reino do Brasil, divididas em três épocas da felicidade, honra, e glória; escritas na corte do Rio de Janeiro no ano de 1821, e oferecidas à S. Magestade Elrei nosso senhor D. João VI*. Lisboa：Impressão Régia, 1825. tomos I e II.

Schultz, Kirsten. *Tropical Versailles: Empire, Monarchy, and the Portuguese Royal Court in Rio de Janeiro, 1808-1821*. Nova York：Routledge, 2001, [Ed. Brás.：Versalhes tropical. Rio de Janeiro：2008.]

Schwarcz, Lilia Moritz. *A longa viagem da biblioteca dos reis:* do terremoto de Lisboa à Independência do Brasil. São Paulo：Companhia das Letras, 2002.

Shyllon, F. O. *Black Slaves in Britain*. Londres：Oxford University Press, 1974.

Silva, J. M. Pereira da. *História da fundação do império brasileiro*. Rio de Janeiro：B. L. Garnier, 1864. 7 vol.

Silva, Manuel Vieira da. *Reflexões sobre alguns dos meios propostos por mais conducentes para melhorar o clima da cidade do Rio de Janeiro*. Rio de Janeiro：Impressão Régia, 1808.

Silva, Maria Beatriz Nizza da. *Vida privada e cotidiano no Brasil*. Lisboa：Estampa, 1993.

Skidmore, Thomas E. *Uma história do Brasil*. São Paulo：Paz e Terra, 1998.

Soares, Carlos Eugênio Líbano. *A capoeira escrava e outras tradições rebeldes do Rio de Janeiro*（ *1808-1850*）. São Paulo：Ed. da Unicamp, 2001.

Sodré, Nelson Werneck. *As razões da Independência*. Rio de Janeiro：Graphia, 2002.

Sodré, Nelson Werneck. *Formação histórica do Brasil*. Rio de Janeiro：Graphia, 2002.

Spix, Johann Baptist von; Martius, Carl Friedrich Phillip von. *Viagem pelo Brasil*（ *1817-1820*）. São Paulo：Melhoramentos, 1968.

Toledo, Roberto Pompeu de. *A capital da solidão:* uma história de São Paulo das origens a 1900. Rio de Janeiro：Objetiva, 2003.

Vainfas, Ronaldo（ organizador）. *Dicionário do Brasil colonial*（ *1500-1808*）. Rio de Janeiro：Objetiva, 2001.

Varnhagen, Francisco Adolfo de. *História geral do Brasil:* antes de sua separação e independência de Portugal (volume V) . Revisão e notas de Rodolfo Garcia. São Paulo: Melhoramentos, 1956.

____. *História da Independência do Brasil.* São Paulo: Melhoramentos, 1957.

Wilcken, Patrick. *Empire Adrift: The Portuguese Court in Rio de Janeiro, 1808-1821.* London: Bloomsbury, 2004. [Ed. bras.: *Império à deriva: a corte portuguesa no Rio de Janeiro, 1808-1821.* Rio de Janeiro: Objetiva, 2005].

Ziravello, Mara (organizadora) . *Brasil 500 anos.* São Paulo: Nova Cultural, 1999.

电子资料

Ackroyd, Peter. *London:* The Biography—Trade and Enterprise (*audiobook*) . Audible, 2004.

Bergreen, Laurence. *Over the Edge of the World:* Magellan's Terrifying Circumnavigation of the Globe (*audiobook*) . Harper Collins, 2004.

Bragg, Melvyn. *The adventure of English:* The Biography of a Language (*audiobook*) . BBC WW, 2005.

Bruun, Geoffrey. *The Enlightened Despots* (*audiobook*) . Audio Connoisseur, 2005.

Churchill, Winston. *The Age of Revolution:* A History of the English Speaking People (*audiobook*) . BBC WW, 2006.

Correspondência de Luís Joaquim dos Santos Marrocos para seu pai Francisco José dos Santos Marrocos. Catálogos temáticos da Biblioteca Nacional da Ajuda, em http: // www.ippar.pt/sites_externos/bajuda/index.htm.

Cury, Adriano da Gama. *Correio Braziliense:* ortografia e linguagem. *Site Observatório da Imprensa,* em observatorio.ultimosegundo.ig.com.br.

Dicionário histórico de Portugal, em www.arqnet.pt/dicionario.

Economic History Service, serviço (gratuito) de conversão de moedas antigas pela Internet criado por dois professores de Economia das universidades de Illinois, em Chicago, e Miami, em http: //measuringworth.com/.

Fisher, H. A. L. *Napoleon* (*audiobook*) . Audio Connoisseur, 2004.

França, Humberto. Pernambuco e os Estados Unidos. Artigo publicado no *Diário de Pernambuco* de 2 de maio de 2006 e reproduzido no *site* da Fundação Joaquim Nabuco, em www.fundaj.gov.br.

Global Financial Data, serviço (pago) especializado em séries históricas de diferentes moedas pela Internet, em www.globalfinancial.

Harvey, Robert. *Cochrane: The Life and Exploits of a Fighting Captain* (audiobook) . Books on Tape, 2005.

Horne, Alistair. *The Age of Napoleon* (audiobook) . Recorded Books, 2005.

Laqueur, Thomas. *History 5:* European Civilization from the Renaissance to the Present. Programa em *podcast* com 26 aulas de 1h 20 cada, em média, da Universidade da Califórnia em Berkeley em http: //webcast. berkeley.edu/courses/archive.php?seriesid= 1906978348.

Lee, Christopher. *The Sceptred Isle: Empire* (audiobook) . BBC WW, 2005.

Lima, Fernando Carlos Cerqueira; Muller, Elisa. *Moeda e crédito no Brasil:* breves reflexões sobre o primeiro Banco do Brasil (1808-1829) . Instituto de Economia da Universidade Federal do Rio de Janeiro, em www.revistatemalivre.com/MoedaeCredito. html.

O Arquivo Nacional e a História Luso-Brasileira, em www.historiacolonial. arquivonacional.gov.br.

O Exército português em finais do Antigo Regime, em http: //www.arqnet.pt/ exercito/ principal.html.

Portal Arqueológico dos Pretos Novos, *site* de Internet com informações sobre o Mercado do Valongo e os cemitérios de escravos no Rio de Janeiro, em www.pretosnovos. com.br.

Reilly, Cameron. *Napoleon 101.* Programa em *podcast* sobre Napoleão Bonaparte com onze episódios de 1h 30 cada, em http: //napoleon. thepodcastnetwork.com/.

Rodger, Nam. *Trafalgar:* the long-term impact, artigo para o *site* de Internet *British History:* Empire and Sea Power, em www.bbc.co.uk.

Silva, Leonardo Dantas. *Textos sobre o Recife*, artigo para o *site* da Fundação Joaquim Nabuco, em www.fundaj.gov.br/docs/rec/rec02.html.

Soares, Márcio de Sousa. *Médicos e mezinheiros na corte imperial:* uma herança colonial. Scientific Eletronic Library Online em http: //www.scielo.br/.

Sorel, Albert. *Europe under the Old Regime: Power, Politics, and Diplomacy in the Eighteenth Century* (audiobook) . Audio Connoisseur, 2004.

Twigger, Robert. *Inflation:* The Value of the Pound 1750-1998. House of Commons Library, no *site* de Internet do Parlamento britânico em http: //www.parliament.uk/ commons/lib/research/rp99/rp99-020.pdf.

Zacks, Richard. *The Pirate Coast: Thomas Jefferson, The First Marines, and the Secret Mission of 1805* (audiobook) . Blackstone Audiobooks, 2005.

致　谢

这本书能够出版，要感谢无数人的重要贡献，其中包括我的记者同事以及朋友、家人，他们在我研究时给予帮助，阅读原稿并提出建议，让书中信息更加清晰明了。在他们之中，我要特别提到《请看圣保罗》杂志编辑部主任卡洛斯·马拉尼昂（Carlos Maranhão），感谢他耐心细致的编辑和修订，他提的意见让本书的整体质量有了很大提升。

我要感谢音乐家若泽·马尔西奥·阿莱马尼（José Márcio Alemany），是他发现了皇家档案管理员路易斯·若阿金·多斯桑托斯·马罗科斯（随王室前往巴西的一位葡萄牙移民）婚前所得的女儿，史书至今仍不知晓她的存在。在帮我查询档案管理员家庭的相关信息时，若泽·马尔西奥在美国摩门教徒的谱系查询数据库里找到了这项惊人新发现的最初线索。

我要感谢在里斯本葡萄牙海军博物馆工作的卡塔里娜·洛佩斯·马丁斯（Catarina Lopes Martins），她为我提供了 1808 年载王室抵达巴西的大帆船、三桅帆船等船只的历史和技术信息。感谢四月出版社的同事鲁道夫·加西亚（Rodolfo Garcia）协助我在里约国家图书馆进行研究，他的爷爷、作家兼历史学家鲁道夫·加西亚曾于20 世纪 30 年代担任图书馆馆长。在这段研究中，历史学家鲁西亚诺·菲格雷多（Luciano Figueiredo）对我的指导同样重要，他在国家图书馆出版的高水平《历史期刊》担任编辑。

《请看》杂志编辑部曾经的同事阿莉塞·格拉纳托（Alice Granato）也帮了我大忙，她负责搜集 19 世纪初里约热内卢的相关信息，包括巴西历史地理研究院中的相关珍贵文献。我要感谢新闻工作者克莱斯特·卡瓦尔坎蒂（Klester Cavalcanti）对我创作本书的鼓励，感谢编辑帕斯库亚尔·索托（Pascoal Soto）的指点，他从一开始就对这本书深感兴趣。

　　我的女儿卡米拉·拉莫斯·戈麦斯（Camila Ramos Gomes）是新闻系学生，她在圣保罗大学和圣保罗天主教大学图书馆中帮我查阅了数十本图书。本书的第一位读者是心理学家、记者玛拉·齐拉韦洛（Mara Ziravello），我的人生伴侣兼讨论伙伴，我们的讨论是本书写作的重要指导。我要向她，向马塞洛、布鲁诺、路易莎还有卡米拉表示感谢，为了让这本书面世，感谢他们牺牲了那么多家庭团聚的时光。

人名索引

译后记

"作家和记者是不足以写历史书的，只有史学家才有资格。"一名网友对本书的评价引人深思。在他看来，如今历史普及类作品不在少数而质量却良莠不齐，能做到客观严谨的书籍凤毛麟角，因此普及历史的任务还是要交由专业人士完成。不过在我看来，出自巴西记者劳伦蒂诺·戈麦斯（Laurentino Gomes）之手的《1808：航向巴西》却是一部相当出色的作品。为写作本书，作者用了10年时间查考书籍材料，无论是历史细节还是史实分析都有理有据，连学者也认可这部"外行人"写的作品。本书参考的大多是二手文献，戈麦斯在书中引用了大量史学家的分析和表述。他出色发挥了记者的潜能，文中反复出现的"历史学家这样写道""历史学家认为"仿佛出自一份他对众多史学家的访谈录。此外，作者广泛引用游客、官员、大使、军事将领等人的记录，将各方各面的表述呈现给读者，力求达到客观准确。

本书以介绍性为主，引用学者的分析大多易于理解，而在史实叙述方面可谓驾轻就熟。在切入逃亡正题之前，作者先铺垫了法国大革命及葡萄牙帝国衰落的历史背景，而写到若昂六世在巴伊亚停留时，又借机讲述了殖民地分裂隔绝的状况。作者围绕王室出逃—留居—返程这一主线，将13年间的大小事件、前因后果娓娓道来，即使缺乏背景知识的读者也不会遇到阅读上的障碍，这正是他写作的初衷之一。阅读本书就像踏上一次旅程，随着若昂六世的离去，殖民地正酝酿的一切都指向巴西将要诞生的 1822 年，而全书恰在此处戛然而止，让人意犹未尽。初读时总觉得最后两章有些"烂尾"，再读才发觉是因为前文的叙事过于精彩，我希望作者继续讲下去，而"1808"所能讲的内容的确只有这么多。

在国内的历史普及类作品中，《万历十五年》给我的印象颇深。作者黄仁宇在书中阐述了他的"大历史观"，用一句话概括便是：叙事不妨细致，结论却要看远不顾近。在阅读和翻译的过程中，我发觉本书也体现出相似的特点，作者兼顾了细枝末节的小历史与关乎宏旨的大历史，既有读来津津有味的细节片段，也有旁征博引的史实分析。

说到历史之"小"，没有什么比历史中的个体更小的了。正如《万历十五年》分章节刻画了 6 位不同历史人物，《1808：航向巴西》在人物塑造方面也十分考究。王室出逃 13 年间的历史，在教科书上不过一页的篇幅，而作者却能把它放大、展开，这很大程度上得益于书中人物的充实。作者的创新之处在于聚焦了一位小人物——葡萄牙皇家图书馆的档案管理员马罗科斯。马罗科斯 1811 年乘船离开里斯本，他的父亲和姐姐仍留在那里。他在长达 10 年的时间里写给家人的 186 封信件被完好地保存下来，最终成为这段历史时期的宝贵见证。马罗科斯最初对巴西的情绪是厌恶、鄙夷，他认为那里是"世界上最差劲的地方"，人们无知、懒惰、易怒。3 年之后，他爱上了一位在葡萄牙都难得一见的富家千金，对巴西的态度也随之掉转。讽刺的是，马罗科斯愈是爱上巴西，家人却愈是和他疏远，父亲虽然照常收信、保存，但鲜有回复。1821 年若昂六世返程前夕，马罗科斯劝父亲也搬来里约，父亲没有答应。不久他和家人彻底断了联系，次年巴西宣布独立。正因为个人与国家的经历如此巧妙地重叠在一起，作者才频繁引用书信，用如此多的笔墨塑造他。

　　小人物尚且如此，本书中绝对的大人物——堂·若昂的形象则更加有血有肉，刻画细致入微。虽然各方描述的侧重点不同，但其形象概括起来无非是臃肿怯懦但温和善良。他是极虔诚的基督徒，婚姻不和，终日与僧侣为伴。他和妻子一样厌恶整洁，作者对此打趣说："尽管他和堂娜·卡洛塔彼此憎恨，二人在不洗澡这条原则上却没有分歧。"堂·若昂虽尊为国君，但群臣对他却毫不畏惧，因他太过优柔寡断，最后拿主意的往往是身边的大臣。然而，如此任人摆布的君王却成了时代的幸运儿，既没有在断头台上丧命，也没有被废黜羞辱、流放异乡，反而在里约的海风中安稳度过了欧洲最动荡的时代。更为幸运的是，逃离葡萄牙的仓皇举措给大洋另一端的巴西带来了翻天覆地的变化。作者引用历史学家奥利维拉·利马的表述，将若昂六世赞为"巴西民族性的真正缔造者"。这一评价看似过誉，但作者马上解释称，如果堂·若昂不曾来到里约，现在的巴西根本不可能存在，众多史学家也都认可这一点。若巴西不复存在，前葡属殖民地分裂为"巴西共和国""赤道共和国"和"大北方国"甚或更多小国的话，我们所谈论的巴西民族性也不再具有任何意义。

　　书稿付梓后，给本书选择贴切的中译名成了一大难题。难处在于，本书的重点其实并非"1808"年的海上流亡，而是巴西这片方兴未艾的土地。某天我突发奇想，觉得译作《他改变了巴西》颇有趣味。这个标题足够吸引眼球，而且或许是对全书最简洁的概括——就连葡文版一长串的副标题也最终落脚于"改变了葡萄牙和巴西的历史"。但作者在第十八章"改变"的末尾写道："尽管堂·若昂带来的变化有力而迅速……改变巴西却比想象之中难得多。"堂·若昂的到来的确让巴西焕然一新，与世隔绝的殖民地从此有了大学、报社和工厂，琳琅满目的商品堆满了码头。但作者仍然说这是"欺骗性的外表"，因为日新月异的景象背后隐藏着殖民地绝对的核心——奴隶制，而后者因若昂六世的造访得到空前加强。在这个意义上，1808 年没能改变巴西，1822 年也没有。

若昂六世离开巴西时曾嘱咐佩德罗王子："如果巴西想要独立，我宁愿把它给你，也绝不给一群亡命之徒。"在数百年的奴隶贸易后，黑人已占据巴西社会的多数。堂·若昂明白，一旦黑人联合暴乱，海地革命的惨剧在所难免。共和的思想在独立前夕遭到精英的猛烈抨击，同样证实了这一点。此外，作者还详述了宫廷卖官鬻爵的政策，以说明后者对大庄园主和贩奴商的依赖。基于详尽的叙事，作者最后得出结论："1822 年的道路没有走向共和，它甚至不是真正的革命，而只是妥协。旧日的社会张力没有得到直面化解，反被姑息安抚、一拖再拖。"对不了解巴西历史的读者而言，上述结论是颇具启发性的。黄仁宇认为"将历史的基点推后三五百年才能摄入大历史的轮廓"，万历十五年（1587 年）中国大而无当的社会结构与 1840 年相去无几。同样，戈麦斯也将历史的基点推后，在废奴 130 余年、独立 200 年后的今天，黑人依旧生活在社会底层，身处就业、医疗、教育等各领域的边缘。虽然巴西人时常鼓吹自己的"种族民主"，但若对社会现状稍加留心，便会发现那只是一则不攻自破的谎言。诚如作者所说，奴隶制像一具"未埋葬的尸体"，种族问题则是笼罩巴西的幽魂。

我虽然对第一本译作颇怀感情，也很敬仰可爱的戈麦斯老爷子——这位作家曾盛情邀请我去他的家乡、第九章提到的"腹地之口"伊图镇作客——但即便如此，我也不能只谈本书的优点与创新，而对其欠缺之处视而不见。一般来说，译注的目的是补充读者可能不熟悉的知识和背景，但在本书中，我用了不少脚注给原文纠错，还有一些是为了将作者欠妥的表述"圆回来"。作为历史作品，缺乏严谨性无疑是一处硬伤，说明作者对史实的把握不够到位。戈麦斯身为一名记者，纵经长年累月的阅读考证，其历史功底和写作严谨程度也难与专业学者比肩。不过需要指出，本书是根据 2007 年的初版图书译出，由于是第一版，疏漏之处略多。在 2014 年的新版中，绝大部分史实错误均得到订正。但由于版权原因，我无法依照新版对初版进行修订，只好加注说明。因译者水平有限，文中如有未能发现的错误疏漏，还请读者不吝赐教。

此外，本书另一大不足在于内容缺乏深度。作者虽引用大量学者的表述，但在史实分析方面可谓浅尝辄止，只在种族问题上稍有阐发；在叙述方面，作者有意迎合大众胃口，挑了不少滑稽可笑甚至略显低俗的片段。读者对这些内容的评价自然是见仁见智，但此书的大获成功证明巴西民众很吃这一套。这显然是作者的写作策略，他明白王室出逃的历史并不为大众熟知，多数读者仅停留在"听说过"的层面上，因此本书在吸引读者和追求深度之间无疑偏向前者。此外，书中有若干内容重复之处，如王室出逃时遗落在码头上的教堂银器被法军熔毁一事，全书至少讲了 3 次；还有一些段落叙事过细，略读则一目十行，细读则不免乏味。因此，我认为本书还可以再简洁、深刻一些。

虽然本书有着这样那样的不足，但不可否认的是，作为一本历史普及类读物，它出色地完成了使命，将葡萄牙王室留居巴西这段历史从遗忘的处境中解放出来，圆了作者笔耕 10 年的心愿。2018 年 9 月，巴西国家博物馆突发火灾，90% 的馆藏付之一炬，馆址圣克里斯托旺宫彻底焚毁。这座宫殿曾迎接美洲历史上唯一一位欧洲君主的到来，也曾见证 300 年殖民时代缓缓落幕，目睹襁褓中的现代巴西登上世界历史的舞台——若没有这本风靡一时的作品存在，又有多少人能知晓这一切？所以，我仍然认为《1808：航向巴西》是一部出色的历史读物。而且我可以肯定，无论对何种群体而言，阅读本书都会有所收获。哪怕只是多了解几桩有据可考的轶闻趣事，也不失为对严肃历史的一点补充。

　　在此，我要特别感谢为我提供翻译机会的樊星老师，感谢她所做的细心校对和一直给予的帮助、鼓励。还有葡语专业的闵雪飞老师、王渊老师和马琳老师，外教 Társila 和 Vítor，感谢他们的悉心指导与谆谆教诲。感谢编辑邱迪老师的信任，她将引进的第一部作品交给了我，也感谢她在幕后的辛勤付出。另外，还要感谢巴西驻华大使馆、巴西驻上海总领事馆的通力合作以及巴西国家图书馆的资助。最后，我要感谢家人、朋友和亲爱的猫，谢谢你们的支持与陪伴。

李武陶文

2022 年 3 月于北京

图书在版编目(CIP)数据

1808：航向巴西/(巴)劳伦蒂诺·戈麦斯
(Laurentino Gomes)著；李武陶文译. —上海：上海
人民出版社，2022
ISBN 978-7-208-17778-9

Ⅰ. ①1… Ⅱ. ①劳… ②李… Ⅲ. ①巴西-历史-
1808 Ⅳ. ①K777.3

中国版本图书馆 CIP 数据核字(2022)第 125261 号

Obra publicada com o apoio da

Secretaria Especial da Cultura-Ministério do Turismo do Brasil/Fundação Biblioteca Nacional

本书由巴西旅游部—文化专项秘书处/巴西国家图书馆基金会资助出版

责任编辑 邱 迪
装帧设计 赤 徉

1808：航向巴西

[巴]劳伦蒂诺·戈麦斯 著

李武陶文 译 樊 星 校

出 版 上海人民出版社
　　　　（201101 上海市闵行区号景路 159 弄 C 座）
发 行 上海人民出版社发行中心
印 刷 上海中华商务联合印刷有限公司
开 本 889×1194 1/32
印 张 10.5
插 页 13
字 数 245,000
版 次 2022 年 8 月第 1 版
印 次 2022 年 8 月第 1 次印刷
ISBN 978-7-208-17778-9/K·3211
定 价 78.00 元